도덕교육의 이론과 실제

최 신 일

교육과학사

머리말

이 책은 교원양성대학의 예비교사를 위해 집필되었다. 도덕교육에 있어서 기본적인 이론을 제공하고 이 이론을 바탕으로 학교 현장에서 이론대로 실천하고자 하는 문제의식에서 출발하였다. 도덕교육의 이론적 배경을 철학에서 찾고자 했던 필자가 철학과 도덕교육의 연관성을 찾기가 쉽지 않았다는 점, 더구나 현장 경험이 거의 없는 상태에서 도덕교육의 실제를 논한다는 자체가 무리가 될 수밖에 없다는 점 등이 연구를 거듭할수록 부딪치게 된 한계였다.

철학을 전공한 필자가 예비교사를 대상으로 초등도덕교육론을 강의하면서 도덕교육의 이론적 배경이 철학 혹은 윤리학이어야 한다는 확신이 있었기에 도덕교육의 이론적 배경으로 해석학, 인문학 등을 소개하게 되었다. 물론 해석학과 인문학 등이 도덕교육의 이론적 배경을 완벽하게 해소할 수 없기에 도덕과 교육과정을 충실히 분석하였다.

예비교사들이 도덕교육을 접하게 될 때 기본적으로 가져야 할 도덕교육의 이론적 배경을 1부에서 다루고, 이를 바탕으로 도덕과 교육과정을 어떻게 이해하고 수업에 활용할 수 있는지를 2부에서 소개하고자 한다. 20여 년간의 연구 결과를 재구성하여 저서로 만들다 보니 내용 체계나 형식이 깔끔하지 못한 아쉬운 점이 있다. 그래서 본 저서에서 제대로 다듬어지지 못하고 내용상 부실한 점 등은 모두 필자의 책임임을 밝혀 둔다.

본 저서가 나오기까지 여러모로 도움을 주신 분들이 많다. 교육학과 도덕교육과 관련해 십수 년간 함께 공부하면서 도움을 주신 우리

대학의 교육이론실천연구회 소속 교수님들께 감사드린다. 항상 주위에서 편하게 연구와 교수에 전념할 수 있도록 도와주신 윤리교육과 교수님들께도 감사드린다. 묵묵히 곁에서 항상 기도로 위로와 용기를 북돋워 준 자녀들과 아내에게도 고맙다는 말을 전한다. 끝으로 어려운 여건 가운데도 출판을 허락해 주신 교육과학사 관계자들에게 깊은 감사를 드린다.

2023년 12월 경북 청도 봉하리에서

최 신 일

목 차

제2부 도덕과 교육과정과 수업의 실제

목 차

제1부

도덕교육의 이론

제 1 장 도덕과 자기 주도적 학습으로서의 협동학습*

Ⅰ. 서론: 참을 수 없는 존재의 가벼움

도덕과 교육에서 학습자가 주도적으로 수업을 이끌어 간다는 것은 학습 또는 수업의 방법에만 국한되는 문제는 아니다. 이 말은 학습 혹은 수업에 있어 존재가 무엇보다 중요하다는 것이다. 우리는 교육에 있어 모든 문제를 '어떻게 하면 수업을 잘 할 수 있는가' 하는 수업의 방법적 측면만을 고려하여 따지는 것에서 벗어나기 힘들기에 정작 문제의 중심에 서 있는 존재자에 대한 의미 파악은 뒷전에 처져 있는 느낌이 없지 않다.

'학습에 있어 참을 수 없는 존재의 가벼움이다.' 존재의 가벼움에 대한 의미 부여 작업은 교육사에서 그리 중요하지 않은 채로 오늘까지 우리의 관심 밖의 대상이었다. '나는 누구인가?' '교육 혹은 학습의 주체 혹은 대상으로서의 나는 혹은 우리는 누구인가?'라는 질문에 대한 반성은 항상 수업의 잘하고 못함에 의해 별로 빛을 보지 못했다. 이런 존재에 대한 반성의 부재는 수업에 있어 존재의 문제를 등한시

* 이 글은 초등도덕교육 제20집(한국초등도덕교육학회, 2006)에 실린 논문을 수정・보완한 것임.

하는 데까지 이르렀다. 바람직한 수업이 되려면 '무엇을 어떻게 아는 것'뿐 아니라 '누가 어떻게 아는가?' 하는 것을 아울러 다루어야 할 것이다. 다시 말하면 교육의 문제는 인식론적 관점에 국한하기보다는 존재론적 관점까지 포함해야 한다. 그리할 때만 교육은 훨씬 인간적인 것이 될 수 있으며 도덕적인 것이 된다.

교육의 이념, 목표 그리고 내용, 그에 따른 교수 학습 방법, 나아가 평가까지도 존재를 고려하지 않는다는 것은 그 자체로서 교육적 가치가 있는지 의문이 되지 않을 수 없다. 도덕과 교육의 경우에서도 예외는 아니다. 오히려 더 중요한 문제가 아닐 수 없다. 인간의 문제, 혹은 인간의 도덕성 문제를 무엇보다 심각하게 그리고 진지하게 다루어야 할 교과인 도덕과에서 존재의 문제는 더없이 중요하다.

이것은 도덕과 수업 현장을 연구하는 경우에도 마찬가지로 적용된다. 도덕과와 관련된 수업 현장 연구 역시 그것이 학생이든 교사와 학생과의 관계이든 학생들의 수업 혹은 교사들의 교수 행위와 관련이 있을 수밖에 없다. 따라서 이와 같은 연구를 통해 우리가 무엇인가 이해했다고 하는 것은 다름 아닌 연구의 대상을 연구했다는 것이고 나아가 그 연구의 주체까지 그 연구가 미친다고 할 수 있다.

따라서, 본 연구는 도덕과에서 학습자 주도적 수업이 이루어지기 위한 조건으로 교육에 있어서 존재의 문제를 중심으로 논의를 진행할 것이다. 이와 같은 논의를 뒷받침하기 위한 선행 이론으로 해석학과 구성주의 이론을 그것들의 개념들을 중심으로 소개하고 이를 바탕으로 도덕과 수업에의 적용 가능성을 협동학습 방법을 통해 살펴본다.

Ⅱ. 중심과 주변, 교사와 학습자

> 나는 내가 그린 걸작품을 어른들에게 보여주면서 내 그림이 무섭지 않느냐고 물었다.
>
> 그들은 "모자가 뭐가 무섭다는 거니?" 하고 대답했다.
>
> 내 그림은 모자를 그린 것이 아니었다. 그것은 코끼리를 소화 시키고 있는 보아 구렁이의 속을 그렸다. 어른들은 언제나 설명을 해주어야만 한다. 나의 그림 제2호는 이러했다.
>
> 어른들은 내게 속이 보이거나 보이지 않거나 하는 보아 구렁이의 그림들은 집어치우고 차라리 지리, 역사, 계산 그리고 문법 쪽에 관심을 가져 보는 게 좋을 것이라고 충고해 주었다. 그래서 나는 여섯 살 때 화가라는 멋진 직업을 포기해 버렸다. 내 그림 제1호와 제2호가 성공을 거두지 못한 데 낙심해 버렸던 것이다. 어른들은 언제나 혼자서는 아무것도 이해하지 못한다. 늘 설명을 해주어야 하니 맥 빠지는 노릇이 아닐 수 없다 (생텍쥐페리, 어린 왕자).

어른이 중심에 있다. 그리고 아이는 주변에 있다. 교사가 학습의 중심에 있고 학습자가 그 주변에 있다면, 즉 중심과 주변의 극단적 이원론적 관점에서는 어른의 한마디는 아이의 상상력을 무참히 짓밟아 버린다. 아이들은 '상상력'을 먹고 살지만, 어른들은 '설명'을 해야만 받아들인다. 어른들은 계산이라는 그물에 걸려 올라오는 것만을 먹고 살기 때문에 그 설명의 그물에 걸려들지 못한 아이들의 생각에는 관심이 없다. 중심은 언제나 주변을 차별하고 소외시키기 일쑤이다. 그래서 교사가 주도적으로 이끌어 가는 학습에서는 학습자는 소외될 수밖에 없다.

교육에 있어, 자기 주도 학습(self-directed learning)이란 개념이 나오게 되는 것은 지금까지의 학습에 있어 학습자가 주도적인 입장을 가지지 못했다는 것을 암시하는 것이다. 다시 말하면 학습에 있어 학습자의 능력이나 욕구 그리고 관점 등의 주관적인 요소 등은 교육의 과정에서 철저히 배제되고 소외되어야 한다는 것을 전제로 하고 있으며, 나아가 그것은 교육과 학습에 있어 학습자의 역할을 무감각하게 만들어버리는 결과를 가져올 수밖에 없음을 암시하고 있다.

학습자가 배제된 교육에서는 진정한 학습이 이루어지는 것을 기대하기 어렵다. 이것은 학습자의 존재 자체를 인정하지 않겠다는 의미와 연결된다. 이런 수업 형태는 교사가 일방적으로 자신의 견해를 주입하려는 전형적인 전통 교육 형태와 별다를 게 없다.

이원론의 난제에 빠져있는 학습의 문제를 해결하기 위해서는 학습은 인식의 문제에 국한되어서는 안 된다. 학습을 인식의 문제로만 다룬다면 존재의 가벼움쯤이야 말 그대로 가볍게 넘어갈 수 있기 때문이다. 교사가 학습자를 학습 주체로 인정하는 것을 꺼리는, 즉 학습자의 존재 의미를 망각한 수업은 그 학습의 목표, 내용 그리고 방법과 그 평가까지도 학습자의 기대감이나 욕구 그리고 관심사와는 거리가 먼 허공에 떠다니는 사변적 학습으로 전락할 수밖에 없다.

중심과 주변이라는 이원론적 태도에서 벗어나야 한다. 그렇다고 그 지배 관계가 역전이 되어 학습자가 중심이 되고 교사는 주변에 머물러야 한다는 논리는 교실을 더 악화시킬 것이다. 교사와 학습자는 서로 간의 다름을 인정할 수 있는 대화의 상대자가 되어야 한다.

내가 그의 이름을 불러 주기 전에는
그는 다만
하나의 몸짓에 지나지 않았다.

내가 그의 이름을 불러 주었을 때
그는 나에게로 와서
꽃이 되었다.

내가 그의 이름을 불러 준 것처럼
나의 이 빛깔과 향기에 알맞은
누가 나의 이름을 불러 다오.
그에게로 가서 나도
그의 꽃이 되고 싶다.

우리들은 모두
무엇이 되고 싶다.
나는 너에게 너는 나에게
잊혀지지 않는 하나의 의미가 되고 싶다 (김춘수, 꽃)

교사가 학습자의 이름을 불러 주지 않는다면, 즉 인정하지 않는다면 우리 아이들은 마치 그저 죽어 있는 '무엇'에 불과하다. 교사는 어쩌면 생명이 없는 대상과 수업을 하는 것인지도 모른다. 대상화되어버린 아이들을 데리고 수업한다. 그래서 대상화된 아이를 두고 하는 수업은 대구에서나 서울 그리고 울릉도에서나 다르지 않다. 계량화, 수량화된 우리 아이들은 교사가 나에게 '내 이름'을 불러 주길 원한다. 이름을 불러 준다는 것은 교사와 학생, 학생과 학생 간의 차이를 인정하는 것이며, 너 또한 너 자신이 가지고 있는 가치가 있는 의미체라는 것을 확인시켜 주는 장치이다.

교사가 학습자와의 차이를 인정하지 않겠다는 것은 수업이 교사의 의도에 따라 진행될 것이라는 오해를 불러일으킨다. 수업은 교사의 독과점 품목이다. 이런 교사의 연구는 행위 당사자 연구(action research, practitioner research)일 필요가 없다. 교사는 자신의 수업을 하는 동시에 연구할 필요가 없기 때문에 수업에 관한 반성적 연구를 기대하기는 더욱 힘들다. 따라서 수업 개선이란 찾아보기 힘들다.

교사는 학생에게 백지(tabula rasa)를 준다. 종종 우리 학습자는 교사의 의도에 따라 흰 종이 위에 학습자의 생각이 아닌 교사의 생각을 그린다. 그러기에 우리의 모든 것은 교사의 의도에 집중될 수밖에 없다. 그 의도에 초점을 맞추는 것에 수업의 전부를 바친다. 거기에는 생각의 차이가 없다. 학생들 간 생각의 차이 역시 찾아볼 수 없다. 차이를 인정하지 않는다는 것은 학생들의 의미를 인정하지 않는 것이다.

교사가 참여하지 않는 수업에는 학생들의 의미가 드러나지 않는다. 단지 교사의 의도만이 존재할 뿐이다. 또한 거기에는 상호작용이 있을 수 없다. 일방적인 지시와 복종만이 존재할 뿐이다. 주인과 노예가 서로를 인정하지 않을 때 생기는 그 소외 현상이, 교사와 학생 사이의 상호 불인정이 양자 간의 관계를 더욱 소원하게 만들어 간다. 둘 사이의 관계는 상대방의 아래에 서 있는 것(under-stand)을 포기하는 것이다. 상대방 아래 있다는 것은 상대방의 맥락(context)에서 이해(understanding)하는 것을 포기하는 것이다. 맥락으로서 이해해야만 학생들의 의미를 인정해 주게 되는 것이다.

따라서 학습자는 교사의 의도에 충실하기보다는 계속해서 자신의 의미를 부여하는 작업을 해야 한다. 우리는 교사가 99개의 언어를 분명한 하나의 언어로 요약하는 데 익숙해져 있는 데 반해 우리 학습자는 하나의 언어를 99개의 언어로 다양한 세계를 만들 수 있다는 것을 알아야 한다.

III. 텍스트와 컨텍스트 그리고 대화

> 낯선 마을로 가던 한 사나이가 밭에서 일하고 있는 농부에게 걸어서 그 마을까지 얼마간의 시간이 걸리느냐고 물었다. 농부는 그 사나이를 위아래로 한참 쳐다보다가 그냥 가보라고 말했다. 사나이는 물음이 제대로 전달되지 않은 줄 알고 다시 물었다. 얼마나 걸리는가. 그래도 농부의 대답은 같았다. 가보라는 것이었다. 묻던 사나이는 내심 분개하며 묻기를 포기하고 그냥 걸어갔다. 수십 걸음을 걸어가자 그때 농부가 뒤에서 소리쳤다. '당신의 걸음으로는 한 시간 길이오.' (이솝, 우화)

교사와 학습자의 이해를 넓혀주고 심화시켜주는 조건은 무엇인가? 그것은 바로 컨텍스트(context)다. 농부의 묵묵부답은 농부의 입장에는 당연한 행동이다. 만약 나그네의 걸음걸이를 보지 못한 채 농부가 대답했다면 그것은 거짓말하는 것과 다름없다. 이 농부의 침묵은 오히려 더 높은 이해(understanding)로 나아가는 첫출발이다. 우리는 때때로 침묵함으로써 오해(misunderstanding)의 소지를 줄일 수 있다. 오히려 자신에게 진실되기 위함(자실성, authenticity)(조용기, 2005,

118)이라는 이때의 침묵은 단순히 말하는 것을 거부하는 것이 아니라 '때에 맞는 합당한 응답'을 위한 긴장이다. 이런 긴장 없이는 더 나은 이해의 지평 확장과 심화를 기대하기가 어렵다.

우리 교사들은 학습자들의 컨텍스트를 얼마나 알고 있는가, 아니 알려고 노력하고 있는가? 교실을 침묵하게 하고 학습자의 말문을 막아버리는 무시무시한 긴장감이 아니라 알찬 이해를 위해서 한숨 돌리는 긴장이 있다. 이때 교사는 학습자를 한 걸음 떨어져 볼 수 있는 기회가 된다. 어떤 의미에서 보면, 교사는 학습자의 상황을 살피려는 열정이 그의 전문성 신장의 기초를 이루는 것일 수 있다. 그래서 교사는 자기의 일에 열정적인 사람이 되어야 한다. 때로는 하늘을 쳐다보기도 하고 때로는 발아래를 확인하고, 또 끊임없이 둘 사이를 왕래하는 열정을 소유하는 것이 교사의 임무일지도 모른다(조용기, 2005, 274).

학습자 주도 학습은 학습자들의 컨텍스트를, 상황을, 역사를 먼저 이해하는 데서 출발해야 한다. 그렇지 않으면 교사에 의해, 교과서(book)에 의해 수업이 진행될 가능성이 크다. 이런 형태의 수업은 교사의 일방적 승리로 끝나버릴 가능성이 크다. 학습자들의 컨텍스트를 무시한 수업은 그 절차적 정의(justice)에서조차 정당성을 찾기가 힘들다.

그래서 우리가 교사와 학습자가 서로를 이해했다고 하는 것은 교사의 컨텍스트와 학습자의 컨텍스트 간의 상호작용을 통해서만 가능한 것이다. 교과서가 교과서로 머물 것이 아니라 교사와 학습자의 컨텍스트가 씨실과 날실이 되어 짜나가는(texture) 우리의 텍스트(text)를 만들어 가야 할 것이다. 이 텍스트야말로 교사와 학습자 양자의 의미가 결합 된 것이다. "이 텍스트는 결코 죽은 문자 기호들이 빽빽하게 묻혀 있는 종이 무덤이 아니다. 그것은 '나'를 불러 세우는 생생한 목소리며, 답을 요구하는 가차 없는 물음이다. 우리가 텍스트와 신명나게 대화할 수 있는 이유는 그것이 이처럼 약동하는 생명의 언어들이기 때문이다."(이왕주, 1994, 123)

교사의 컨텍스트와 학습자의 컨텍스트가 제대로 만나게 되면 대화하지 않을 수 없다. 교실은 허공에 떠다니는 추상적 지식만 난무하는 공간이 아니라 우리의 삶을 이야기하는 대화 공동체, 특히 도덕 공동체가 될 것이다.

이러한 도덕 공동체에서 교사가 갖추어야 할 모습은 단순히 학습자를 가르치는 입장을 넘어 학습을 촉진하는 역할을 해야 한다. 이런 역할을 위해서 교사는 자신을 다음과 같이 변화시켜야 한다. 구체적으로 말하면, 우선 학습자들이 어떻게 변했는지에 초점을 맞추고, 권위적인 인물로서의 방어적 방패를 없애고 자신도 감정, 희망, 혹은 불안 등을 가지고 있는 나약한 존재자임을 인정하는 태도가 요구되고, 나아가 항상 학습자들에 필요한 것을 공급해 줄 수 있는 자원을 가져야 한다. 이런 교사의 역할은 구성주의자들에 의해서도 동일하게 요구된다. 구성주의자들이 보는 교사(강인애, 1997, 23-24)는 학습자가 필요로 할 때 학습에 대한 도움을 주는 조언자 (scaffolder)의 역할을 하는데, 주로 일련의 질문을 통해 학습자의 학습 활동을 자극하도록 한다든지, 학습자가 풀어야 할 과제의 전 과정을 먼저 시연(modelling)해 줌으로써 학습자에게 그가 배워야 할 문제에 대한 전반적인 개념의 틀을 제공해 준다든지 혹은 학습자가 문제 해결을 해나가는 데 필요한 여러 자료를 제시해 준다든지 하는 역할을 맡게 되고, 더 나아가 평가의 영역까지 학습자에 의해 실시되도록 한다. 여기서 한 걸음 더 나아가면, 교사 역시 지식을 구성하는 데 있어 학습자와 마찬가지로 지식 구성의 동료 학습자(co-learner)가 될 수 있다.

Ⅳ. 자기 주도 학습과 구성주의

자기 주도 학습을 이론적으로 뒷받침하고 있는 구성주의적 학습이론은 인지적 도제 이론(cognitive apprenticeship)과 상황적 수업모형(anchored instruction) 그리고 인지적 유연성 이론(cognitive flexibility theory) 등이 있다(강인애, 1997, 99-104, 141). 인지적 도제 이론은 습득되어야 할 지식이나 기술은 그것이 실제로 쓰이는 사회적, 기능적 상황에서 학습되어야 한다는 것을 강조하는 데 반해, 상황적 수업모형은 여러 개념과 기술이 담긴 복잡한 어느 한 실제 상황을 제시하여 학습자의 현 인지적 상태를 자극하고 학습자들이 그 복잡한 문제를 풀기 위해 파생되는 여러 작은 문제들이나 과제들을 스스로 찾아내고 풀어가는 형성 학습을 강조하고 있다. 그러나 인지적 유연성 이론은 앞의 두 이론과는 구분되는 특성이 있다. 이 이론은 지식의 재현과 그 과정을 주로 다루기 때문에 지식의 사회적 측면을 연구하지 않는다는 점에서 앞의 두 이론과는 차이가 있다. 인지적 유연성 이론은 지식을 단순한 일차원적 개념으로 표현될 수 있는 어떤 것이 아니라 복잡하고 다원적 개념으로 형성되어 있는 것으로 보기 때문에 이런 복잡하고 다원적 개념의 지식을 제대로 재현할 수 있도록 하기 위해서는 상황 의존적인 스키마(지식구조)의 연합체를 형성해야 한다고 주장한다.

이러한 구성주의적 학습원칙을 바탕으로 할 경우, 첫째, 학습자는 더 이상 수동적인 지식의 습득자가 아니라 보다 적극적이고 자율적인 인식의 주체로서의 주인의식을 가지게 된다. 즉 학습자 스스로 자율적으로 그리고 자신감 있고 책임감 있게 자신의 학습을 관리하고 학습의 목표와 방향을 설정해 나갈 수 있는 능력을 가진 존재가 되는 것이다(강인애, 1997, 20-21). 동시에 학습자는 인식의 주체로서뿐 아니라 학습의 전문가가 될 수 있다. 따라서 학습자가 학습의 주도권을 가지게 된다. 둘째, 학습자는 반성적 학습자(reflective learner, reflective inquirer)[1)]이다. 학습자는 자신의 수업에 대해서 무심코 지나가 버리는 것이 아니라 관찰하고, 반성하고, 수정하게 된다. 당연한 것으로 받아들여졌던 것에 대해 질문을 해 보고 분석하고 그 대안을 구해보는 과정을 밟게 된다. 이러한 과정을 통해서 학습자는 자아 통찰적인 사고를 습관화하여 자기의 생각이나 견해를 좀 더 논리적이고 설득력 있게 제시하게 된다.

학습자는 학습에 있어 자율성을 보장받을 뿐 아니라 주인의식을 가지고 학습에 참여하게 되는데, 여기서 학습자들의 이러한 역할은 단순히 인지적 전략에만 국한되는 것이 아니라 더 중요한 것은 학습

---

1) 반성적 학습자란 용어는 반성적 실천가(reflective practitioner)란 용어와 연관해서 사용할 수 있다. 반성적 실천가는 교사가 자신의 수업을 관찰하고 수정, 혹은 반성하여 수업 개선을 목적으로 하는 교사의 연구 태도를 보통 지칭한 것으로서 교사에게 사용되는 용어이다. 교사뿐만 아니라 학습자 역시 문제해결 학습에 있어 중요한 존재이다. 문제해결학습(problem-based-learning)을 통해서 학습자는 스스로 학습하는 방법(self-directed-learning)을 배우게 된다. 또한 학습자는 교사와 마찬가지로 수업 개선에 있어 중요한 존재라면, 수업 혹은 학습 개선을 위한 한 일원으로서 문제를 파악하고 의미를 부여하며 새로운 구성을 하는 중요한 역할을 하게 된다.

자가 그들이 속해 있는 공동체에의 지속적 참여를 통해 자신의 정체성을 발견 혹은 변화시키는 데까지 나아간다는 것이다.

자기 주도적 학습을 통해서 학습자는 자신의 존재를 찾아가게 되고 학습에 있어 학습자의 역할과 정체성을 제대로 파악하게 된다. 학습자들의 역할을 제대로 수행하기 위해서는 학습에 같이 참여하고 있는 교사의 역할 역시 매우 중요하다. 따라서 자기 주도적 학습에 있어서 교사의 역할은 학습을 돕는 조력자로서 역할을 하게 된다. 교사는 학습자가 필요로 할 때 학습에 대한 도움을 주는 조언자(scaffolder)의 역할을 하게 될 뿐 아니라, 나아가서 동료 학습자(co-learner)의 역할까지도 하게 된다(강인애, 1997, 23). 교사는 수업을 일방적으로 이끌어가기보다는 학습자들의 인지적 활동에 자극을 준다든지, 학습자가 문제 해결을 해나가는 데 필요한 자료를 제공한다든지 혹은 질문을 한다든지 하는 역할을 하게 된다.

이러한 학습자의 역할과 교사의 역할이 제대로 발휘되기 위해서는 거기에 맞는 학습 환경이 구축되어야 하는데, 이러한 학습 환경의 대표적인 형태가 협동학습 환경이라 할 수 있다. 협동학습의 환경이 제대로 갖추어지게 되면 자기 주도적 학습의 효과를 극대화할 수 있을 것이다. 협동학습을 통해서 얻을 수 있는 것들은, 타인의 다양한 관점과 견해를 접하게 됨으로써 학습자 각자가 지니는 사고의 영역과 범주 그리고 관련 분야에 대한 전문적인 지식을 넓힐 수 있으며, 동시에 타인과의 상호작용을 통해서 자기의 입장을 타인의 견해를 통해서 그리고 타인의 입장을 자신의 견해를 통해서 평가해 볼 수 있는 기회를 가질 수 있다.

위에서 살펴본 바와 같이 구성주의 교수 학습에서는 특히 협동적 환경학습을 강조한다. 협동학습 환경을 바탕으로 하는 자기 주도적 학습에서는 사회적 과정을 통해 협동학습이 상호작용적 대화를 바탕으로 반성적 사고와 생산적인 학습을 촉진하고 있기 때문이다. 이처럼 구성주의와 협동학습은 시너지 효과를 나타내고 있다. 협동학습을 통해 전체는 개인을 위해 개인은 전체를 위해서라는 사회적 태도를 갖게 되고 성공적인 학습을 위해 서로를 격려하고 도움을 줌으로써 학습의 성취를 높일 수 있다. 따라서 구성주의적 관점에서의 협동학습은 단순히 전통적인 수업의 대안적인 전략으로서 성별, 능력별 등의 소집단을 활용하는 것이 아니라, 집단 구성원들 간의 상호작용을 통해 사회적 기능을 학습하고 대안적인 견해를 공유하거나 이에 도전하는 데 그 목적이 있다.

Ⅴ. 도덕교육과 협동학습

1. 협동학습의 기본원리

전통적인 관점에서의 협동학습이란 개별학습과 경쟁 학습에 대한 대안으로서의 성격을 가진다. 협동학습이란 용어에서 보는 바와 같이 학습이란 측면의 수단적인 의미로 지금까지 사용되었던 것이 일반적인 경향이었다. 이것은 협동학습이 학업성취를 위한 하나의 외재적 수단으로 보는 경향이 강하기 때문에 협동이 인위적으로 부과되는 경우가 된다(조용기, 2005, 132-136). 내재적 동기를 중시하는 협동학습과는 달리 외재적 보상을 중요시하는 협동학습으로는 Slavin류의 협동학습 방법을 들 수 있다. 이런 종류의 협동학습은 협동을 학습 목적의 하나로 보는 대신에 학업성취를 위한 외재적 수단으로 보는 경향이 강하다. Slavin은 그의 동료들과 함께 개발한 협동학습 방법을 통칭해서 STL(Student Team Learning)이라고 하였다. 여기에는 조별 성적 환산법(Student Team-Achievement Division), 조별 경연 대회법(Team-Games-Tournaments), 조별 개별화법(Team Assisted Individualization), 영역별 전문가 활용법 Ⅱ(JigsawⅡ) 등이 있는데(조영남, 2003, 86-89) 이것들은 대체적 외재적 보상을 수단으로 하고 있다.

그리고 협동학습은 공동의 과제를 가지고 그것의 달성을 위해서 일을 분담하고 함께 토론하는 등의 적극적인 협동이 필요로 한다(조용기, 2005, 154-155). 이것은 협동학습의 중요성이 사회에서 개인적 과제보다는 공동 과제의 비중이 크다는 것을 강조하고 있다. 또한 개인적인 과제보다 공동 과제를 더 중요시하고, 개별적인 학습 활동보다는 협동적 과제 해결이 협동학습의 의미에 더 적합하다. 따라서 협동학습의 조건으로서는 외재적 보상보다는 내재적인 동기 그리고 경쟁보다는 협동의 과정이라 할 수 있다.

협동학습의 종류는 여러 가지 있지만, 앞에서 언급한 자기 주도적 학습과 구성주의 학습원리에 맞는 협동학습 방법으로는 선택의 자유에 입각한 내재적 동기와 구성원들 간의 힘을 합쳐야만 달성할 수 있는 공동 과제 중심의 학습법을 중시하는 Sharan과 Sharan의 집단 탐구법이 가장 협동학습에 근접한 것이라 할 수 있다.[2] 내재적 동기와 공동 활동을 통한 협동학습은 그 활동에 참여하는 당사자들 간의

2) 집단 탐구법은 탐구 주제나 집단이 학생들의 관심사에 따라 선택됨으로써 학습의 내재성이 가장 보장되는 방법이다(조용기, 2005, 145).

인간적인 관계 역시 돈독하게 만드는 장점을 가지고 있다.

그리고 협동학습에 있어서 교사의 역할은 학생들이 주도적으로 학습 활동을 할 수 있는 상당한 도움을 주어야 한다. 교사는 학생들이 서로 협동하여 학습하기 위해서 협동을 가능하게 하는 다음의 본질적인 기본 요소(David W. Johnson, Roger T. Johnson, & Edythe J. Holubec, 1994, 9-11)들을 이해하고 난 다음 수업에 임해야 한다.

첫째, 긍정적인 상호의존성(positive interdependence)이다. 집단 구성원들은 각자의 노력이 그 개인뿐 아니라 모든 집단 구성원에게 이익이 된다는 사실을 깨달아야 한다. 그래서 교사는 학생들이 적극적으로 소집단의 다른 구성원들과 상호 의존할 수 있도록 도와주는 역할을 하여야 한다. 둘째, 개인 책임과 집단 책임(individual and group accountability)이다. 개인과 집단은 목표를 수행할 때 그리고 학습을 수행할 때 각자에게 주어진 적당한 몫을 수행해야 할 책임이 있다. 교사가 학생들이 개인적인 책임감을 가지는 방법으로는 학생들 각자에게 테스트를 부여하는 방법, 한 학습자의 결과물을 선택하여 전체 집단을 평가하는 방법, 학습자 각자가 학습한 것을 학급 학생들에게 설명하는 방법 등이 있다. 셋째, 촉진적인 상호작용(promotive interaction), 즉 대면적(face-to-face)이다. 학생들은 자원을 공유하고 서로 도와주고 격려 및 지원을 해주며 서로의 학습 능력을 칭찬해 줌으로써 서로의 성공을 장려하는 실질적인 학습을 할 필요가 있다. 교사는 학생들 간의 상호작용에서 소외되는 학생들이 없도록 세심한 배려를 해야 한다. 넷째, 사회적 기술(social skills)이다. 교사는 학생들에게 몇몇 필수적인 개인 간 그리고 소집단 기능을 가르치는 것이다. 교사는 학생들이 협동학습을 수행하기 위해 필요한 리더십, 의사결정, 신뢰 구축, 의사소통, 갈등 관리 기술 등을 의도적으로 상세하게 가르쳐야 한다. 이것은 협동학습이 학생들에게 교과 학습뿐만 아니라 집단의 구성원으로서 필요한 개인 간 기능과 소집단 기능을 요구하기 때문이다. 마지막으로, 집단 분석(group-processing)이다. 집단 분석은 집단 구성원들 스스로 얼마나 그들의 목표를 성취하고 있고 효율적인 학습 관계를 유지하고 있는지에 관해서 토론할 때 존재한다. 교사는 학생들이 소집단 속에서 어떤 활동을 하는지 혹은 어떤 효과적인 활동을 하는가를 그리고 구성원을 돕는 사회적 기술을 사용하고 있는가를 스스로 분석하도록 시간을 주어야 한다. 또한 학생들이 효과적으로 의사소통을 할 수 있도록 하는 사회적 기술을 가르쳐야 한다. 이상의 협동학습의 기본 요소들을 바탕으로 제대로 구조화된 협동학습 단원을 수업할 때 협동학습은 극대화될 수 있다.

구성주의 학습원리와 자기 주도적 학습원리를 바탕으로 협동학습의 기본 요소를 통해 도덕과에서 자기 주도적 학습으로서의 협동학습을 실천해야 하는 과제가 남아 있다.

2. 도덕과 교육과 협동학습 모형

최근 도덕과 교육학자들 역시 협동학습의 도덕교육적 유용성을 강조하고 있다. 인지 도덕 발달이론을 주장한 피아제, 배려 윤리를 강조한 나딩스 등은 각각 그들의 교육적 관점은 달랐지만 도덕교육에 있어 협동학습의 중요성을 강조했다. 앞에서 살펴본 것을 기초로 하여 도덕교육에 있어 협동학습의 유용성을 제시하면 다음과 같이 정리될 수 있다.

첫째, 협동학습은 학생들을 능동적 참여자로 부각하면서 학생 스스로 도덕적 규범을 발견하고 창조, 구성해 나가는 존재로 파악하고 그런 존재를 강조하고 있다.

둘째, 협동학습을 하는 과정에서 다양한 사회적 기술과 인간관계 기술을 배워 나갈 수 있다. 협동학습 과정에서 때로 구성원들 간의 갈등과 대립도 일어나기도 하지만 이를 극복해 나가는 과정을 통해 인격적으로 성숙하는 기회가 된다.

셋째, 구성원들 간의 상호작용을 통해 자연스럽게 공동체의 중요성을 깨닫게 된다.

넷째, 협동학습의 기본원리인 긍정적인 상호의존성과 개인적 책임은 학생들이 사회적 존재임을 깨닫게 하고 동시에 개인의 책임의 중요성도 깨닫게 된다.

마지막으로, 앞의 유용성을 바탕으로 볼 때, 협동학습 자체가 도덕적이라고 할 수 있으며, 협동학습으로 도덕 수업하기가 다른 교과보다는 더 쉽고, 무엇보다 학생들이 흥미 있게 수업에 참여할 수 있기 때문에 수업 부담을 줄일 수 있을 뿐 아니라 학습의 효과를 극대화할 수 있다.

3. 집단 탐구 협동학습 모형

협동학습의 기본원리에 충실하고 도덕과 교육의 성격에 맞는 협동학습의 모형은 집단 탐구(Group Investigation) 모형을 들 수 있다.

집단 탐구 모형은 듀이의 반성적 사고를 기초로, 지식을 단순히 전달되는 것으로 보는 것이 아니라 개인과 개인 사이의 사회적 상호작용을 통해서 구성되고, 개인의 경험에 의해 독특하게 재구성되며, 개인의 지성, 사회적 과정, 민주적 사회 기능 간에는 밀접한 관계가 있음을 주장한다. 이러한 민주적 과정의 형식과 역동성을 학문적 탐구과정에 통합시킨 것이 Thelen의 집단 탐구 모형이다(정문성, 2003, 193-195). 그는 이 모형을 통해 교실은 사회와 유사한 구조를 가지며 마치 사회가 사회질서에 의해 유지되듯이 교실 역시 교실 문화에 의해 형성된다는 입장을 가지고 학습자는 교실에서 합의의 과정을 통해서 학문적 지식을 배우는 동시에 사회의 문제를 해결하는 방법을 경험하게 된다고 주장한다. 이런 탐구를 통해 학습자는 문제 상황에 직면하고 자극을 받게 되고 그 문제에 관심을 가지게 되며 그것과 관련해서 다른 사람과의 상호작용을 하고 또한 타인에 의해 다시 자극받아 자신의 생각과 태도를 반성하고 재구성하여 새로운 결론에 도달한다. 나아가 집단에 의한 합의점을 도출하고 그것을 바탕으로 실천하여 보다 나은 삶을 영위하는 과정을 거치게 된다.

이상의 과정을 정리하면 다음과 같은 단계를 거치게 된다(정문성, 2003, 194-195).

첫째, 해결해야 할 문제에 반응을 보이고 의문을 갖는 상태에서 출발한다.

둘째, 탐구자로서 연구 대상을 관찰하고 연구 방법과 관련하여 자료를 수집하고 과거의 경험에 비추어 아이디어를 관련짓고, 분류하여 가설을 설정하고 검증하며, 결과를 연구하여 계획을 수정해 나가는 과정을 경험한다.

셋째, 반성적 사고력을 사용하여 언어와 행동으로 결과를 발표한다. 이 단계에서는 경험을 통해 연구 결과를 외형적으로 형성하고 그것을 기존의 아이디어에 통합하는 과정을 거치게 된다.

한편, 집단 탐구 모형에서의 교사의 역할은 상담자, 자문자, 친절한 비평자의 세 가지 역할을 하게 되고, 교사는 과업, 모둠 활동, 개인의 학습 등 세 가지 영역에 대해 개입하고 지도하여야 하며 모둠 활동을 촉진하고, 모둠 에너지가 잠재적으로 교육적 활동에 집중되도록 개입하되, 교사의 개입은 최소화되어야 한다(정문성, 2003, 195).

집단 탐구 모형의 또 하나의 개발자는 Sharan이다. 이 모형에 관한 그의 결론은 집단 탐구 모형은 학업성취 면에서 전통적인 수업방식보다 뛰어나며 고급 사고력 형성에도 효과적인 것으로 나타났고, 이 모형의 수업을 하는 교사 역시, 교사 자신의 활동에 대해서 전통적 수업 형태와는 달리 매우 긍정적인 태도를 보여주는 동시에 학생들의 학습 동기를 자극하거나 학생들 상호 간의 상호작용을 촉진하거나 학생 학습 활동에 대한 피드백을 많이 하거나 개인의 특별한 활동에 대해 칭찬한다.

특히, 이 모형은 학생이 학습 활동에 대한 강한 통제력을 행사할 수 있도록 하는 특징을 가지고 있다. 우선 학생은 자신이 가장 좋아하는 학습 과제를 선택할 수 있고, 또한 그들의 기호, 능력, 배경, 가치에 따라 선택한 학습 과제에 대해 보다 구체적인 탐구 질문을 던질 수 있는데 이러한 학생 개개인의 차이가 전체 학급이 추구하는 문제 해결에 커다란 자료를 제공해 주게 된다.

집단 탐구 수업모형의 절차를 살펴보면 다음과 같다(정문성, 2003, 199-200, 변영계 · 김광휘, 2002, 232).

1) 소주제와 모둠 조직

교사가 탐구 주제를 제시하면, 학생은 그 주제와 관련된 구체적인 질문을 제기하며, 이러한 질문을 범주화한다. 그 범주가 소주제가 되며 학생은 그들의 선택에 따라 소주제를 중심으로 탐구 모둠을 구성하게 된다.

2) 탐구 계획 수립 및 역할 분담

각 모둠은 자기들이 선택한 소주제에 대해 보다 구체적으로 무엇을, 어떻게 연구하고, 누가 어떤 역할을 할 것인지 정한다.

3) 모둠별 탐구실행

학생들은 정보를 모으고 조직하고 그 정보를 이해하고 통합시키기 위해 토론을 한다.

4) 모둠별 발표 준비

각 모둠은 전체 학급에 발표할 준비를 하되, 특히 자신들의 주제에서 벗어나지 않을 것과 어떤 도구를 사용해서 발표할 것인지를 정하고 준비한다. 또한 교사와 함께 발표 일정을 협의한다.

5) 발표

각 모둠은 전체 학급에 보고 한다.

6) 활동 평가

교사는 탐구 활동 중에 계속 평가하며, 개인 평가는 편집위원회에서 만든 보고서를 나누어준 뒤 일정 기간 경과 후 시험을 통해 평가한다.

이상의 집단 탐구 학습 모형은 매우 조직적인 성취 과제 분담학습이나 팀 경쟁 학습과는 대조적으로 학습할 과제의 선정에서부터 학습 계획, 집단의 조직, 집단 과제의 분담, 집단 보고에 이르기까지 학생들 스스로 자발적인 협동과 논의로 학습이 진행되는 개방적 협동학습의 모형이라 할 수 있다(변영계 · 김광휘, 2002, 252). 그래서 주로 초 · 중등학교의 사회과에서 수업모형으로 활용하기에 적합하다.

4. 협동을 위한 협동학습 모형(Co-op Co-op)

협동을 위한 협동학습은 Sharan과 Sharan(1976), Miller와 Seller (1985)의 모형에 근거하여 Kagan(1990)에 의해 고안된 수업모형이다 (변영계 · 김광휘, 2002, 233-241. 정문성, 2003, 206-217). 이 수업모형은 우선, 학생들의 호기심, 지능, 감수성을 개발하고 학습이 이루어질 수 있도록 환경을 제공한다. 특히 이 모형에서 중요시하는 것은 학생의 자연적이고 지적이고 창조적이며 감성적인 경향을 일깨워 주고 길러내는 것이다. 또한 학생 자신과 세계에 대한 개념을 수정할 수 있는 새로운 경험을 동료집단과 나누어 가질 수 있는 장점을 가지고 있다. 따라서 협동학습의 기본조건이라 할 수 있는 외부적 보상을 배제하는 것과 협동의 과정을 중요시한다고 할 수 있다. 다시 말하면, 다른 집단을 이기는 데 목적이 있다기보다는 학습과 협동이 목적이라 할 수 있다. 그래서 이 모형은 협동을 위한 협동학습이라고 부른다.

협동을 위한 협동학습은 학생들이 자신과 세계에 대해 이해하고, 나아가 새롭게 이해된 부분에 대해서는 동료들과 나누어 가질 기회를 제공하기 위해 소집단에서 활동하도록 하는 것이다. 이 수업모형의 절차를 살펴보면 다음과 같이 10단계로 나눌 수 있다.

1) 1단계: 학생 중심의 토의 수업

수업의 시작 단계로서 학생들이 다루어야 할 교과의 내용에 대한 자신의 흥미와 관심을 발견하고 표현하도록 조장하는 단계이다. 물론 교사는 학습 단원에 관한 자료를 제시한다. 교사의 자료 제시에 대해 학생들은 브레인스토밍을 하게 된다. 여기서 중요한 것이 교사는 오늘 다루어야 할 주제 혹은 학습 목표와 관련이 있는 자료를 제시하여 학생들의 호기심을 불러일으켜야 한다는 것이다. 이것은 학생들의 내재적인 동기 부여에 중요한 역할을 하게 된다.

2) 2단계: 학습자 팀 구성

이 단계에서는 학생 스스로 팀을 구성할 수도, 교사가 학생들의 팀을 구성할 수도 있다.

3) 3단계: 팀 형성과 사회적 기술 개발

협동학습에 있어서 무엇보다 중요한 것은 구성원들 간의 서먹서먹함을 극복하고 친숙해지는 '우리'라는 감정의 공유라 할 수 있다. 이러한 구성원들 간의 친밀성을 유지하기 위해서 사회적 기술 개발 활동이 필요한데, 여기에는 의사소통 기술, 즉 남의 이야기 경청하기, 질문하기, 유용한 비판, 대립 해결 기술과 같은 것이 필요하다.

4) 4단계: 팀 토픽 선정하기

팀의 토픽은 구성원 간의 대화 가운데서 학생 스스로 선택하든지 혹은 학급 전체가 관심을 기울이고 있는 것을 선택할 수 있다. 학생들이 주제에 관한 대화와 선정을 할 때 교사는 팀을 돌아다니면서 적절하게 주제 선정에 대한 조종 역할을 해야 한다. 또한 교사는 주제에 대한 학생들의 관심을 집중시키기 위해 단원에 관한 사항을 다시 한 번 주지시킬 수 있다.

5) 5단계: 소 토픽 선정하기

학생들이 팀 토픽을 소 토픽으로 나누면, 자신의 소 토픽에 관련된 학습 활동을 시작한다. 학생들이 소 토픽을 결정할 때 교사는 학생의 수준에 따라 토픽에 관여하도록 한다. 따라서 무임 승차하는 학생이나 소외된 학생들이 없이 집단에 개인들 각자가 기여할 수 있도록 교사는 기여해야 한다.

6) 6단계: 소 토픽 준비하기

소 토픽을 해결하기 위한 준비는 협동을 위한 협동학습을 통해서 다루어야 할 내용과는 다를 수 있다. 학생들은 각자 준비한 자료를 가지고 팀 동료들과 공유할 것이라는 것과 자신의 활동이 팀 발표에 기여할 것이라는 것을 알기 때문에 보다 강화된 흥미를 가지고 이들 활동에 참여하게 된다.

7) 7단계: 소 토픽 발표하기

학생들은 팀 구성원을 대상으로 결과물을 발표한다. 학생들 각자는 일정한 발표 시간 내에 형식을 갖추어 발표한다. 이것은 자신이 가지고 있던 경험이나 구성한 지식을 다른 구성원들에게 제공하게 되고 다른 구성원들은 발표한 토픽에 대해 자신의 의견을 개진하는 활동을 한다.

8) 8단계: 팀 발표 준비하기

팀 토픽을 발표하기 위해서는 소 토픽을 발표할 때 제시된 모든 자료에 대해서 토의하고 합의하는 과정을 통해 통합해야 하는데 이때 각종 시각적인 매체를 사용하면 더 효과적이다.

9) 9단계: 팀 발표하기

팀별로 합의한 내용을 발표하고 각 발표에 대한 질문과 조언의 시간을 갖는다.

10) 10단계: 반성 및 평가하기

학생들은 자신의 사회적 기술을 반성할 수 있도록 하고, 이러한 반성은 협동을 위한 협동학습에서 수시로 일어날 수 있다. 마지막으로 교사는 발표 내용과 형식에 대한 장점과 약점에 대하여 전체 학급회의를 이끌 수 있다. 평가는 팀 구성원들의 개별 소 토픽에 대한 평가, 학급 동료들의 팀 발표에 대한 평가, 그리고 교사의 소 토픽이나 보고서에 대한 평가 등이다.

Ⅵ. 대화 학습과 협동학습

이상에서 대표적인 협동학습의 모형을 살펴보았다. 학습자의 존재에 관심을 기울이고, 그들의 컨텍스트를 바탕으로 하는 상호작용의 과정을 중요시하며, 이와 같은 과정을 통해 교실을 도덕 공동체로 만들 수 있는 자기 주도적인 학습을 바탕으로 협동학습의 기본원리에 따라서 도덕과 수업에서 적용할 수 있는 방법을 모색해야 한다. 도덕과의 학습자 주도 학습으로서의 협동학습은 다른 교과와는 달리 도덕성의 문제를 다루기 때문에 단순히 지적인 부분의 문제를 해소하는 데 머물 수 없다. 다시 말하면 도덕 수업은 덕목의 지적, 정의적, 행동적 측면을 모두 갖춘 수업이 이루어져야 완전한 학습이라 할 수 있다. 이것은 앞에서 밝힌 바와 같이 인간의 한 측면을 중요시하기보다는 통합적인 측면에서, 즉 인지론적 관점의 한계를 뛰어넘는 존재론적인 관점에서 수업이 이루어져야 한다는 것과 관련이 있어야 한다.

자기 주도적 학습으로서의 협동학습을 통해 자신의 존재까지 이해할 수 있는 수업 형태가 곧 도덕과 수업에서는 절실히 요구된다. 따라서 우리는 앞에서 논의한 바 있는 학습자에 관한 존재론적 의미를 부여하는 동시에 구성주의 학습이론과 협동학습의 기본원리까지 포괄하는 대화 학습 모형을 소개하고자 한다. 도덕과 수업에 있어 보다 수업의 효과를 극대화할 수 있는 대표적인 협동학습 모형은 도덕과의 대화 학습[3)]이라 할 수 있다.

대화 학습은 우선 구성주의와 해석학을 그 이론적 근거로 하고 있으며 또한 협동학습의 기본원리를 충실히 따르고 있다. 그리고 학생활동 중심의 대화를 통한 합의 도출 및 수업이 이루어진다는 점에서는 자기 주도적 학습의 전형적인 모형을 가지고 있다.

대화 학습 모형은 해석학을 응용한 대화 학습 모형1과 구성주의를 응용한 대화 학습 모형2[4)] 그리고 양자를 7차 교육과정의 내용 구성에 맞게 재구성한 차시별 대화 학습[5)] 등으로 구분된다. 여기서는 대화 학습 모형1을 중심으로 살펴보고자 한다.

대화 학습 모형1은 해석학의 주된 개념들인, 존재, 이해, 지평 혼융,

---

3) 도덕과 대화 학습은 다음의 책 참고할 것. 김종문, 『도덕교육을 위한 학생활동 중심의 대화 학습』(서울: 교육과학사, 2004).

4) 대화 학습 모형2는 구성주의의 주된 개념들인 구성, 삶, 실천, 조력자, 동역자, 대화 등을 활용하여 대화를 통한 활동을 강조하고 있다(김종문, 앞의 책, 190-226쪽 참조). 이 모형은 활동의 준비, 대화와 활동, 활동의 정리 단계로 진행된다. 이 모형은 대화를 통한 활동을 강조하고 있다. 협동학습의 과정 자체가 삶과 유리되어 있다면 그것은 완전한 학습의 형태라고 할 수 없다. 우리는 지식을 구성하기보다는 삶을 구성한다는 점에서 협동학습을 수행할 때 앎이 삶과 유리되지 않는 학습을 경험하게 된다. 또한 학습자는 이러한 활동을 통해 자신의 정체성을 발견할 수 있는 계기를 마련하게 된다.

5) 차시별 대화 학습은 위 두 모형을 차시별로 나누어 수업에 적용할 수 있는 수업 형태이다. 2시간 차시별 대화는 1차시에는 대화 학습 수업모형1을 2차시에는 수업모형2를 활용한다. 바른생활과의 경우 주당 2시간 수업을 활용하여 두 모형을 번갈아 적용할 수 있다. 그리고 도덕과 3시간 차시별 대화 학습은 1차시와 2차시에는 수업모형1을, 3차시에는 수업모형2를 가지고 수업에 적용하는 것을 원칙으로 하나, 교실 상황에 따라서 변용이 가능하다(김종문, 앞의 책, 229-316쪽 참조).

텍스트, 컨텍스트, 대화 등을 활용하여 대화를 통한 합의를 수업의 주된 활동으로 소개하고 있다(김종문, 2004, 145-189). 대화 학습 모형1은 대화의 계기, 분단 대화, 학습 경험의 공유, 대화의 정리 단계로 구분되어 있다.

첫째, 대화의 계기 단계는 대화 수업을 하기 위한 준비단계이다. 분단을 구성하는데, 주로 4명으로 구성하는 것이 대화 수업에 가장 효과적이다. 교사는 오늘 다룰 학습 주제 혹은 목표와 관련된 자료를 제시하게 된다. 이때 주제는 문제 상황이나 갈등이 담긴 자료이어야 한다. 이런 자료를 통해 학생들은 지금까지의 자신이 경험한 그리고 가지고 있는 지식을 바탕으로 학생의 입장을 정리하게 된다. 학생들은 주어진 텍스트에 대해서 학생의 컨텍스트를 바탕으로 입장을 정리하게 된다.

둘째, 분단 대화의 단계이다. 이 단계는 학생 각자가 가지고 있는 정리된 생각을 대화를 통해서 나누는 단계이다. 물론 학기 초부터 대화가 원활하게 이루어지기가 어렵기 때문에 협동학습의 기본원리인 사회적 기술을 습득하는 기회를 가져야 한다. 각 분단원 간의 상호작용적 대화를 통해서 서로의 이해 지평을 넓게 혹은 깊게 나아갈 수 있다. 이런 이해 지평의 융합을 통해 서먹서먹했던 상호 간의 관계가 보다 친밀해지며 공동체에 관한 관심이 증대한다. 분단 대화를 통해 오늘 다루어야 할 주제에 관련된 실천 사항을 합의하게 된다.

셋째, 학습 경험의 공유 단계이다. 이 단계에서는 각 분단 별로 합의한 내용을 학급 전체와 공유하게 된다. 각 분단 별로 학급 전체에 합의한 내용을 발표하고, 다른 분단의 합의를 듣고 학급 전체의 실천 사항을 합의를 통해 도출하는 단계이다. 전체 합의 사항에 대해 실천 의지를 다지는 단계이다.

넷째, 대화의 정리 단계이다. 전체 합의 사항을 학생들 모두 실천해야 하지만, 개인적인 상황에 따라 다른 방법으로 실천해야 할 경우가 생기므로 소외된 학생이 없도록 교사는 수업을 총괄 지도해야 하며 개별적인 지도가 뒤따라야 한다. 학급 전체의 수업 정리 및 구성원 각자의 입장과 실천 의지의 정리 단계이다.

이상의 대화 학습을 협동학습과 연결하여 정리하면 다음과 같다. 수업에 있어 존재자인 학습자는 주어진 문제 상황에 대해서 학습자의 입장을 삶의 맥락에서 구성하여, 즉 외재적인 보상에 의하는 것이 아니라 내재적인 동인에 의해 자신의 이해를 구성하게 되어 타인과의 상호작용인 대화 과정에 들어가게 된다. 긍정적 상호작용이라는 대화 과정을 통해서 서로의 지평을 넓혀가는 동시에 심화시켜가게 된다. 이런 과정을 통해 학습자들은 타인의 입장을 이해하게 되고 자신의 주장이 반드시 옳다는 생각에 수정을 가하게 된다. 상호작용적인 이해의 지평 융합을 통해 구성원 상호 간의 인격적인 관계의 성숙을 가져오게 되고 나아가서 교실을 도덕 공동체로 만들게 된다.

이상의 대화 학습 모형과 유사한 원리 및 방법을 가지고 있는 협동학습 모형을 집단 탐구 모형과 협동을 위한 협동학습 모형에서 살펴볼 수 있다. 여기서는 우선 3가지 수업모형의 유사점을 살펴봄으로써 도덕과 자기 주도적 협동학습으로서의 대화 학습을 소개할 수 있을 것이다. 따라서 다음의 표는 대화 학습을 중심으로 집단 탐구와 협동을 위한 협동학습 모형을 비교한 것이다.

대화 학습		집단 탐구 학습	협동을 위한 협동학습
1단계 (대화의 계기)	• 분단 만들기 • 교사의 자료 제시 및 발문 • 선입견 적어두기 • 교사의 발문	• 소주제와 모둠 조직 • 탐구계획수립 및 역할 분담	• 학생 중심의 토의 수업 • 학습자 팀 구성 • 팀 형성과 사회적 기술 개발
2단계 (분단 대화)	• 분단 대화 • 분단 합의 도출	• 모둠별 탐구 실행	• 팀 토픽 선정하기 • 소 토픽 선정하기 • 소 토픽 준비 및 발표하기
3단계 (학습 경험의 공유)	• 분단 합의 발표 • 학급 전체 합의 • 실천 결의 다짐	• 모둠별 발표	• 팀 발표하기
4단계 (대화의 정리)	• 실천 계획 수립 • 교사의 사후평가 및 지도	• 활동 평가	• 반성 및 평가하기

Ⅶ. 결론

자기 주도적 학습으로서의 협동학습은 우선 학생들의 존재에 대해 의미를 부여하는 작업을 하고 있다. 전통적인 수업에서 소외되었던 학습자에게 의미를 부여함으로써 학습자가 주도적으로 그리고 적극적으로 수업에 임하게 되어 수업을 통한 학습자 자신의 정체성을 확립하는 데 상당한 도움을 얻을 수 있다. 이러한 수업을 통해 학생 각자는 승자와 패자가 없는 교실 공동체에서의 진정한 존재의 기쁨을 누릴 수 있다.

또한 이런 수업을 통해 교사 역시 수업에 있어서는 수업 개선을 위한 전문성을 키워나가야 한다는 도전을 받게 된다. 군림하는 자세가 아니라 효과적인 수업을 위한 촉진자로서 그리고 동역자로서 역할을 통해 교사의 자질을 향상할 수 있다.

도덕과 교육의 성격 혹은 목표를 바탕으로 교실을 도덕 공동체로 만들려고 하는 여러 가지 수업기법 및 학습이론을 그 근저로 하는 자기 주도적 협동학습은 대화 학습을 만나게 되면 그 진가가 발휘된다. 진정한 교실 도덕 문화 공동체를 만들기 위한 이와 같은 노력을 대학과 학교 현장에서 계속 이어 나가야 할 것이다. 대학과 학교 현장 그리고 교사 상호 간의 진정한 협력이 이루어질 때 비로소 도덕 공동체를 완성할 수 있을 것이다. 따라서 본 연구는 그와 같은 협력을 위한 하나의 시작에 불과함을 덧붙여 둔다.

참고문헌

강인애(1997), 『왜 구성주의인가?』, 문음사.

김종문(2003), 『도덕교육을 위한 학생활동 중심의 대화 학습』, 교육과학사.

변영계 · 김광휘(1999), 『협동학습의 이론과 실제』, 학지사.

이규호(1999), 『대화의 철학』, 시공사.

이왕주(1994), 『철학풀이 철학살이』, 민음사.

정문성(2003), 『협동학습의 이해와 실천』, 교육과학사.

조영남(2003), 「팀 보조 개별화 협동학습 구조」, 『초등교육연구논총』 제19권 2호, 대구교육대학교 초등교육연구원.

조용기(2005), 『교육의 쓸모』, 교육과학사.

David W. Johnson, Roger T. Johnson, & Edythe J. Holubec(1994), *Cooperative Learning in the Classroom*, ASCD.

David W. Johnson & Roger T. Johnson(1994), *Learning Together and Alone: Cooperative, Competitive, and Individualistic Learning*, ALLYN and BACON.

David W. Johnson & Roger T. Johnson(1999), Structuring academic controversy(Shlomo Sharan ed, (1999), *Handbook of Cooperative Learning Methods*, Prager.)

제2장 도덕교육의 배경 학문으로서 철학 및 윤리학*

Ⅰ. 서론

도덕교육과 철학의 관련성은 도덕교육의 배경 학문으로서 철학과 연관이 있다고 설명할 수 있다. 이와 관련해서 도덕교육 혹은 도덕과 교육의 이론적인 근거를 따지는 부분에서는 그 이론적 근거가 윤리학인지 혹은 철학인지에 대한 논의도 계속되고 있다.[1] 이 논쟁의 핵심

* 이 글은 초등교육연구논총 제35권 4호(대구교육대학교 초등교육연구소, 2019)에 실린 논문을 수정・보완한 것임.

1) 도덕교육과 철학의 관련성에 관한 논쟁은 홍윤기 교수와 박병기 교수의 논쟁에서 구체적으로 살펴볼 수 있다. 다음의 논문들이 대표적이다. 홍윤기(2007), "도덕교과와 철학, 그 불가피한 내재적 연관성과 학문적 확장 양상－박병기의 「도덕 교과와 철학, 그 연속성과 불연속성: '홍윤기의 철학 귀속성과 도덕 윤리 교육의 정체성'에 대한 도덕 교육론적 응답」에 대한 재 응답"(『사회와 철학』(14), 사회와 철학 연구회, 229-262쪽). 박병기(2007), "도덕 교과와 철학, 그 연속성과 불연속성－홍윤기의 「도덕 윤리의 철학 귀속성과 도덕 윤리 교육의 정체성」에 대한 도덕 교육론적 응답"(『사회와 철학』(14), 사회와 철학 연구회, 65-90쪽). 홍윤기(2009), "철학과 도덕・윤리의 본질과 성격, 그리고 그 교육방안: 도덕・윤리 연구의 철학 귀속성과 도덕・윤리 교육의 정체성"(『철학 윤리 교육 연구』 통권 제25권 제41호, 한국철학교육학회 71-131쪽). 홍윤기(2005), "윤리학은 왜 철학인가－대한민국 도덕・윤리 교육의 모학문 논쟁과 '철학 귀환'을 통한 그 개혁 방안－", (『철학윤리교육연구』 통권 제21권 제35호, 한국철학교육학회, 39-77쪽).

은 다음과 같이 크게 두 가지 입장이다. 도덕교육 혹은 도덕 교과의 모 학문 혹은 배경 학문은 '철학'이라는 철학계의 주장에 대해서 도덕교육 혹은 도덕 교과의 배경 학문은 철학이 아니라 '윤리학' 혹은 '도덕 심리학'이라고 주장하는 것이 도덕 교과의 입장이다. 이러한 논쟁은 '교과'에 대한 이해의 차이(황인표, 2013, 592)에서 온다고 할 수 있다. 그중 하나가 학문 중심의 교과 편성을 염두에 둔 것으로 하나의 학문이 하나의 학문을 이룬다고 하거나 이루어야 한다는 논리에 근거한 것이다. 이런 관점에서 보면 도덕과 교육의 배경 학문은 윤리학이나 철학이 된다. 다른 하나는 교과를 어떤 고정된 실체를 말하는 것이 아니라 각급 학교의 교육과정에서 수업과 학습을 위한 활동 영역의 단위를 가르치는 경험 중심 교육과정 혹은 생활 중심 교육과정으로 이해한 입장인데 이것은 교과가 특정 학문에 종속되어서는 안 된다고 주장한다.

한편 후자의 경우 앞에서 언급한 도덕교육의 배경 학문이 윤리학인지 혹은 도덕 심리학인지의 논의는 철학과 윤리학의 학문적인 분류와 연관이 있다. 일반적으로 철학계에서는 도덕 철학이라고도 불리는 윤리학을 철학의 한 분과학문으로 보고 있다. 이런 관점에서 보면, 윤리학에서 다루는 주제는 철학에서 다루는 주제에 포함되어 있다고 할 수 있다. 철학계의 주장에 따르면, 도덕 교과가 주장하는 도덕교육의 배경 학문은 철학이 아니라는 주장은 논리적으로나 학문적인 분류에도 맞지 않다고 할 수 있다. 따라서 필자 역시 도덕교육의 배경 학문을 철학으로 보아야 한다고 생각하는 이유는 철학의 한 분과학문인 윤리학이 철학에 포함된 분야라고 주장한 입장에 동의하기 때문이다.

도덕교육, 특히 도덕 교과의 교육과정에서 도덕교육의 배경 학문을 어떻게 설정하고 있는지를 살펴보면 교육과정과 도덕교육의 학문적 배경으로서의 철학적 혹은 윤리학적 입장의 위치를 살펴볼 수 있을 것이다. 도덕과의 배경 학문을 살펴보는 것은 도덕과 교육이나 도덕과 교육과정이 철학적인 영역과 어떤 관련성이 있는지를 살펴볼 수 있는 단초가 되기 때문이다. 그러나 도덕과 교육과 도덕과 교육과정에서는 이러한 관계에 대한 설명이 구체적으로 언급되지 않고 단지 교육과정의 성격이나 목표에서 간략하게 언급하고 있다. 이는 도덕과의 배경 학문으로서의 철학과 윤리학을 배제 혹은 소홀히 하려는 의도로 보인다. 도덕과 교육과정 속에 언급되는 철학적 혹은 윤리학적인 입증을 교육과정을 통해서 살펴보고자 한다. 7차 교육과정, 2007 개정 교육과정, 2009 개정 교육과정, 2015 개정 교육과정에서 도덕과의 배경 학문으로서의 철학 혹은 윤리학이 구체적으로 어떻게 언급되고 있는지 살펴보고자 한다.

Ⅱ. 7차 교육과정

7차 개정 도덕과 교육과정에서 도덕과가 가장 강조하고 있는 목표[2]는 세계화 시대에 한국인의 정체성을 가지고, 한국인으로서의 바람직한 삶을 살아가는 데 필요한 기본 생활을 습관화하며, 도덕규범을 익히는 것이다. 그리고 일상생활에서 부딪히는 도덕적 문제를 합리적이고 바람직하게 해결할 수 있는 능력을 함양하는 것(교육인적자원부,

2) 7차 개정 도덕과 교육과정에서는 성격과 목표를 구분하지 않고 목표 안에 성격을 담고 있기 때문에 성격에 관해서 구체적인 언급은 없다.

2007, 18)이라 할 수 있다.

이상의 목표를 구체적으로 제시하면 다음과 같다(교육인적자원부, 2007, 18). 첫째, 인간이 동물과 달리 도덕적으로 살아야 하는 까닭을 이해하고, 다양한 삶에서 일어나는 가치의 갈등을 스스로 해결하는 판단 능력과 인간 존중의 태도를 함양하고, 둘째, 가정 · 이웃 · 학교 · 사회생활에서 요구되는 도덕규범과 예절을 익히고 전통 도덕과 현대 산업 사회의 시민 윤리를 함양하여 민주 사회에서 생활하면서 도덕적으로 부딪치게 되는 문제들을 합리적이고 바람직한 방향으로 해결할 수 있는 능력을 양성하고, 셋째, 자신과 이웃을 사랑하는 마음을 국가, 민족으로 확대하는 능력을 가지도록 한다. 이와 관련해서 통일이 필요한 이유와 통일을 이루려는 태도를 양성하고 이에 더하여 세계화의 시대에 한민족으로서 정체성을 가지며 타민족과 함께 어울려 살아갈 수 있는 능력을 가지도록 한다.

7차 개정 도덕과 교육과정의 목표에서 언급되고 있는 바와 같이, 일상에서 부딪치는 여러 가지 도덕 문제를 합리적이고 바람직하게 해결할 수 있는 능력을 함양하는 것이라고 규정하는 것으로 볼 때, 합리적이라는 용어의 사전적 의미는 '이론이나 이치에 합당한 또는 그런 것'으로 정의할 수 있다. 좀 더 구체적으로 언급하면, 합리적이라는 말은 "'이성적'과 동의어로서 사물을 논리적으로 파악하는 것이며, 그에 입각한 헛되지 않은 계획적인 행동을 하는 것을 말한다. 즉 논리적이고 과학적인 사고방식, 행동 방식을 말한다."[3]고 할 수 있다. '이성'의 개념은 철학사에서 가장 핵심적인 개념으로서 이 개념을 언급

---

3) https://terms.naver.com/entry.nhn?docId=388918&cid=41978&categoryId=41985 (2019.8.23.)

하지 않고서는 철학의 존립 근거가 없을 정도로 철학 분야에서는 가장 핵심적이고 필수적인 의미가 있는 용어이다. 또한 '바람직하다'는 용어의 사전적 의미는 '바랄만한 가치가 있다'라고 할 수 있다. '가치' 개념 역시 철학, 특히 윤리학에서 가장 핵심적인 용어라 할 수 있다.

7차 교육과정의 목표에서 언급하고 있는 합리적이라는 용어와 바람직하다는 용어는 철학사를 관통하고 있는 그리고 철학과 그의 분파 학문 영역인 윤리학에서 가장 핵심적인 용어라는 점에서는 이견이 없을 것이다. '이성적', '이치에 맞는', '논리적', '과학적인 사고방식', '인간이 추구할 만한 혹은 바랄만한 가치' 등의 용어를 살펴보면, 철학 일반에서 다루는 주제와 철학의 하위영역인 윤리학 및 논리학의 주제와 매우 밀접한 관련이 있음을 알 수 있다. 또한 도덕이라는 용어가 철학에서 유래했다는 사실을 거부할 만한 근거는 찾을 수 없다. 또한 목표에서 '한국인으로서의 바람직한 삶을 살아가는 데 필요한 기본 생활을 습관화하며, 도덕규범과 예절을 익히고'라는 언급에서 살펴볼 수 있듯이, 도덕규범과 예절이라는 개념 역시 철학적이고 윤리학적인 용어와 무관하지 않다.

그러나 7차 개정 도덕과 교육과정에서는 학생들의 도덕적 덕과 인격 형성을 지향하면서, 도덕성의 인지적, 정의적, 행동적 측면을 조화롭게 육성하는 일에 주력하기 때문에, 교육과정의 이론적 배경을 인지적 접근과 정의적 접근, 그리고 행동적 접근을 통합적으로 추구하는 인격교육 이론 혹은 덕 교육에 두고 있다.

7차 개정 도덕과 교육과정에서는 도덕과의 모 학문 혹은 배경 학문으로 윤리학 그리고 철학보다는 인격교육 이론이라는 도덕교육 이론에서 그 근거를 찾고 있다. 물론 인격교육 이론과 덕 교육 이론이 아리스토텔레스의 덕 윤리학과 연관을 가지기는 하지만 그에 관한 구체적인 언급을 찾아보기는 어렵다. 이는 7차 개정 도덕과 교육과정이 6차 교육과정의 이론인 도덕 인지 발달이론에 반발하여 인격교육 이론에 이론적 근거를 두고 있다는 명시적인 언급에 불과하다는 생각을 지울 수 없다. 더구나 교사용 지도서 등에서도 아리스토텔레스의 덕 윤리학에 관한 언급이 거의 없기 때문에 그 이론적인 근거를 찾기는 쉽지 않다. 도덕교육 이론으로서의 인격교육 이론은 오히려 1980년대 미국의 사회적 교육적 상황에 의해서 일어나는 운동으로 보는 것이 바람직하다는 입장이 설득력이 있다. 미국에서의 인격교육은 체계적인 학문적 혹은 이론적 배경의 산물이라기보다는 미국 사회의 문제점을 해결하는 과정에서 모색된 방안으로서의 하나의 운동으로 보는 것이 정확하고 객관적인 평가라고 볼 수 있다(추병완, 1999, 55).

미국에서의 도덕교육은 인격교육의 철학적 기초에 관한 빈약한 근거를 제시하는 것보다는 위인(Edward A. Wynne)의 주장대로 미국 교육이 위대한 전통을 너무 빨리 포기했기 때문에 도덕교육의 위기가 왔고 그 위기에 대처하기 위한 수단으로 인격교육 운동이 일어났다는 입장이 설득력이 있어 보인다. 그렇다면 위인이 주장한 미국 도덕교육의 위대한 전통(great tradition)은 무엇인지 살펴보면 다음과 같다(Edward A. Wynne & Paul C. Vitz, 1985., 추병완, 1999, 157-158 재인용). 첫째, 도덕교육의 위대한 전통은 도덕적 개념이나 원리들보다는 도덕적 행동, 즉 좋은 습관의 계발에 강조점을 두었다. 둘째, 위대한 전통은 우선 유혹에 맞서서 진실을 말하는 것, 자신에게 할당된 과제를 성실하게 이행하는 것, 정당한 권위에 복종하는 것 등과 같은 관례적이고 일상적인 도덕적 이슈들에 초점을 맞추고 있다. 셋째, 위대한 전통은 도덕교육이 사회 속의 어느 한 단체나 기관의 책임이 아니라는 것을 잘 보여주고 있다. 위대한 전통은 사회 전체가 도덕교육에 관심을 기울여야 한다는 점을 깨워 주고 있다. 넷째, 위대한 전통은 도덕적 행동이 영속적이고 확산적인 강화가 필요로 한다는 점을 가르쳐 주고 있다. 그러므로 문학, 격언, 드라마 등과 같은 다양한 교수 기법들이 활용되어야 한다. 다섯째, 위대한 전통은 도덕적 학습의 진행과 그릇된 행동의 억압 사이에 중요한 관련성이 있음을 나타내 주고 있다. 그래서 처벌은 그릇된 행동을 교정하는 데 유용하게 사용될 수 있다. 여섯째, 위대한 전통은 도덕적 문제들에 대한 지적인 분석에 적대적이지 않았다. 그러나 위대한 전통은 그러한 지적인 분석이 습관 형성을 지향하는 도덕적 가르침과 실천이라는 확고한 토대 위에서 가능한 것임을 보여주고 있다. 일곱째, 위대한 전통은 가장 중요한 도덕적 가치들은 영속적이고 친근한 사람들 사이의 상호작용을 통해서 전수되고 있음을 보여주고 있다. 여덟째, 위대한 전통은 인간 존재의 돌연변이 혹은 이전의 사회화 유형의 갑작스러운 단절에 대해 회의적인 견해를 가지고 있다. 아홉째, 위대한 전통은 공식적인 교육과정들이 올바른 가치와 행동의 전수와 일관되게 상응하는 방식 속에서 제시되어야 한다는 점을 중요하게 여겼으며 나아가 가치의 전수에 있어서 집단 속에서의 삶 자체를 강조하였다.

인격교육 이론 혹은 인격교육 운동을 그 이론적인 배경으로 하는 7차 개정 도덕과 교육과정은 배경 학문으로서의 윤리학에 대한 언급은 거의 찾아볼 수 없고, 그 이론적 배경을 단순히 아리스토텔레스의 덕 윤리학에 근거를 두고 있다는 언급만 하고 그 바탕 위에서 실천 혹은 습관을 강조하고 있는 정도에 불과하다. 또한 심리학적 기초를 도덕적 행위자를 하나의 통합적 실체로서 상정하고 있고 이러한 인격교육의 이론적 작업에 가장 열의를 보이는 토마스 리코나의 인격교육 이론에 기초를 두고 있다[4]는 언급 정도에 그치고 있다.

III. 2007 개정 도덕과 교육과정

2007 개정 도덕과 교육과정에서는 "도덕 교과는 인간의 삶에 필요한 도덕규범과 예절을 익히고, 자신뿐만 아니라 사회와 관련된 도덕 문제를 주체적으로 성찰하고 실천하도록 하여 자신의 삶을 바람직하게 영위하도록 하며, 나아가 우리 사회와 세계의 발전에 기여할 수 있도록 도와주는 교과, 다양한 도덕 문제를 합리적으로 해결할 수 있는 도덕적 사고력과 판단력을 길러주는 데 중점을 두는 교과, 우리 사회의 도덕적 정신적 발전과 가치관 혼란 및 사회 분열 양상의 극복을 위해 개인의 가치관 확립과 우리 사회의 공통적인 도덕적 가치 기반의 공고화를 그 중심 과제로 삼는 교과, 학생이 바람직한 가치관을 확립하여 각자 자율적이고 통합적인 인격을 형성하도록 교육하는 데 역점을 두는 교과"(교육과학기술부, 2011, 19-20)라고 규정하고 있다.

2007 도덕과 교육과정은 위의 도덕과의 성격과 관련해서 다음의 세 가지 정도를 강조하고 있다(교육과학기술부, 2011, 19). 첫째, 한국적인 맥락에 근거하여 그것을 고려하는 가운데 보편 윤리를 추구한다

4) 리코나는 인격의 개념을 아는 것, 느끼는 것, 행동하는 것의 삼위일체로서 파악하고 있기에 인격 개념은 매우 통합적인 개념이라 주장한다(추병완, 1999, 159).

는 것인데 이것은 한국이라는 특수한 상황 속에서 살아가는 현실을 고려하는 동시에 도덕의 본질과 세계화된 오늘날의 삶의 조건을 고려하여 한국적인 맥락을 근거하되 궁극적으로는 보편 윤리를 추구하고자 하였다. 둘째, 도덕과 교육의 핵심 내용으로서의 도덕적 덕목과 규범을 재천명하고자 한 것이다. 이것은 도덕과 교육의 본질을 다시 한번 확인시켜 준 것이라 할 수 있는데, 그것은 도덕과가 다른 교과에 비해 인성교육, 민주 시민 교육, 통일 교육, 국가 안보 교육을 체계적으로 실시하더라도 도덕과의 본질적이고 중핵적인 영역은 말 그대로 '도덕적 덕목과 규범'이라는 사실을 재천명한 것이라 할 수 있다. 셋째, 윤리학적 접근을 중심으로 하면서 학제적 접근을 활용하고자 하는 관점을 취하고 있다. 이것은 종래의 규범 과학적 관점과 사회과학적 관점의 학제적 접근을 취했던 것에서 윤리학적 접근을 중심으로 하되 연관된 여러 학문의 접근 방법을 활용하고자 하는 것으로의 변화를 추구하고 있다고 할 수 있다. 2007 개정 도덕과 교육과정의 성격 규정과 관련해서 도덕교육과 그 배경 학문으로서의 철학 혹은 윤리학의 관계 정립을 위한 다음의 입장을 고려해야 할 것이다.

1. 상황 윤리와 보편 윤리

도덕과가 '한국적인 맥락에 근거하여 그것을 고려하는 가운데 보편 윤리를 추구한다'라는 정의에서 본다면 윤리학의 입장들, 즉 상황 윤리 혹은 윤리적 상대주의와 보편적 윤리학 혹은 윤리적 객관주의 등의 입장들이 매우 중요하고 필수적이라는 사실을 알 수 있다. 또한 이것은 도덕과 교육이 윤리학을 강조하고 있다는 점에서 윤리적 입장과 무관하지 않다는 것을 보여준다. '한국적인 맥락에 근거하여 그것을 고려하는 가운데 보편 윤리를 추구한다'는 주장에 대한 구체적인 윤리적 배경 설명을 찾아볼 수 없다. 한국적인 상황을 고려한 상황 윤리를 바탕으로 우리가 추구해야 할 보편적인 윤리를 다루고자 하는 것이 2007 개정 도덕과 교육의 성격을 규정짓는 것이라면, 이것에 대한 구체적인 윤리학적 성격을 규정하는 등의 정리를 해주어야 함에도 불구하고 이에 대한 구체적인 논의가 없다는 것은 이론적인 근거 없이 성격을 규정하는 매우 위험한 발상일 수도 있다. 특히 현장 교사들이 도덕과 교육과정의 성격을 정확하게 이해해야 하는 것임에도 불구하고 교사용 지도서조차 이에 대한 언급이 전혀 없다. 현장 교사들의 윤리학적 배경에 대한 이해 부족은 도덕과 교육과정 전체의 성격을 왜곡하는 상황이 벌어질 수 있다는 우려가 있다. 뿐만 아니라 예비교사조차 이러한 윤리학적 이해 부족이 현실화 된다면 그것에서 파생되는 문제점은 매우 심각할 것으로 보인다. 도덕교육의 윤리학적 배경 설명에 대한 깊이 있고 넓은 이해의 지평을 확장할 필요가 있다. 다시 말하면, 도덕과가 한국적인 맥락에 근거하여 그것을 고려하는 가운데 보편 윤리를 추구한다는 규정에서 보는 바와 같이 도덕 교과는 상황 윤리와 보편 윤리, 즉 윤리학이 필수적인 이론적 근거이며 이에 대한 보다 체계적인 언급이 필수적이라 할 수 있다.

2. 도덕적 덕목과 규범

도덕과의 정체성을 강조하기 위해 도덕적 덕목과 규범을 재천명하고자 하는 것이다. 다시 말하면, 도덕과는 도대체 무엇인가, 혹은 도덕과의 본질은 무엇인가에 대한 질문에 대해서 도덕과는 도덕적인 덕목과 규범을 체계적이고 일관성 있게 다루는 교과라는 입장을 통해 도덕과의 본질을 회복하고 정체성을 강화하고자 하는 것이다. 도덕적 덕목과 규범은 도덕과 교육과정에서 중요한 내용 요소들이다. 여기서는 덕목과 규범의 개념을 정의하기보다는 덕목과 규범이 전통적으로 윤리학과 밀접한 관계가 있으며, 이러한 윤리학적 연관성을 염두에 두고 도덕과의 내용 체계에서 인간으로서 기본적으로 지켜야 할 덕목과 그에 따른 인간의 사회생활에 있어서 판단, 행위, 평가 등의 기준이 되는 행동양식으로서 당위적인 행위를 강조하는 규범을 강조하는 것은 일반적인 상황임을 알 수 있다. 따라서 도덕과의 본질과 정체성을 강조하기 위해 도덕적인 덕목과 규범을 다시 한번 분명하게 밝히는 것은 도덕교육이 윤리학과 무관하지 않다는 것을 보여주는 방증이라 할 수 있다. 덕목과 규범의 의미를 정의하기보다는 덕목과 규범을 강조하고 체계적으로 다루는 것이 도덕교육의 정체성을 확립하는 것이라면, 이것 또한 윤리학의 입장을 고려하지 않을 수 없다. 덕 혹은 덕목 등과 관련된 연구는 윤리학에서 가장 핵심적인 주제의 하나로 다루어왔고 이것들을 배제하고는 윤리학을 제대로 이해할 수 없을 것이다. 덕목과 규범과 관련된 윤리학 입장은 덕 윤리학과 규범윤리학에서 그 하나의 이론적 근거를 찾을 수 있다(정보주, 2005, 40-45).

덕 혹은 덕목과 관련된 윤리학적 입장은 덕 윤리학에서 구체적으로 다루고 있다. 덕 윤리학은 도덕이란 일차적으로 규칙이나 원칙에 관한 것이 아니라 인격의 성향이나 품성을 계발하는 것이라고 보는 것이 핵심적 특징이다. 따라서 우리가 어떤 도덕적 존재가 되느냐 하는 것은 우리가 어떤 도덕적 성향의 존재냐 하는 것이다. 결국 행위의 문제에서 존재의 문제로 전환한 입장이 있는데 그 대표적인 학자가 아리스토텔레스다. 이런 관점에서 본다면 도덕 교과는 아리스토텔레스의 윤리학을 그 이론적 근간으로 하고 있으며 아리스토텔레스의 덕 윤리학 혹은 덕 이론을 연구하는 것이 필요하다.

또한 규범과 관련된 윤리학은 규범윤리학에서 이론적인 근거를 찾을 수 있다. 규범윤리학은 무엇을 해야 하느냐 다른 사람에게 어떻게 해야 하느냐와 같은 것과 관련된 일반적인 지침을 주려고 하는 윤리학으로서, 선과 악에 대한 일반적인 그러나 결정적인 지식을 말할 수 있다고 믿고 그것을 보여주려고 한다. 따라서 진정한 도덕규범이나 윤리 체계를 제시하려는 것이 규범윤리학의 목표라 할 수 있다.

도덕적 덕목과 규범을 체계적으로 다루는 것을 통해 도덕과의 정체성을 확립하고자 했던 입장은 오히려 도덕과 교육과정이 '학제적 접근'이라는 이름으로 여러분과 학문에 기대어 전달함으로써 스스로 정체성 혼란이 야기되었다. 그래서 도덕과의 정체성을 도덕과의 중핵적이고 본질적인 부분을 '도덕적 덕목과 규범'에 초점을 맞춤으로써 철학이라는 학문적 배경을 배제하려는 모습을 보여주는 것이다. 물론 도덕과에서 다루는 '도덕적 덕목과 규범'을 통해서 도덕과의 정체성을 말하는 것은 너무나 당연하지만 이런 주장으로 도덕교육의 배경 학문 혹은 모 학문으로서의 철학을 배제하는 것은 논리적으로 수용하기 어려운 측면이 없지 않다. 다시 말해서 '도덕적 덕목과 규범'을 통해서 도덕과의 정체성을 논하는 과정에서는 정작 도덕과 교육에서 가장 중시되어야 할 철학적인 접근이 배제됨으로써 도덕과의 학문적 정체성마저도 잃게 되는 결과를 가져왔다고 할 수 있다.

3. 윤리학적 접근과 학제적 접근

도덕과는 윤리학적 접근을 중심으로 하면서 학제적 접근을 활용하고자 하는 관점을 취하고 있다. 이 입장의 의미는 도덕적인 문제가 주어지고 그 문제를 탐구하는 과정과 해결 방법에 있어서 우선 윤리학적으로 접근하고 이것과 관련된 다른 학문의 도움을 받아 학제적으로 접근하고자 하는 것이다. 이는 도덕과 교육의 배경 학문이 곧 윤리학이라는 점을 부각하고 있다. 물론 여기서도 철학이라는 표현을 찾을 수 없다. 철학계의 일반적인 주장에 따르면, 윤리학은 철학의 하위 영역으로서 도덕교육의 배경 학문이 철학이라는 주장에는 크게 무리가 없어 보인다. 그러나 여기서 윤리학적 접근이라는 다소 모호한 표현을 사용하고 있다. 윤리학이라는 학문을 중심으로 학제적 접근이라는 용어를 사용함으로써 오히려 도덕과의 정체성에 혼란을 가중시킨 결과를 가져왔다고 할 수 있다. 윤리학이 도덕교육의 배경 학문의 역할을 한다는 분명한 성격 규정이 없이 막연하게 도덕적인 문제에 윤리학적으로 접근하는 것을 중심으로 하고 타 학문의 도움을 받겠다는 주장은 도덕과의 정체성을 모호하게 만드는 결과를 가져올 수밖에 없다. 또한 도덕과 교육의 모 학문 혹은 배경 학문으로서의 윤리학 혹은 철학을 규정하려는 것을 비껴가려는 의도가 깔린 입장으로 볼 수밖에 없다. 도덕과 교육과정의 성격에서는 분명히 윤리학적 접근을 중심으로 하고 학제적 접근을 추가한다는 입장의 표명이기는 하지만 이에 대한 정확한 근거 및 배경 설명을 하지 않고서는 도덕 교과의 성격을 정확하게 파악하지 못한다. 이 점은 예비교사들에게 도덕 수업을 난감하게 만드는 부정적인 요인으로 작용하는 측면이 없지 않다.

Ⅳ. 2009 개정 도덕과 교육과정

2009 개정 도덕과 교육과정에서는 도덕과의 성격을 다음과 같이 규정하고 있다. "도덕 교과는 인간의 삶에 필요한 도덕규범과 예절을 익히고, 인간과 사회, 자연·초월적 존재와의 관계 속에서 올바른 도덕적 책임과 의무를 이해하며, 다양한 도덕 문제에 대한 민감성과 사고력 및 판단력을 향상하고 도덕적 앎을 실천으로 연결할 수 있는 실천 동기 및 능력을 함양하여, 개인의 바람직한 가치관 확립과 나아가 우리 사회와 세계의 발전에 기여할 수 있도록 도와주는 교과이다. 이를 위해 도덕과는 학생이 다양한 도덕 문제에 대한 성찰과 탐구를 통해 올바른 판단 능력과 도덕적 덕성 및 바람직한 가치관을 확립하여 각자 자율적이고 통합적인 인격을 형성하도록 교육하는 데 역점을 둔다."(교육과학기술부, 2011a, 2)

2009 개정 도덕과 교육과정의 성격을 좀 더 구체적으로 설명하면 다음과 같다. 첫째, 도덕과는 인간의 삶에서 발생하는 다양한 도덕 문제를 체계적으로 다룬다. 이와 같은 도덕 문제는 인간 삶의 전 영역에 걸쳐 발생하기 때문에, 도덕과는 '자율적이고 통합적인 인격 형성'

을 위해 윤리학적 접근을 중심으로 하되, 연관된 여러 학문의 접근 방법을 활용한다.

도덕과는 우리 일상생활 속에서 마주치는 다양한 도덕 문제를 체계적으로 다루는 교과임을 분명히 밝히고 있다. 도덕과의 성격을 규정하는 데는 전혀 문제가 없어 보이지만 그 문제를 해결하는 방법에서는 자율적이고 통합적인 인격 형성을 위해 윤리학적 접근을 중심으로 하되 다른 학문의 도움을 받고자 하는 학제적 접근을 강조하고 있다. 이 점은 2007 개정 도덕과 교육과정의 성격에서도 밝힌 바 있다. 그런데 '자율적이고 통합적인 인격 함양'이라는 도덕과의 목표를 제시하고 있는데, 여기서 "자율적이란 타율적 도덕성에 반대되는 것으로서 옳고 바른 일을 합리적인 판단과 굳은 의지를 바탕으로 스스로 실천해 가는 것을 말하며, 통합적이라 함은 지 · 정 · 행 측면에서 배우고 익혀야 할 것들을 고르고 조화롭게 갖추면서 성숙시켜 가는 것을 뜻하며, 그리고 인격이라 함은 이러한 도덕과 학습의 과정에서 바람직한 도덕적 자질과 덕성을 형성하여 지니게 된 사람으로서의 됨됨이를 말한다."(교육인적자원부, 2007, 24)고 부연 설명하고 있다.

그런데 자율적, 통합적 그리고 인격의 개념들이 단순히 사전적 정의로서는 그 정확한 의미를 파악하기가 쉽지 않다. 이들 개념에 대한 철학적이고 이론적인 천착이 필요하다고 보는데 이에 대한 아무런 언급 없이 단순히 사전적 정의 정도로 의미를 정리하는 것도 역시 도덕교육의 모학문 혹은 배경 학문으로서의 철학과 윤리학의 입장을 소홀히 다루는 측면이 없지 않아 보인다. 자율성과 통합적 인격에 관한 철학적 혹은 윤리학적 접근이 필요할 것으로 보인다.

1. 자율성

자율적 혹은 자율이라는 용어는 다분히 칸트의 의무 윤리학에서 중요하게 다루는 개념이다. 자율은 자유의 개념과 밀접한 관계를 갖는다. 자율은 칸트의 자유 개념을 따른다. 칸트에게서 진정한 자유의 개념은 이성의 법칙, 즉 도덕법칙에 따르는 의지의 자유이다. 칸트는 도덕법칙은 일반화가 가능한 준칙이고, 준칙의 일반화 가능성은 이성으로만 판단할 수 있기에, 만일 어떤 준칙이 일반화가 가능하다는 이유만으로 그 준칙을 따른다면 이러한 의지는 자유로운 의지라는 것이다. 이때 자유롭다는 것은 정념이나 욕구의 강제부터 자유롭다는 것이다. 욕구의 강제부터 벗어나는 길은 이성의 판단에 따르는 행위이기 때문이다. 이러한 자유가 자율로서의 자유이다.

> 자율로서의 자유는 필연성에 따라 행위하는 것이 아니라 선택의 자유를 전제로 하고 있다. 달리 선택할 가능성이 없고 모든 것이 필연적이기 때문에 이성의 법칙에 따라 행위한다면 그러한 자유는 정념으로부터의 자유이기는 하지만, 자율은 아니다. 아도르노는 자율의 개념을 칸트와 동일하게 이해한다. 그렇지만 그는 칸트에게서는 이러한 자율로서의 자유가 보편성을 따를 것을 강제하기 때문에 개별자들에게 억압적으로 작용한다고 본다.[5)]

---

5) 네이버지식백과 https://terms.naver.com/entry.nhn?docId=800996&cid=41978&categoryId=41982, 참고(출처: 서울대학교 철학사상연구소(http://philinst.snu.ac.kr/).

칸트에 있어서 의무란 '모든 합리적인 존재에게 보편적으로 구속력을 가지는 법칙에 복종함'이라는 모습으로 드러난다(A. MacIntyre, 김민철 옮김, 2004, 300). 우리는 그 법칙을 일련의 규율로서 알게 되고 우리 자신에게 명령을 내릴 때 우리는 그 규율이 모든 합리적 존재에 의해 지켜지도록 하겠다는 의지를 아무 모순 없이 가질 수 있어야 하는 것으로 본다. 다시 말하면 합리적 존재는 자기 자신에게 도덕적 명령을 내리고 오직 자기 자신에게만 복종한다. 따라서 우리 모두에게 있어서 도덕적 권위를 가지는 것은 바로 자기 자신이라는 결론이 불가피하게 나오는 것이며, 칸트는 이를 '도덕적 행위자의 자율성'이라고 부르게 되고 그 도덕적 명령인 정언명법으로 인해 개인은 도덕적인 주권을 가진 존재가 되고, 정언명법을 통해 개인은 모든 외재적 권위를 거부할 수 있게 되는 것이다(A. MacIntyre, 김민철 옮김, 2004, 332-337). 칸트에 있어서 인간 이성, 목적, 의무, 선의지, 정언명법 등의 개념들을 바탕으로 이루어지는 것이 바로 자율성이다.

2. 통합성과 인격

도덕교육에 있어서 통합성이라는 개념은 매우 중요하고 핵심적이다. 통합적 도덕성 함양, 통합적 평가, 통합적 측면 등 도덕과 교육과정에서 강조하는 개념 중에 하나다. 그러나 2009 개정 도덕과 교육과정의 성격에서는 '통합적이라 함은 지・정・행 측면에서 배우고 익혀야 할 것들을 고르고 조화롭게 성숙시켜 가는 것을 뜻한다.'(교육인적자원부, 2007, 24)고 언급하고 있다. 통합성에 대한 구체적 설명이 없이 인지적, 정의적, 행동적인 측면들이 조화롭게 통합되어야 한다는 것으로만 언급하고 있다.

그런데 통합성이라는 개념은 인격이라는 개념과 분리해서 생각할 수 없다. 좀 더 정확한 표현을 빌리자면, 인격의 통합적 성격이라고 해야 할 것이다. 도덕교육은 인간이 자유로운 존재라는 사실에서 출발해야 하며 학생들은 자신이 가지고 있는 자유의 가능성을 각성시키는 것을 목표로 한다고 주장하면서 인격이라는 것이 자유를 그 본질로 하고 있다는 사실은 우리에게 의미심장한 시사점을 준다(문성학, 1998, 59). 이 점에 있어 피터스(R. S. Peters)는 통합성의 개념과 인격의 개념을 자연스럽게 연결시킨다.

피터스는 인격의 세 가지 특징을 설명하고 있다. 인격은 '입법적(legislative) 기능'과 '집행적(executive) 기능', 그리고 '심판적(judicial) 기능'을 가진다고 주장한다. 인격을 가진 존재는 자신의 도덕 생활을 위해 규범을 정하며 사회적 인습적 규범을 받아들여 내면화하든지 혹은 자신의 반성적 규범을 형성하든지 한다는 점에서 입법적이다. 또한 인격의 소유자는 자신이 택한 규범이 명하는 의무나 선행을 수행해낸다는 점에서 집행적이다. 이 경우는 지속성 있는 습관의 형성이 중요하다. 마지막으로 인격의 소유자는 자신이 택한 규범에 따라 행동하지 못했을 때 자신에 대해 번민하고 후회하고 죄의식을 느낀다는 점에서 심판적이다(이돈희, 1983, 16). 도덕교육의 목표가 학생들의 도덕성 혹은 인격의 함양에 있다면 인격의 통합성을 생각하지 않을 수 없다. 피터스의 주장처럼, 우리 인간의 인격의 입법적 기능은 인간의 지적인 능력, 심판적 기능은 정적인 능력, 그리고 집행적 기능은 의지의 능력과 밀접한 관계를 맺고 있음을 알 수 있다(문성학, 1998, 61).

통합성의 개념은 인간 존재의 인격과 연관시켜야 그 본질적인 의미를 담아낼 수 있을 것이다. 인간은 다양성을 가지면서 하나인 존재이다. 인간 존재는 자신 안에 다양한 측면을 가지고 있다. 지적, 정의적, 행동적인 측면이 바로 그것이다. 그런데 이러한 측면들은 별개로 작용하는 것이 아니라 통합적으로 작용할 때 비로소 인격이 함양되는 도덕교육의 목표를 달성할 수 있을 것이다.

V. 2015 개정 도덕과 교육과정

2015 개정 도덕과 교육과정은 도덕과 교육의 성격을 다음과 같이 규정하고 있다(교육부, 2015, 3-4). "도덕과는 학교 인성교육의 핵심 교과이다. 도덕적인 인간과 정의로운 시민이라는 중첩된 인간상을 지향점으로 삼아 21세기 한국인으로서 갖추고 있어야 할 인성의 기본 요소인 핵심 가치를 확고하게 내면화하고, 학생의 경험 세계에서 출발하여 자신을 둘러싼 현상을 탐구하고 내면의 도덕성을 성찰함과 동시에 스스로의 삶 속에서 실천하는 과정을 추구하는 '도덕함'[6]의 시간과 공간을 제공하는 교과이다."

이상의 2015 개정 도덕과 교육과정의 성격의 특징을 살펴보면 다음

6) 도덕함은 인간다운 삶을 위해 추구해야 하는 궁극적인 도리로서의 도(道)와 그것을 삶 속에서 구현하는 과정에서 요청되는 총체적 능력으로서의 덕(德)을 스스로의 삶 속에서 인식하고 실천하고자 하는 역동적인 과정을 가리키는 개념이다. 이 개념에서 강조하는 '함(doing)'은 자신을 둘러싼 도덕 현상과 규범 및 원리를 탐구하고 내면적으로 성찰하는 과정으로서의 함과 이를 구체적으로 실천하는 과정으로서의 함을 포함한다(교육부, 2015, 4).

과 같다. 첫째, 도덕과는 2015 개정 교육과정 총론에서 추구하는 핵심 역량의 바탕 아래 다음의 6가지 교과 역량을 강조하고 있다. 자신을 존중하고 사랑하는 토대 위에서 자주적인 삶을 살고 자신의 욕구나 감정을 조절하며 이겨낼 수 있는 자기 존중 및 관리 능력, 일상의 문제를 도덕적으로 인식하고 도덕적 판단 및 추론의 탐구과정을 거쳐 타당한 근거를 가지고 옳고 그름을 분별할 수 있는 도덕적 사고 능력, 의사소통 과정에서 타인의 도덕적 요구 인식 및 수용과 이상적인 의사소통 공동체를 지향하면서 타인과 더불어 살아갈 수 있는 도덕적 대인 관계 능력, 도덕성을 전제로 자신 및 타인의 감정을 인식하고 배려할 수 있는 도덕적 정서 능력, 도덕규범과 정서 및 유대감을 근간으로 자신이 속한 다양한 공동체의 구성원으로서의 소속감을 갖고 살아갈 수 있는 도덕적 공동체 의식, 일상 세계에서 자신의 삶을 윤리적으로 성찰하는 토대 위에서 도덕적 가치와 규범을 지속적으로 실천할 수 있는 윤리적 성찰 및 실천 성향의 함양을 강조하고 있다.

둘째, 도덕과는 성실·배려·정의·책임이라는 인성교육의 네 가지 핵심 가치를 내면화함으로써 인성의 기본 요소를 갖추게 함과 동시에 도덕적인 삶을 자율적으로 이끌어갈 수 있는 자율성과 책임성을 길러주고자 하는 실천적 성격의 교과로서 역할을 강조하고 있다. 자신과의 관계 영역에서는 자신에 대한 존중을 바탕으로 진정성을 추구하는 성실을 내면화하고, 타인과의 관계에서는 타자에 대한 존중을 토대로 바람직한 관계 설정을 지향하는 배려를 중심에 두며, 사회 및 공동체와의 관계에서는 공정성을 토대로 바람직한 사회를 추구하는 정의를 중심에 둔다. 자연 및 초월과의 관계에서는 자신의 행위에 대한 인과적 책임과 삶의 의미 물음에 대한 존재적 책임을 포용하는 포괄적인 의미의 책임을 지향하는 도덕적인 인간과 정의로운 시민을 이상적 인간상으로 삼고 있다.

셋째, 도덕과는 인성교육의 핵심 교과뿐 아니라 주관 교과의 성격을 가지고 있다. 도덕과는 학교가 인성교육의 중심축 역할을 해내야 한다는 시대적 요청을 적극적으로 수용하여 바람직한 인성의 핵심인 도덕성 발달뿐만 아니라, 학생들의 정서적·사회적 건강을 제고함으로써 인성교육의 핵심 교과의 역할을 수행한다. 나아가 인문학적 사유와 성찰을 바탕으로 삶의 의미를 탐색하도록 함으로써 타 교과 및 학교생활을 통한 인성교육을 통합하는 역할을 담당하는 학교 인성교육의 주관 교과로서의 성격을 갖는다.

넷째, 도덕과는 자율적이고 통합적인 인격 형성을 위해 윤리학적 접근을 중심으로 하되, 다루는 주제의 성격에 따라 도덕 심리학, 정치철학 등 연관된 여러 학문의 접근 방법을 학제적으로 활용한다.

마지막으로, 2015 개정 도덕과 교육과정에서 새롭게 등장하는 도덕함의 성격을 규정하고 있다. 도덕함은 학문적 탐구로서의 윤리학 공부나 윤리 사상사에 관한 지적 이해를 넘어서서 한 사회에서 작동하고 있는 도덕 현상에 대한 민감성에 기반을 둔 관심과 분석, 그 도덕 현상과의 상호작용을 통해 개인 내면에서 작동하는 도덕성에 관한 성찰과 실천 과정 자체를 의미하는 개념이다.

이상에서 언급되고 있는 2015 개정 도덕과 교육과정은 기존의 교육과정과 별 차이가 없어 보인다. 다만 인성교육의 핵심 교과이면서 주관 교과라는 점을 강조하고 있는 점과 '도덕함'이라는 개념을 도입했다는 점이 새롭다. '도덕함(doing moral)'에 대해서는 상당한 논란이 되고 있다.[7] 그런데 여기서 도덕함의 성격을 규정함에 있어서 도덕함은 학문적 탐구로서의 윤리학 공부나 윤리 사상사에 관한 지적 이해를 넘어서서 한 사회에서 작동하고 있는 도덕 현상에 대한 민감성에 기반을 둔 관심과 분석, 그 도덕 현상과의 상호작용을 통해 개인 내면에서 작동하는 도덕성에 관한 성찰과 실천 과정 자체를 의미하는 개념이라고 설명하고 있으면서 도덕 교과가 실천 교과임을 강조하고 있다.

도덕과가 4, 5, 6차 개정 도덕과 교육과정의 인지적 접근을 강조한 이후로 7차 개정 도덕과 교육과정부터 실천적인 교과임을 강조하고 있다. 물론 7차 교육과정 이후 2015 개정까지 인지적인 측면을 등한시한 것은 아니다. 다만 7차 교육과정 이후 실천 교과라는 입장을 강조하다 보니 논리적 성격보다는 교육의 현실 적합성과 효율성이 최우선의 과제로 등장하지 않을 수 없고, 게다가 도덕교육의 속성이 행위와 실천을 전제하기 때문에 도덕교육의 인지적 측면에만 초점을 맞추기는 힘들고 정의적 측면과 실천적 측면을 강조하지 않을 수 없다(길병휘, 2013, 344). 행동적인 측면을 강조한 입장에서 도덕적인

7) 최신일(2018), '도덕과 교육과정의 교과서 적용 방안에 관한 소고', 『초등교육연구논총』 제34권 1호, 대구교육대학교 초등교육연구소, 3쪽. 이와 관련된 연구는 다음의 논문들을 참고하시기 바람. 김상돈(2017), '2015 개정 도덕과교육과정의 '도덕함'에 대한 몇 가지 의문', 『초등도덕교육』 제58집, 한국초등도덕교육학회, 39-68쪽. 박영주(2017), '2015 개정 도덕과 교육과정에서 '도덕함'에 대한 소고', 『초등도덕교육』 제58집, 한국초등도덕교육학회, 335-358쪽. 박현진(2016), '도덕함'의 의미에 대한 일 고찰', 『도덕교육연구』 제28권 3호, 한국도덕교육학회, 273-296쪽. 이재호(2016), '도덕함의 의미와 가치에 대한 고찰', 『학습자중심교과교육연구』 Vol.16 No.1, 학습자중심교과교육학회, 655- 668쪽. 이재호(2015), '2015 도덕과 교육과정 개정의 쟁점 및 제언: 초등 도덕과를 중심으로', 『초등도덕교육』 제48집, 한국초등도덕교육학회, 163-185쪽.

행위와 실천이 교육의 궁극적 목표이고 과제임을 인정한다고 하더라도 학교 수업 시간을 통해서 도달 불가능한 목표까지 설정하여 교육하라는 요구는 무리다. 그래서 인격이나 도덕성의 의미를 정확하게 이해하고 이를 교육을 통해서 완성하고자 하는 궁극의 목표와 과제로서 행동과 실천을 설정하는 것은 의미 있는 일이라 할 수 있다(길병휘, 2013, 347). 다시 말하면 실천적 교과로서 도덕 교과를 강조하다 보면 실천적이라는 틀 속에서 벗어나지 못하고 그렇기 때문에 도덕과의 실천적 측면의 이론적이며 학문적인 배경이라 할 수 있는 윤리학이나 윤리 사상의 공부를 등한시하는 결과를 가져올 수밖에 없는 것이다.

Ⅵ. 결론

철학을 도덕교육의 모 학문으로 받아들일 수 없다는 도덕교육의 입장은 도덕교육의 지적인 질을 저하할 수 있다는 입장과 연결시킬 수 있을 것이다. 도덕교과와 철학 및 윤리학을 분리하려는 의도는 양자를 호환하는 것으로 보려는 태도를 처음부터 봉쇄하려는 의도로밖에 볼 수 없어 아쉬움이 남는다.

또한 윤리학이 철학의 한 분파라고 하는 것은 철학계뿐 아니라 일반적인 학문의 세계에서도 인정하는 바임에도 불구하고 철학을 배제하고 윤리학을 도덕 교과의 배경 학문으로 인정하는 것은 그 학문적인 독자성이 영역적 독자성이지 학문 이론적인 독자성을 주장할 만한 정도는 아니라는 사실에 주목해야 할 것이다(홍윤기, 2005, 74).

그리고 혹여나 철학적인 접근 혹은 윤리학적 접근이 도덕 교과적인 접근보다 훨씬 질적으로 미치지 못해서 도덕 교과의 학문적인 배경이 될 수 없다는 주장이 있다면, -혹은 교과과정을 통해서 이러한 점들이 내포되어 있다는 의도를 발견할 수 있었지만, 물론 이런 의도는 명시적으로 드러난 것은 아니지만-반대로 철학적인 접근이 도덕교과적인 접근보다 질적으로 미치지 못하는 부분이 어떤 것이 있는지 밝히는 것이 또한 중요하리라 본다.

철학계와 도덕 교과계의 이러한 논쟁은 학문적인 논쟁으로서는 의미를 지닐 수 있다. 그러나 학생들과의 수업과 관련된 도덕과 수업에서는 아무런 도움이 되지 못한다. 철학과 윤리학은 순수학문으로 역할 수행하면 될 것이고, 도덕 교과는 학생들의 인성, 인격 그리고 도덕성을 함양하는 데 최선의 노력을 기울이면 될 것이다. 다만 도덕 교과의 배경 학문으로서 철학이나 윤리학이 그 학문적 순수성이 도덕 교과에서 활발하게 논의되고 실행될 수 있도록 철학 혹은 윤리학과 도덕교육이 상호 협력하는 체제를 갖추게 된다면 윤리학이나 철학이 도덕교육의 배경 학문으로 역할을 충분히 수행할 수 있을 것이다.

참고문헌

교육과학기술부(2011a), 『도덕과 교육과정』. 교육과학기술부 고시 제2011-361호 별책6, 교육과학기술부.

교육과학기술부(2011b), 『초등학교 도덕5 교사용 지도서』, (주)지학사.

교육부(1997), 『도덕과 교육과정』, 대한교과서주식회사.

교육부(2015), 『도덕과 교육과정』, 교육부 고시 제2015-74호 [별책6], 교육부.

교육인적자원부(2007), 『초등학교 교사용 지도서 4-2』, 대한교과서 주식회사.

길병휘(2013), 『도덕교육의 비판적 성찰』, 교육과학사.

문성학(1998), 『현대인의 삶과 윤리』, 형설출판사.

이돈희(1983), 『도덕교육』, 교육과학사.

정보주(2005), "도덕교육의 윤리학적 기초: 서양의 윤리사상", 심성보, 『초등교사 교육을 위한 도덕교육 프로그램의 확산, 연구용역과제 최종보고서 교사 교육프로그램과제 2005-9-1』, 교육인적자원부.

추병완(1999), 『도덕교육의 이해』, 도서출판 백의.

최신일(2018), '도덕과 교육과정의 교과서 적용 방안에 관한 소고', 『초등교육연구논총』 제34권 1호, 대구교육대학교 초등교육연구소.

한국도덕윤리과교육학회 엮음(2013), 『도덕윤리과교육학 개론』, 교육과학사.

황인표(2013), "도덕・윤리과 교육과정 정책론", 한국도덕윤리과교육학회 엮음, 『도덕윤리과교육학 개론』, 교육과학사.

홍윤기(2005), "윤리학은 왜 철학인가－대한민국 도덕・윤리 교육의 모학문 논쟁과 '철학 귀환'을 통한 그 개혁 방안－", 『철학윤리교육연구』 통권 제21권 제35호, 한국철학교육학회, 39-77쪽.

A. MacIntyre, *A Short History of Ethics*, 김민철 옮김(2004), 『윤리의 역사, 도덕의 이론』, 철학과현실사.

네이버지식백과 https://terms.naver.com/entry.nhn?docId=800996&cid=41978&categoryId=41982 참고(출처: 서울대학교 철학사상연구소(http://philinst.snu.ac.kr/).

네이버지식백과 https://terms.naver.com/entry.nhn?docId=388918&cid=41978&categoryId=41985(2019.8.23.)

제 3 장 도덕교육의 인문학적 함의*

Ⅰ. 서론

'인문학의 위기', '인문학의 종언'이라는 말에 이어 인문학을 전공하는 대학생들을 빗대어 취업의 어려움을 '인구론'(인문학을 전공한 대학생들의 구십 퍼센트 이상이 놀고 있다)이라는 표현으로 대변하고 있다. 이와 동시에 한 편에서는 '인문학의 회복'과 관련된 인문학 행사와 프로그램 등이 개발되어 활발하게 시행되고 있다. 죽음에 직면한 인문학이 다시 생명을 얻게 된 것인가? 아니면 여전히 위기 속에서 기회를 찾아가는 수준에 머물러있는 것인가? 인문학의 홍수 속에 진정한 의미에서의 인문학이 빈곤에 허덕이고 있는 상황은 또 어떻게 설명할 수 있는가? 오늘날 인문학의 부흥기를 맞이해서 쉽게 접할 수 있는 인문학이 왜 위기인가? 그렇다면 도대체 인문학의 위기와 인문학의 회복은 어떻게 설명할 것인가? 이러한 인문학의 양면성은 확실히 인문학의 부흥이라는 분위기는 확산되고 있지만, 과연 이런 방향으로 나아가는 것이 바람직한 방향인지, 혹은 과연 이런 방향이

* 이 글은 초등도덕교육 제51집(한국초등도덕교육학회, 2016)에 실린 논문을 수정・보완한 것임.

인문학을 위기에서 건져 정말 새롭게 부흥할 수 있는 계기를 제공할 수 있는지 의문이다. 인문학의 풍요 속의 빈곤이라 할까? 인문학의 부흥과 쇠퇴라 할까? 어쨌든 인문학에 대한 반성의 기회가 온 것만은 사실이다.

이것은 한편으로는 인문학이 제자리를 찾지 못하고 무엇인가에 의해 차별되고 소외되어 있다는 것일 것이고, 또 다른 한편에서는 본래 모습에서 벗어나 있는 인문학의 제자리를 찾아주자는 말일 것이다. 먼저 인문학의 역사를 간략하게 살펴보면, 서구 근세 유럽에서의 인문학이 인간의 삶을 '이해'라는 방식으로 해명해야 함에도 불구하고 인류의 역사, 특히 근대 역사가 자연과학적 '설명'의 방식으로 삶의 문제를 해결하려고 했기 때문에 위기가 왔고, 그 위기를 극복하려는 움직임은 있었지만 그 힘은 너무나 미약했다. 어쨌든 인문학을 다시 한번 재건시킨다는 의미에서는 인문학의 회복에 관련된 움직임이 바람직한 방향임이 틀림없다. 그런데 인문학을 회복시키려는 움직임은 그 자체로서는 바람직한 방향이기는 하지만, 여기서도 우리는 경계해야 할 점이 있다. 마치 인문학의 열풍이 우리 사회 전반에서 다양하게 그리고 유행처럼 일어나고 있는 것 같지만 실상은 그렇지 않다는 것이다. 인문학의 위기를 선언했을 때와는 달리 현재는 인문학의 부흥과 쇄신이라는 상황을 맞고 있지만 실상 눈을 다른 곳으로 돌려 보면, 인문학의 위기는 더욱 심각한 실정이다. 우리의 대학이 그렇다. 일반 대중들에게는 인문학이 부흥일지 모르지만, 대학에서의 인문학은 고사 직전에 있다. 대학이 상업화와 자본화의 길을 걷고 있고, 행정적 관료주의가 연구와 교육 위에 군림하면서 상업적 실용주의가 득세하여 인문학과의 통폐합, 학생들의 인문학 기피 현상들이 인문학 위기의 한 면을 여실히 보여주고 있다. 한편 대학 밖의 상황은 인문학의 부흥이 맞다. 대중들을 위한 인문학 프로그램은 홍수 수준이다. 그러나 대학에서의 인문학의 위기를 느끼지 못하도록 착시현상을 불러일으키고 있는 것은 바로 이와 같은 대중 인문학의 활성화 때문이다(김용규, 2011, 265).

인문학의 대중화는 인문학을 회복시키는 데 있어 중요한 역할을 하는 점에서는 바람직한 방향이다. 하지만 인문학의 대중화가 아니라 인문학의 대중적 향유에 불과해 실용적 차원에서 말랑말랑한 교양의 상품으로 전락하여 자본주의 체제의 재활성화를 위한 도구가 되어 결국은 인문학의 몰락에 이르게 된다는 점도 유의해야 할 것이다(이재권, 2011, 32).

또한 사회 전반에서의 인문학의 열풍에 편승해서 교육계에서도 인문학에 관한 관심이 거세게 일어나고 있다.[1] 인문학에 관한 관심이 증대됨에 따라 대중들뿐 아니라, 특히 일반 학생들이 인문학적 사유 및 상상력을 바탕으로 그들의 삶을 제대로 영위해 간다면 인문학이 제 길을 간다고 할 수 있을 것인데, 좀 더 깊이 들여다보면 반드시 그렇지 않은 것이 또한 사실이다. 그런데 인문학이 가지고 있는 깊이

1) 대구광역시 교육청에서는 2016학년도 대구지역 초·중등 임용고사 면접에서 인문학적 정신소양 평가를 면접에 반영하기로 했다. 인문학 서적 3권(논어, 명심보감, 에밀) 중 일부 문장을 제시해 그 문장에 대한 이해와 적용 능력을 측정하는 방식을 채택해 응시자들의 인성과 자질을 평가하겠다는 것이다. 최근 인문학과 인성교육의 강화와 관련해서 본다면 시의적절한 조치라고 볼 수도 있지만, 이것 역시 경쟁을 유도한다는 점에서 그 선의에도 불구하고 오히려 역효과를 가져오지 않을까 걱정이 된다. 결국 인문학이 자연과학적 경쟁을 모방하고 따라가려다 과거 인문학의 위기가 발생한 것을 거울로 삼는다면 이것 역시 재고해 볼 만하다. 이러한 문제점들을 고려하였는지 2023학년도 임용고사부터 인문학적 정신소양 평가는 결국 폐지되었다.

있는 학문적인 고민과 성찰을 동반하지 않은 채 교양 류의 급속한 인문 시장의 점유는 결국 인문학 자체를 송두리째 거덜 내고 마는 결과를 가져올 수 있다는 점을 간과해서는 안 된다.

인문학의 위기와 열풍이라는 아이러니의 원인은 어디에 있는가? 그 책임은 대학의 상업적 실용주의 등에서도 찾아볼 수 있겠지만 무엇보다 인문학자들에게 있다는 것을 부인할 수 없다. 인문학자들은 인문학을 우리가 살고 있는 현재 상황을 고려하지 않은 채 마치 역사적 현실적 맥락과 무관한 초월적 대상처럼 신비화하는 경향을 가지고 있다. 인문학 프로그램 중 고전이 현재 상황을 전혀 고려하지 않은 채, 즉 그 당시의 고전을 현재적 맥락을 무시한 채 절대적 텍스트로만 고집하고 있기 때문이다. 이러한 입장을 극복하지 못한다면 인문학의 위기와 인문학의 열풍이라는 이율배반적인 현대를 살아가는 우리에게 인문학의 회복은 요원할지도 모른다. 이제 우리에게 주어진 과제는 인문학의 위기를 잘 극복하여 과거와 현재, 대학과 대중들이 소통하는 제대로 된 인문학을 회복하여 정립하는 데 있다.

현재 우리나라 도덕교육의 상황을 살펴보면 인문학의 위기와 회복의 이율배반적 상황과 별다르지 않다는 것을 알 수 있다. 도덕교육의 위기에 이어 인성교육의 부흥과 강화와 맞물려 도덕교육의 위상이 제고되는 현 상황을 읽어볼 수 있다. 도덕교육이 인문학의 중요한 영역임을 부인할 사람은 없다. 인문학의 부활과 회복이 도덕교육의 중흥과 직접 연결되는 것은 아니지만 양자는 매우 밀접한 관련이 있는 것은 부인할 수 없는 사실이다. 2015 개정 도덕과 교육과정에서 "도덕과는 인성교육의 핵심 교과로서 역할을 수행할 뿐 아니라 나아가 인문학적 사유와 성찰을 바탕으로 삶의 의미를 탐색하도록 함으로써 학교 인성교육의 주관 교과로서의 성격을 가진다.”(교육부, 2015, 4)라고 하는 것과 같이 인문학이 도덕교육의 중요한 이론적 바탕을 이루고 있음을 알 수 있다. 이것은 도덕 교과가 인성교육의 핵심적이고 주관적인 교과로서 역할을 수행하기 위해서는 인문학적 사유와 성찰이 그 바탕을 이루어야 함을 분명히 밝히는 것이다.

그러나 인문학적 사유와 성찰에 관한 언급만 있을 뿐 구체적으로 어떤 역할을 수행할지에 대한 언급이 없다. 인문학에 대한 충분한 이론적 근거를 무시한다면 앞에서 살펴본 바와 같은 인문학의 열풍 속에 인문학의 위기를 다시 한번 맞이할 수도 있을 것이다. 다시 말하면 인문학을 바탕으로 한 인성교육의 열풍이 오히려 도덕교육 혹은 인성교육을 상품화 혹은 상업화해 간다는 외부적 위기뿐 아니라 과거의 이론과 논리, 그리고 구체적인 현실적 삶을 무시한 채 구름 위의 추상적인 사유에만 집착하는 도덕교육이나 인성교육이라면 인성교육 혹은 도덕교육을 부흥시키기보다는 더 큰 위기에 빠뜨리는 결과를 초래하지 않을지 우려가 된다.

따라서 본 장에서는 도덕교육과 인성교육이 제자리를 찾기 위해서는 인문학적 바탕이 필요하다는 전제하에서 먼저, 인문학의 성격 규정이 필요하다. 그러나 인문학은 그 내포와 외연이 다양해서 그 의미를 파악하기가 쉽지 않다. 그래서 여기서는 인문학의 성격을 규명하기보다는 인문학과 관련된 학문 분야와 그것들에서 사용되는 중요 용어들을 바탕으로 인문학의 정체성과 특성을 추출하고자 한다. 그리고 도덕교육의 방법론으로서의 인문학적 ‘이해’와 도덕교육의 배경적 학문으로서의 인문학을 살펴봄으로써 도덕교육이나 인성교육이 확고한 인문학적 사유와 성찰을 구축함으로써 강화될 수 있음을 밝힐 것이다. 나아가 도덕교육의 인문학적 함의를 살펴봄으로써 인문학으로서 도덕교육의 위치를 재조명하고자 한다.

Ⅱ. 인문학이란 무엇인가

인문학이란 무엇인가? 인문학 용어[2)]의 내포와 외연은 다양하다. 인문과학, 정신과학, 문화과학 등과 같은 의미로 혹은 구분되면서 역사적으로 사용되었다. 인류의 지성사를 살펴보면 인문학 혹은 인문과학, 정신과학과 자연과학과의 관계 설정에 있어서 이들 간의 구분에 대한 논쟁이 오랫동안 진행되었다. 특히 이들 학문 간의 연구 방법의 차이점들이 논란의 중심에 있었다.

이런 구분은 철학자 딜타이가 "자연은 설명하는 데 반해 영혼적 삶은 이해한다"고 주장하는 것에서 학문 간의 구분 및 그 연구 방법의 차이가 있다는 것을 대변하고 있다. 여기서 자연은 자연과학, 영혼적 삶은 인문과학을 지칭하는 것으로서, 즉 자연과학과 인문(과)학은 자연과 인간의 삶의 해명 방법에 있어서 구분된다. 그렇다면 인문학이란 도대체 어떤 학문이고 다른 학문과는 어떤 관계에 있는가?

2) 인문학은 인문과학, 정신과학 등으로 사용된다. 이 부분에 대한 구체적인 설명은 본 장 Ⅱ절에서 살펴보면 된다. 대체로 인문학이라는 용어로 사용하지만, 문맥에 따라서는 인문과학 혹은 정신과학으로 표기하기도 한다.

1. 인문학의 역사

인문학의 개략적인 역사를 살펴보자. 먼저 고전적 인문학은 그리스어 파이데이아(paideia)와 라틴어 휴마니타스(humanitas)에 기원을 두고 있다. 키케로(Cicero)가 일종의 교육 프로그램을 작성할 때 원칙으로 삼은 라틴어 「휴마니타스」(humanity 또는 humaneness)에서 발생되었고, 그 후에 겔리우스(A. Gellius)가 이 용어를 일반 교양교육(general and liberal education)의 의미와 동일시하여 사용하였다.[3] 이 시기의 인문학은 인간 이성의 관조와 사색에 바탕을 두고 궁극적 존재의 본질을 찾아가는 데 초점을 맞추는 형이상학으로 나아가는 초월적 성격을 가졌다. 그 후 중세에서는 이성의 관조적이고 사색적인 능력은 무력해지고 이성은 절대자에 의존할 수밖에 없었고 따라서 철학을 비롯한 인문학은 신학에 예속될 수밖에 없었다. 이러한 중세 암흑시대를 지나 키케로의 전통을 계승시킨 르네상스의 인문학은 초월적 형이상학의 세계에서 구체적인 삶의 세계에 관계하면서 논리학보다는 수사학에 관심을 가지게 되었다. 이것은 르네상스 인문학의 주된 대상이 도덕 철학과 수사학이라는 점과 무관하지 않다. 이 당시의 인문학은 그리스의 고전을 통해서 절대자의 힘을 빌리기보다는 자신으로부터 사물을 이해하고 지혜를 얻고자 하였고 이것은 결국 지적으로나 도덕적으로 인간 자신의 위대함을 강조하기 위함이었다(김석수, 2008, 2-84 참조).

베이컨과 데카르트에서 시작된 근대 인문학은 더 이상 전통을 담고

3) [네이버 지식백과] 인문학 [人文學, humanities](교육학 용어사전, 1995. 6. 29., 하우동설).

있는 고전이나 현란한 수사학적 작업에 관심을 가지기보다는 오히려 이것들을 진리에 이르는 데 방해가 되는 것으로 보았고, 르네상스 인문학에 내재된 인간 자신의 위대함에만 치중하여 공동체보다는 개인의 자기의식을 강조하게 되었다. 특히 데카르트는 도덕적 문제보다는 수학의 확실성과 명증성에 바탕을 두어 객관적으로 확실한 진리에 이르고자 하는 입장을 강조함으로써 학문은 보편성과 필연성을 갖춘 하나의 체계학문으로 자리를 잡게 되었다. 근대 인문학은 신학의 그늘에서 벗어나기 위해 수학이나 기하학과 같은 자연과학과 연대하여 인간의 권리와 자유를 마련하는 길로 나아가게 함으로써 자연과학과 대립 관계보다는 과학적 정신을 학문적 토대로 공유하게 되었다. 이것은 인문학의 명칭에 따른 논란에서도 찾아볼 수 있다. 인문학의 명칭은 독일어와 라틴어에서는 서로 다른 의미가 있다. 독일어의 정신과학(Geisteswissenschaften)이라는 표현과는 달리, 라틴어 계통의 moral science, humanities, 혹은 sciences humaines 등의 용어를 이해하기 위해서는 그 문화적 배경을 살펴보면 그 의미를 분명하게 알 수 있다. humanities, 혹은 sciences humaines 등의 용어는 어원상 라틴어의 humanitas와 humaniora에서 유래되었고 르네상스 휴머니즘에 그 사상적 뿌리를 두고 있다. 따라서 라틴어 계통의 인문학 혹은 인문과학은 인간중심주의에 근거를 두고 있다. 라틴어 계통의 인문과학은 고대의 언어, 문학, 예술, 문화 일반을 연구하고 부활시켜 육성함으로써 중세 스콜라 철학과 가톨릭교회의 정신적인 지배를 타파하고 교회의 권위로부터 독립적이고 지식과 이성에 근거를 둔 세계상과 인간상을 창조하려는 르네상스 휴머니스트들의 의지 표현으로 보기 때문에 이성을 중시하고 있다. 다시 말하면 르네상스에서 19세기 중엽까지는 휴머니즘을 추구한 인문과학은 자연과학을 적대적인 것으로 보지 않았다. 왜냐하면, 인문과학자들은 자연과학 혹은 기술의 발달을 휴머니즘의 승리로, 신에 대한 인간 주체의 해방으로 또 인류의 문명화 과정으로 간주했기 때문이다(최종욱, 2001, 502). 이런 입장은 프랑스와 영국의 자유주의의 기본적 입장이다. 결국 근대 인문학의 위기는 신학에 있는 것이 아니라 인간 중심주의적인 자연과학과 기술에 있게 되었다(김석수, 2008, 84-86 참조).

근대 인문학은 객관주의, 실증주의, 보편주의가 만연하면서 위기를 맞이하게 되었고, 이러한 위기를 극복하기 위한 삶과 생명에 대해서 새롭게 고민하는 생 철학, 실존철학, 해석학 등에서 구체적으로 출현하게 되었다. 이들은 과학화되고 객관화되며 실증화되는 것에서 인문학의 또 다른 위기감을 가지게 되었고 따라서 이들은 인간 존재와 그 존재가 함께 하는 삶의 공간이 '설명'의 대상이 아닌 '이해'의 주체임을 강조하게 되었다. 이러한 인간과 인간의 삶을 이해하려는 입장은 독일에서 활발하게 일어났다. 그래서 독일에서는 인문학 혹은 인문과학이라는 명칭 대신에 정신과학(Geisteswissenschaften)이라는 명칭을 사용하게 되는데 이것은 독일의 보수적 성향과 밀접한 관련성을 가지고 있다. 19세기의 독일의 보수주의자들은 자연과학 혹은 기술이 인문학을 소외시켰다고 보고 있다. 이는 독일이 그 당시 프랑스와 영국에 비해 물질적으로 뒤떨어져 있었지만 정신 문화적으로는 이들 나라보다 뒤떨어져 있지 않거나 오히려 앞서 있다고 보고 있다. 영국과 프랑스에서는 통합적인 의미가 있던 문명이라는 개념이 독일에서는 물질문명과 정신문화라는 두 개념으로 분리되어있다고 본다. 그래서 19세기 말 니체와 딜타이 그리고 20세기 초 후설과 하이데거 등은 프랑스와 영국의 물질문명이 독일에 침투해 들어와 독일의 정신문화를 위기에 빠트렸고, 이를 극복하기 위해서는 자연과학적 실증주의로부터 인문학의 재건이 필요하다고 보았다(최종욱, 2001, 503-504 참조).

2. 인문학의 명칭과 학문적 영역

인문학은 인문과학, 정신과학, 문화과학 등과 유사한 의미로 사용되고 있다. 인문학의 역사를 통해서도 인문학을 어떻게 분류하고 규정하는지의 문제는 매우 다양하고 복잡한 문제이다. 이러한 이유로 인문학의 개념 규정을 하는 것은 쉽지 않다. 보통의 학계에서는 인문학과 인문과학을 동의어로 사용하는데, 문제는 인문학과 인문과학을 동의어로 사용하고 있는 사람도 때에 따라서는 인문학을 인문과학과 사회과학을 포괄하는 학문으로서 자연과학과 대칭관계에 있는 학문 일반을 지칭하는 개념으로 사용하고 있다는 점이다. 이런 점이 인문학의 개념을 규정하는 데 어려움을 주는데, 이는 인문학이 인문과학과는 그 내포와 외연이 전혀 다름에도 불구하고 학자들이 정확한 구별 없이 인문학과 인문과학을 동의어로 사용하고 있기 때문이라고 할 수 있다(최종욱, 1999, 405-406). 그러나 인문학은 인문과학과는 구분시킬 필요가 있다. 다분히 인문과학은 과학적 혹은 학문적 의미의 뉘앙스가 강하게 나타나는데 인문과학은 인문학이 일반적으로 가지고 있는 성격을 충분히 설명해 주기에는 미흡한 점이 많다. 그렇기에 인문과학이라 하지 않고 인문학이라 하는 이유가 되기도 한다.

그렇다면 이러한 인문학에 관한 개념 규정의 혼란은 어디에서 기인하는가? 이 문제는 서양 학문에서의 명칭의 혼란에서 기인한다. 서양에서 학문이 인문과학과 자연과학 그리고 사회과학 등으로 분화된 것은 막스 베버[4]가 말하는 소위 '탈마법화'라고 불리는 '문화적 합리화'의 결과이다(최종욱, 1999, 409). 역사적으로 18세기 혹은 19세기 중엽까지만 해도 모든 학문은 철학이라는 학문의 한 분과에 불과했다. 그러나 19세기 중엽 이후 사회의 분화와 문화적 합리화의 결과 철학으로부터 자연과학을 비롯한 개별과학들이 분화되어 독립적으로 학문의 명칭을 가지게 되었다. 따라서 철학의 분과학문이었던 자연철학은 자연과학으로, 실천철학 전체를 포함한 학문의 개념은 라틴어계에서는 moral science, humanities, 혹은 sciences humaines 등의 명칭으로 사용되었지만 이것 역시 정확한 명칭을 획득한 것은 아니었다. 특히 독일에서는 이러한 명칭에 대한 논쟁이 리케르트와 딜타이 사이에서 일어났는데, 리케르트는 이 학문을 '문화과학(kulturwissenschaften)'으로, 딜타이는 '정신과학(Geisteswissenschaften)'으로 20세기 중엽까지 불렸다.

특히 문화와 관련해서 본다면, 문화과학을 학문적 용어로 정착시킨 리케르트에 의하면 문화는 결국 가치를 의미하며 가치가 없는 문화현상은 있을 수 없으며, 따라서 문화란 일반적으로 타당한 것으로 승인

4) 학문은 존재론적으로 그 탐구 대상이 물질적 현상이냐 아니면 정신적 현상이냐 하는 판단에 따라 막스 베버에 의하면 자연과학(물리학, 화학, 생물학, 심리학)과 정신과학(문학, 역사학, 철학, 심리학, 사회학, 경제학, 정치학, 인류학)으로 분류되고, 정신과학은 또다시 그 대상들이 자연과학의 경우와 마찬가지로 어떤 자연법칙에 따라 인과적으로 설명될 수 있느냐에 따라 사회과학(사회학, 경제학, 정치학, 인류학)과 자연과학과는 달리 어떤 문화적 규범에 비추어 논리적으로 이해될 수 있느냐에 따라 인문학(문학, 역사학, 철학)으로 분류된다.

된 가치 또는 그 가치에 의해서 구성된 의미 형상이 부착되어있는 실재물의 총체라고 할 수 있다(이한구, 1995, 114). 또한 딜타이 역시 문화를 삶과 연관시키면서 문화의 세계는 곧 삶의 세계이고 정신이 구체적으로 나타난 세계라고 주장함으로써 문화로서의 가치를 역사적 삶 자체의 경험에 대한 반성의 결과물로 설명하고 있다. 그 외에도 문화사회학자들인 피터슨(R. Peterson), 우스나우(R. Wuthnow) 등은 문화를 상징이라는 용어와 연결하는데 이들에게서의 문화로서의 상징은 추상적인 사물을 구체적으로 나타내는 것으로, 인간 활동의 소산물 가운데서도 지적 속성이나 정신적 속성을 주된 특징으로 하는 산물을 가리키는 것으로 사용한다(이한구, 1995, 113).

20세기 중엽 이후부터 독일에서는 '정신과학'은 정신과학과 사회과학으로 분리되었는데, 이러한 분리를 학문적으로 취급한 학자가 하버마스이다(최종욱, 1999, 409-410 참조). 20세기 이후에 와서야 비로소 정신과학은 사회과학과 분리되었고, 또한 자연과학과도 완전히 구분되어 정신과학, 사회과학 그리고 자연과학으로 학문의 영역이 구분되어 불리어졌다. 어쨌든 인문학 혹은 인문과학은 정신과학, 사회과학, 문화과학 등과 관련되어 있다. 특히 학문의 명칭에서 보는 바와 같이 인문학에서 가장 핵심적인 단어들이 정신, 인간, 문화 등일 것이다.

이런 관점에서 보면, 문학, 역사, 철학 등을 인문학의 대표적 영역으로 보는 것에는 무리가 없어 보인다. 이들 학문은 그들의 앎의 대상을 물리적 혹은 물리적 현상으로 보는 것이 아니라 기호 혹은 기호적으로 보는 점에서는 같은 입장이다. 좀 더 구체적으로 말하면, 학문으로서의 문학의 대상은 문자적 기호로서의 문학작품이다. 우리는 문학작품 해석을 통해서 세계, 사회, 인간의 모든 문제를 새로운 각도에서 바라보고 생각하고 느끼고 인간의 삶에 관한 시야를 넓힐 수 있다. 역사학의 대상은 문자적 기호로서의 역사적 기록 혹은 기호로 볼 수 있는 역사적 유물과 유적물이다. 우리는 역사적 기호를 통해서 인류로서의 우리의 객관적 자화상과 그 의미를 배울 수 있다. 또한 철학의 대상은 문자적 기호로서의 철학적 텍스트 혹은 기호로 볼 수 있는 철학적 사유 활동이다. 철학은 인간의 모든 경험을 가장 포괄적이고 체계적으로 그리고 가장 심도 있게 또한 가장 투명하게 밝혀내고 설명하려 한다. 중요한 철학의 기능은 세계 전체에 대한 진리를 발견하기에 앞서 모든 기호적 의미를 논리적으로 가장 투명하고 정확하게 사유하는 데 있다. 기호는 해석의 대상이며, 해석은 언제나 의미의 해석이다. 그러므로 기호를 앎의 대상으로 하는 인문학은 자각할 수 있는 기호 속에서 비 지각적인 의미를 찾아내고 해석을 해석하는 학문, 즉 해석학이며 기호학이다. 이와 관련해서 본다면 인문학은 인간, 정신, 문화뿐 아니라 가치, 상징, 기호, 해석 등의 단어들과 밀접하게 관련되어 있음을 알 수 있다.

그런데 문제는 자연 혹은 자연과학이 인문학의 대상이 될 수 있는가인데 자연이나 자연과학도 인문학의 대상이 될 수 있다. 왜 이런 문제가 제기되는가? 그것은 인문학의 대상 영역을 이분법적으로 구분하기 때문이다. 이런 이분법적 구분은 근대 독일에서의 학문 분야를 정신과학과 자연과학으로 분류한 것에서 기인한다고 할 수 있고 결과적으로 인문학의 대상 영역을 제한시키는 결과를 가져오게 된다. 다시 말하면, 인문학은 정신을 그리고 자연과학은 자연을 대상으로 한다면 자연의 문제는 인문학의 영역이 될 수 없다는 것이 되는데, 이것은 인문학의 대상 영역을 제한하는 결과를 가져오게 된다. 따라서 인문학의 영역은 따로 있는 것이 아니라 자연 대상 영역도 일차적으로 인문학의 대상 영역이 될 수 있다. 인문학은 자연과학에서 일차적인 정보를 얻는 것뿐 아니라 자연과학을 성립시키는 조건을 문제 삼는다는 것에서 근원적이라 할 수 있다. 이런 관점에서 본다면, 모든 인식은 인문학적이며, 물리학을 포함한 모든 과학적 인식도 일종의 인문학 양식이다. 따라서 모든 인식, 모든 학문의 밑바탕에는 인문학이 깔려있다(박이문, 2010, 16-17)는 주장이 설득력 있게 보인다.

3. 인문학의 본질적 가치

자연과학이 자연현상에 대한 학문이라면 인문학은 마음에 관한 학문이다. 자연과학이 현상을 연구하는 학문이라면 인문학은 현상의 이면에서 그 현상을 현상되게 하는 의미 혹은 가치에 관한 학문이다. 앞에서 언급한 인문학의 위기는 바로 여기서부터 출발한다. 인문학의 영역인 마음의 문제조차도 자연과학적 방식으로 다루었기 때문에 인문학이 설 곳은 없고 위기에 직면하게 된 것이다. 인문학의 본질을 상실한 채 자연과학에 인문학의 자리를 내어 준 상황이 되어버렸다.

그렇다면 인문학이 왜 중요한가? 인문학을 회복시켜야 할 이유가 어디에 있는가? 우리의 삶에서 인문학의 중요성을 다시 한번 부각해야 할 이유가 어디에 있는가? 인문학이 자연과학에 자리를 내 주지 말아야 할 이유는 어디에 있는가? 이와 같은 물음에 대한 적절한 대답은 인문학의 본질적 가치에 대해서 살펴보는 것이 될 것이다.

인문학의 본질적 가치는 그것의 내재적 가치, 즉 그것이 어떤 목적을 위한 수단이 아니라 그 자체가 바로 목적이라는 데 있다. 문학작품에서 느끼는 감동, 역사 공부를 통해 경험하는 인류의 일원으로서의 자아의식 그리고 철학을 통해서 배우는 사유의 투명성은 그 자체로서 물질 이상으로 인간의 삶을 풍요롭게 하는 정신적 양식이다. 이런 점에서 인문학적 가치야말로 인간을 이 지구 위에서 단순히 또 하나의 동물에 머물지 않고 진정한 인간으로서 존재하도록 만들어 주는 유일한 조건이다.

결론적으로 말하면, 인문학이 중요한 것은 그것이 추구하는 가치가 인간으로 존재하는 우리 자신의 가치이기 때문이다. 결국 인문학은 인간의 삶과 밀접한 관계가 있다는 것이 그 본질적 가치이다. 인간의 본질적 가치의 문제는 곧 도덕의 문제와 연관이 된다. 곧 도덕의 주제는 가치와 의미의 문제이다. 가치와 의미는 우리의 삶의 애매성과 복잡성 그리고 섬세함을 가지기 때문에 자연과학적 설명의 방식으로는 담아내고 그려낼 수도 없다. 그럼에도 불구하고 그 복잡하고 애매하고 섬세한 인간의 삶을 너무나 단순한 설명의 방식으로 그렸기 때문에 목적으로서의 가치인 우리의 삶을 도구적 가치로 그려내는 오류를 범하고 있다.

III. 인문학과 도덕교육

1. 인문학의 방법으로서의 '이해'

인문학이 인간과 인간의 삶의 가치와 의미와 직접적인 관계가 있다면, 도덕교육과 인문학은 어떤 연관성을 가지고 있는가? 도덕교육과 인문학은 모두 인간의 문제를 다룬다. 인간의 인간 됨(Human-Being)이 탐구 주제이며 대상이다. 따라서 인간, 인간의 삶과 밀접한 관계가 있다. 인간과 도덕의 문제는 인간 삶의 가치와 의미와 연관되어 있다. 삶의 가치와 의미를 찾아가는 것이 인문학의 과제이고 그 인문학의 과제에는 도덕의 문제가 밀접하게 연관되어 있음은 분명하다. 그러나 도덕교육의 현실은 어떤가?

인문학의 위기와 맞물려 도덕교육도 위기에 처해 있다. 인성교육 강화라는 명목하에 인성교육은 그 정체성을 찾아보기 힘들다. 주지 교과에 밀려 수업시수를 채우기에 급급하다. 인성교육 강화라는 이름에 모든 교과에서 인성교육을 할 수 있다는 논리가 오히려 인성교육의 핵심 교과이면서 주관 교과인 도덕과의 위상을 흔들리게 하였다. 인문학의 위기와 부흥이라는 아이러니가 도덕교육 혹은 인성교육의 위기와 부흥의 아이러니와 무관하지 않다. 어쨌든 인문학과 도덕교육 모두의 위기이다. 인문학의 위기와 마찬가지로 우리의 도덕적 삶의 방식을 이해의 방식이 아닌 설명의 방식에 따라 모든 것을 재단하려는 의도에서는 도덕교육의 위상을 제대로 찾기는 힘든 실정이다.

그렇다면 도덕교육에 있어서 의미와 가치를 찾는 길을 나서보자. 이 길은 바로 인문학적 사유와 성찰의 길이다. 도덕교육은 인간과 매우 밀접한 관계에 있다. 이것은 도덕교육 현장이 다름 아닌 인간이 살아가고 있는 삶이기 때문이다. 그런 인간에게 도덕적 삶을 살아가는 것은 인간이 갖추고 지켜야 할 도리이다. 인간의 도리로서의 삶을 살아가는 것은 나름의 삶의 방식이 필요하다. 도덕적 삶이 의미와 가치와 관련되기 때문이다. 의미 연관 혹은 가치 연관으로 짜여진 세계를 바라보는 태도, 이것은 세계를 어떻게 보는가 하는 세계관과

도 밀접한 관계가 있다. 자연과학적 세계관으로는 도덕적 삶의 모습들을 다 그려낼 수 없다. 이러한 도덕적 삶을 살아가기 위해서는 자연과학적 세계관이 아닌 또 다른 세계관이 필요하다. 도덕적 삶을 살아가고 추구하는 인간이 나은 도덕적 삶을 살아가기 위해서 도덕교육이 필요하다. 도덕교육에 있어서 도덕적인 삶을 바라보는 태도는 자연과학적 대상을 보는 것과는 다른 방식이 필요하다. 도덕적 삶의 문제는 과학적으로 증명 가능한 형식의 눈을 가지고 대상을 본다면 그 대상의 의미와 가치를 생각하지 않고 그저 바라볼 뿐이다. 그러나 사유의 눈으로 그 대상을 바라볼 때는 의미와 가치와 관련해서 바라본다.

이러한 사유의 눈은 이미 딜타이가 말한 바와 같이 자연과학적 '설명'의 방식이 아닌 인문학적 '이해'로 사물이나 현상을 바라보아야 한다. 그러나 우리의 교육 현장 연구는 어떠한가? 인간의 삶을 다루는 인문학의 영역인 교육 현장마저도 자연과학적으로 설명하지 않는가? 인간의 삶을 계량화 혹은 수량화하여 대상화시키지 않는가? 이런 대상화의 방식으로는 교육 현장 그리고 수업 현장을 의미 있게 그려낼 수 없다는 것을 알고 있음에도 불구하고 설명의 방식이 이해의 방식을 대체해 왔던 것 역시 사실이다. 따라서 인간의 체험, 즉 충실한 삶에로 돌아가는 것을 일차적 목적으로 하는 도덕교육의 경우 자연과학적 설명의 방식으로는 그 대상을 충분히 이해할 수 없기 때문에 인간의 삶의 문제를 다루는 정신과학(최신일, 2001, 95-98 참조)[5]의

5) 정신과학, 문화과학 혹은 사회과학에 대한 성격 규정은 학자와 시대 그리고 국가마다 각기 다른 입장을 가지고 있기 때문에 어려움이 있다. 특히 독일에서는 사회과학을 정신과학 형태로 생각하기 때문에 자연과학과 정신과학으로 나누지만, 영미 계통에서는 자연과학, 사회과학, 인문과학 등 삼분법으로 나눈다. 이상의 분류에서 보는 바와 같이 사회과학, 정신과학, 문화과학(이들

방법론인 이해의 해석학(최신일, 2001, 98)[6]이 필요하다.

그렇다면 도덕 현장에 관한 연구 논리와 방법을 논의하는 것이 왜 중요한가? 그것은 현장을 어떻게 보는가에 따라서 인식의 문제와 존재의 문제가 달라지기 때문이다. 일찍이 "학문의 세계 혹은 대상을 어떻게 이해할 것인가?" 하는 방법론의 문제와 관련된 방법론적 논쟁(Dilthey, W., 1973, 311)이 있었는데 그 논쟁의 배후에 있는 학문을 어떻게 분류할 것인가 하는 것에서부터 각각의 대상을 어떻게 인식할 것인가 하는 방법론적 문제와 관련된 인식론적 문제뿐만 아니라 그 현상 혹은 대상을 이해하는 방식을 통해 자신의 존재까지 연구하는 존재론적 문제까지 나아가게 된다(최신일, 2004, 8).

도덕교육과 관련된 분야를 학문의 분류에 따라 구분한다면, 인문학에 속할 것이다. 인문학이라는 용어가 가지고 있는 애매성 때문에 그 개념이 모호한 위치에 있기도 하지만 정신과학이나 인문과학의 영역에 속하는 교육 현상은 인간에 관해서 침묵하고 있는 사실과 현상을 다루는 것이 아니라 연구의 대상을 내면화하여 인간을 목적 자체나 가치로 여기는 인간의 내면적 과정과 관련되는 한에서만 의미가 있다.

실증주의자들은 자연과학과 정신과학은 본질적으로 차이가 없기

세 개념을 포괄해서 인문과학이라고도 한다) 등은 개념상 엄격하게 구분되지 않지만, 이들이 그들의 확고한 내용들만 고집하지 않는다면, 그 자체를 구별하기보다는 오히려 자연과학과는 구분되는 것으로 이해하는 것이 학문 분류에 대한 보다 포괄적 이해라 할 수 있다(최신일(2001). 「학의 방법론으로서의 해석학적 이해」, 『범한철학』 제23집. 95-98쪽 참조)

6) 정신과학의 방법론으로서의 해석학적 이해는 19세기 말에서 20세기 초에 걸쳐 독일어 사용권의 역사학자, 사회학자, 철학자에 의해 행해진 방법론적 논쟁에서 사용된 가장 핵심적인 용어이다.

때문에 정신과학의 대상 역시 자연과학의 방법론을 적용해야 한다고 주장한다. 그러나 정신과학의 주된 관심이 대상의 수량적 취급보다는 수량적 취급에 저항하는 기술(記述)에 있고, 그 대상 또한 사물이 아니라 사람이기 때문에, 인문학은 인간의 문화현상과 사회현상이며 무엇보다 양보다는 질이나 의미가 문제가 되며, 수량이라는 일원적인 조작으로는 환원될 수 없는 다원적이며 다의적인 공간을 그 대상으로 하고 있다. 그래서 인문학자들은 인문학이 자연과학과는 질적으로 다르므로 다른 방법론이 필요로 한다고 주장했다.

2. 도덕교육의 학문적 배경으로서의 인문학

도덕 교과와 그 학문적 배경의 관계를 살펴보는 것이 도덕 교과를 이해하는 데 있어 매우 중요하다. 도덕교육 혹은 도덕 교과의 학문적 배경이 무엇인가 하는 문제는 다음의 두 가지 접근과 관련이 있다. 대체로 교과는 그 배경을 이루고 있는 학문을 전제로 하여 성립한다는 학문론적 접근과 그 관련 학문과는 어느 정도의 거리를 두면서 오히려 학습자들의 경험에 의존하는 경험론적 관점으로 나누어진다(박병기, 2013, 394-395 참조). 학문론적 관점은 교과의 배경 학문 자체를 중시하는 관점으로 그 배경 학문을 학습자의 수준에 맞게 재구성하는 것이 교과교육의 핵심 과제 중 하나이다. 이러한 관점이 지니는 장점은 학문을 통해 달성하고자 하는 목표에 교사와 학생이 동참하는 가능성이 열린다는 것이지만, 잘못하면 자칫 학자가 하는 것을 흉내 내는 수준에 머물 수도 있다는 위험성을 가지고 있다.

한편 경험론적 관점은 학습자의 경험 세계를 바탕으로 해서 다양한 학문 배경을 활용하면서 교육과정 내용을 구성할 수 있다는 장점을 가지고 있지만, 그 경험 세계에 집중하는 과정에서 다양한 내용들 사이의 융합 또는 통합이 제대로 이루어지지 않거나 학문적 경로로부터 이탈하여 학계와 교육계 사이의 간격을 넓힐 수 있다는 한계를 가질 수도 있다.

앞의 두 입장을 살펴보면 도덕교육 혹은 도덕 교과의 배경 학문을 묻는 것은 그 자체로 학문론적 관점을 전제로 할 때 정당화될 수 있다. 그런데 학문론적 관점은 그 교육적 이상을 현실에 구체적으로 제대로 활용할 수 있는가 하는 문제와 현장 수업을 하는 교사가 과연 교과의 학문적 배경을 충분히 인지하고 제대로 소화하여 수업에 활용할 수 있는가 하는 문제점들이 항상 존재하게 된다(박병기, 2013, 395). 그런데 이상의 입장에서 살펴보게 된다면, 교과가 학문에 종속되어 있다는 느낌을 받을 수 있다. 그래서 교과와 그 학문적 배경이 상호간의 독자성을 확보하고 그 관계를 수평적으로 설정하는 것이 교과와 학문 모두를 위해 바람직한 방향이 될 것이다. 따라서 교과의 출발점은 학생들이 현재 처해 있는 '상황 그 자체'에 대해서 주목해야 한다. 이것은 현대 학문 분야가 세분화되기 때문에 학생들의 인지 발달 단계를 생각한다면 학문의 분류체계가 별 의미가 없다는 것이다. 따라서 이런 점을 고려할 때, 도덕 교과의 배경 학문을 논의할 때는 어느 하나의 학문으로 제한하는 방법보다 학생들의 생활세계를 전제로 해서 관련 학문 사이의 실천적 연계성에 초점을 맞추는 방법이 더 바람직하다(박병기, 2013, 395). 다시 말해서 그 교과의 목적과 성격에 맞게 내용을 구성하는 과정에서 학생들의 생활세계를 준거점으로 삼아 관련 학문을 가능하면 폭넓게 동원함과 동시에 그 학문 사이의 연계성에도 동시에 주목하는 실천적 자세가 필요하다는 것이다. 이런 노력을 통해 교과와 배경 학문은 수평적 관계를 유지하면서도 실질적으로 학습의 공간 안에서 유기적인 관계를 맺게 되는 결과를 기대할 수 있다.

도덕 교과 혹은 도덕교육에 있어서 도덕성은 인간과 관련이 되어 있고, 좀 더 구체적으로는 인간의 마음과 밀접한 관계가 있다. 여기서 인간의 마음이란 심리학적 마음으로 해석할 수 있겠지만, 도덕 교과에서는 당위적 지향성을 가지고 있는 도덕성으로서의 마음이고, 도덕성으로서의 마음에 관한 연구는 윤리학의 몫이다. 물론 여기서의 윤리학이 어떤 학문인가 하는 논의도 중요하다. 윤리학을 철학의 하위 분류로 보느냐 아니면 인간의 마음에 관한 현상적 탐구까지 포함하면서 또한 사회 구조의 도덕성 문제까지 포함하는 학제적 성격의 학문으로 보느냐에 따라 구분될 수 있다. 학제적 성격으로서의 윤리학을 정의하면 결국 도덕 교과의 배경 학문은 윤리학이 된다. 결론적으로 말하면, 도덕 교과의 배경 학문은 윤리학이고 그 윤리학이 단위 학문의 단순한 집합이 아닌 어떤 공통분모-도덕 혹은 도덕성-를 지향한다는 점에서는 학제적이라 할 수 있으며, 따라서 도덕교육의 배경 학문을 학제적 윤리학으로 규정하는 것은 무리가 없을 듯하다(박병기, 2013, 398). 이러한 관점은 7차 도덕과 교육과정의 성격을 "규범 과학적 관점과 사회과학적 관점을 중심으로 학제적(interdisciplinary)인 접근을 시도한다"라고 명시하고, 2007 교육과정과 2009 교육과정에서는 학제적이란 용어 대신에 "윤리적 접근을 중심으로 하되, 연관된 여러 학문의 접근 방법을 활용한다"라고 표현하고 있다. 이런 관점에서 도덕교육의 학문적 배경을 학제적 윤리학으로 본다면, 여기에서의 학제적 윤리학은 인문학이라 해도 크게 무리가 되지 않을 것이다.

도덕교과 혹은 도덕교육의 배경 학문에 관한 논의를 바탕으로 해서 본다면, 도덕과는 도덕적인 문제에 직면해서 그 문제를 도덕적으로 탐구하기 위해서는 윤리학을 근거로 하되 관련된 학문의 도움, 즉 인문학의 도움을 받아 도덕적 문제를 해결할 수 있을 것이다. 앞에서 본 도덕교육의 방법적 원리로서의 해석학적 이해와 도덕교육의 배경 학문으로서의 인문학에 대한 정확한 사유와 성찰이 바탕을 이루고 있다면 도덕과의 탐구 문제 해결에는 큰 어려움이 없을 것이다.

그리고 이러한 인문학적 사유와 성찰을 바탕으로 한 도덕적 탐구는 도덕과 교육의 정체성을 확립하는 데도 중요한 역할을 할 것이다. 교과로서의 도덕과 교육은 도덕 원리에 대한 학습 능력(learning power, learning ability)을 기르는 것이 존재 목적이면서 존재 이유(길병휘, 2013, 268)[7]라는 관점에서 보더라도 그 타당성을 인정받을 수 있을 것이다.

따라서 교과교육으로서의 도덕과 교육의 정체성이 확립되면 정규 수업 시간에 채택되어 운영되는 의도적이고 유목적적인 교과 활동으로서의 명시적 교육과정(manifested curriculum)으로서의 도덕과 교육을 일컫는 말이 될 것이고, 이것은 도덕과 학습 능력을 증진하든지 도덕적 원리나 가치에 대한 탐구 능력을 신장시키는 일이 그 주된 교육의 목표가 될 것이다(길병휘, 2013, 269). 그리고 잠재적 교육과정이라 할 수 있는 도덕교육은 가정과 학교, 그리고 사회의 일상적

---

7) 여기서 학습 능력을 learning skill이라고 하지 않고 learning power 혹은 learning ability라고 쓰는 이유는 학생들이 수업을 통해 배우며 익혀야 하는 능력은 단순한 기예나 기술이 아니라 학생 스스로 도덕 원리를 탐구하고 학습할 줄 아는 힘(power) 혹은 능력(ability)을 길러야 한다는 의미다.

생활 속에서 이루어지고 있는 다양한 규범교육의 모든 범위를 아우르면서 수업 시간에 논의의 대상이 될만한 도덕교육의 경험내용을 총칭하는 것이라 할 수 있다.

어쨌든 도덕 교과의 본래 성격은 우리의 일상적 삶 속에서 벌어지는 여러 가지 도덕적 삶이나 현상을 단순히 현상이나 사실 자체로 다루지 않고 이를 넘어서 현상이나 사실이 그러하게 존재하는 이유나 근거를 묻고자 하는 데서 도덕 원리를 탐구하는 메타적 성격을 가진다(길병휘, 2013, 287). 이 말은 교과로서의 도덕과 교육은 도덕과 교과를 존재하게 하는 도덕 원리를 탐구하는 것이 핵심적인 성격이라는 뜻이며 이런 관점에서 본다면 도덕 교과의 학문적 배경으로서의 인문학을 살펴보는 것은 상당한 설득력이 있어 보인다.

Ⅳ. 결론

앞에서 우리는 인문학의 위기와 부흥이라는 아이러니한 상황을 살펴보았다. 부흥 속의 위기에 초점을 맞추어야 한다. 인문학의 역사를 통해서 나타난 인문학의 위기는 결국 소통의 문제였다. 과거와 현재, 자연과 정신, 대상과 주체, 그리고 공동체와 개인, 현실과 이론, 엘리트와 대중 혹은 소수자의 대립이 문제였다. 즉 이들 간의 소통이 단절되었고 그 단절이 지속되는 한, 인문학의 풍요 속의 위기는 극복될 수 없다.

인문학의 위기를 극복하는 방법을 인문학의 영역에 속하는 학문 분야에서 주로 다루어지는 용어에서 찾아보았다.[8)] 인간, 정신, 가치,

문화, 상징, 기호, 해석 등이다. 이러한 용어들은 자연과학적 대상과는 거리가 멀다. 이런 용어들은 인문학적 용어이고 이러한 용어들을 다루는 방법은 이런 것들을 연구하는 방식인 '이해'의 방식이다. 결국 이해의 방식으로 접근해야 할 자리를 설명의 방식이 차지하고 있으니 인문학이 위기를 맞이할 수밖에 없고 그 위기에서 탈출하기가 쉽지 않다.

인문학의 위기는 도덕교육의 위기와 무관하지 않다. 인성교육과 인문학의 부흥과 더불어 현재 도덕교육의 위상도 상승했다. 그러나 실상은 도덕교육 역시 그 위기에서 벗어나지 못하고 있다. 대중들에게 다가서 있는 인성교육의 열기는 뜨겁다. 그러나 그 열기가 도덕교육 혹은 도덕과 교육에서는 거의 느껴지지 않는다. 대중적인 인성교육의 상승기류가 반드시 도덕교육과 일치한다고 볼 수 없다. 인문학적 사유와 성찰을 통해서 인간 삶의 의미와 가치를 탐구하고자 하는 도덕교육의 성격을 재음미하고 도덕교육의 정체성을 찾아가야 할 필요가 있다. 그런데 문제는 과연 인문학적 사유와 성찰이 제대로 이루어질 수 있을까 하는 우려다. 예를 들면, 교사가 도덕교육 교육과정의 성격에서 명시하고 있는 인문학적 사유와 성찰을 제대로 할 수 있을 것인지 그리고 이와 관련된 교과의 학문적 배경을 충분히 인지하고 제대로 소화하여 수업에 활용할 수 있는가 하는 문제점들이 도덕교육과 관계하는 자들에게 주어진 숙제다. 인문학에 대한 철저한 이론적 탐구가 무엇보다 요구된다. 이것이 전제되지 않는다면 또 다른 도덕교

8) 논문 전개의 성격상, 서양 위주의 인문학에 대한 소개가 주류를 이루었다. 연구의 균형을 위해서는 동양적 인문학적 접근에 관한 언급이 없는 것이 이 논문의 한계이기도 하다.

육 혹은 인성교육의 풍요 속의 빈곤을 겪게 될 것이다.

도덕교육이 우리의 현실적인 삶의 맥락과 무관하지 않다면, 우리 삶의 다양한 측면의 문제를 다루되 보다 인문학적 관점에서 다룸으로써 도덕과의 정체성을 강화할 수 있을 것이다. 그리고 이렇게 함으로써 우리 학생들에게 도덕적 사고, 판단, 정서, 실천 능력을 체계적으로 길러주는 데 도움을 줄 수 있을 것이다. 인문학과 함께 하는 도덕교육, 아이들의 존재를 인정하는 태도에서부터 시작한다. 즉 아이들의 존재가 의미 있고 가치 있다는 것을 전제로 아이들의 존재를 이해의 방식으로 받아들일 때, 그들과의 진정한 대화를 통해서 교실이, 학교가 도덕 공동체의 본래 모습을 찾아갈 수 있을 것이다.

참고문헌

교육부(2015), 『도덕과 교육과정』, 교육부 고시 제2015-71호.

길병휘(2013), 『도덕교육의 비판적 성찰』, 교육과학사.

김석수(2008), "21세기 사회, '소통'인문학의 길을 찾아", 『서강인문논총』 제23집, 서강대학교인문과학연구소.

김용규(2011), "대학의 변화와 '지금－여기'의 인문학", 『대동철학』 제57집, 대동철학회.

박병기(2013), "도덕윤리교과교육학의 배경 학문 논의와 그 학제적 특성", 『도덕윤리과교육학 개론』, 교육과학사.

박이문(2010), "학문의 경계와 무경계의 인문학", 『탈경계 인문학』 제3권 2호, 이화여자대학교 이화인문과학원.

이성원(1995), '인문학의 특성, 인문학의 위기'(인문과학연구소 편저), 『인문과학의 이념과 방법론』, 성균관대학교 출판부.

이재권(2011), "철학교육에 대한 제도적 접근", 『동서철학연구』 제11호, 한국동서철학회.

이태수(1995), "서양의 인문학의 전통과 특성"(인문과학연구소 편저), 『인문과학의 이념과 방법론』, 성균관대학교 출판부.

이한구(1995), '문화과학과 설명의 논리'(인문과학연구소 편저), 『인문과학의 이념과 방법론』, 성균관대학교 출판부.

인문과학연구소 편저(1995), 『인문과학의 이념과 방법론』, 성균관대학교 출판부.

최신일(2001), 「학의 방법론으로서의 해석학적 이해」, 『범한철학』 제23집, 범한철학회.

최신일(2004), 「도덕교육 연구에 대한 이론적 토대」, 『초등도덕교육』 제14집, 한국초등도덕교육학회.

최종욱(1999), "인문과학의 위기－인문과학의 위기에 대한 담론 분석을 위한 시론－", 『어문학논총』 18집, 국민대학교 어문학연구소.

최종욱(2001), "인문학의 위기에 대한 시론(1)", 『어문학논총』 제20집, 국민대학교 어문학연구소.

Dilthey, W. (1973), *Der Aufbau der Geschichtlichen Welt in Den Geisteswissenschften*, In: Dilthey, W., *Gesammelte Schriften*, Band Ⅶ, Goetingen.

제 4 장 동 · 서양 도덕교육의 이론적 배경*

Ⅰ. 초등 도덕과 설정의 배경과 전통으로부터의 근거

1. 역사 문화적 윤리 교육적 전통으로부터의 근거

우리 민족은 우리 민족의 독특한 정신문화에서 비롯되는 역사적 도덕 교육적 전통에 근거하고 있다. 즉 인의도덕(仁義道德)을 숭상하고 홍익인간(弘益人間)과 재세이화(在世理化)의 정신을 바탕으로 도덕 윤리를 중시하고 도덕 공동체로서의 복지 사회를 지향한다. 그래서 조선시대 성리학을 중심으로 하는 독특한 도덕 국가를 운영했고 성균관, 중등(사학, 향교, 서원), 초등(서당) 등의 학교를 중심으로 윤리 · 도덕과 인간 정신을 바로 세우는 국가 사회를 바르게 운영하는데 필요한 도덕 관련 교과목을 교육하였다. 그리고 일본 강점기의 대한민국 임시정부 건국 강령에는 민족정기와 국민 도덕을 바로 세우는 일에 최우선을 두었다. 미군정시대(교수 요목기)에는 타 과목을 통한 도덕교육, 홍익인간의 교육이념을 최고 교육 원리로 설정하다가

* 이 글은 도덕 6 교사용 지도서(교육부, 2019)에 실린 내용을 요약 · 보완한 것임.

3차 교육과정부터 독립된 도덕 교과로 설정되어 지금까지 이어오고 있다.

2. 현실적 국민적 요구로부터의 근거

현대의 인간성 상실과 가치관 혼란, 도덕적 위기에 대해서 그에 대응하는 인성교육의 필요성이 대두되고 인성교육의 핵심 교과인 동시에 주관 교과로서 역할을 할 수 있는 도덕과 교육의 필요성이 제기되었다. 따라서 초등 도덕과 교육은 건전한 인성을 지닌 사람다운 사람을 기르고 민주 사회의 한 구성원으로서의 도덕적 시민 육성을 위한 2007 개정 도덕과 교육과정, 2009 개정 도덕과 교육과정, 2015 개정 도덕과 교육과정을 통해서 인성교육의 핵심적인 역할을 하고 있다.

3. 개인의 자아실현과 도덕적 자기완성 요구로부터의 근거

도덕과 교육의 필요성은 사회적이며 현실적인 요구뿐 아니라 개인의 목적, 즉 학습자의 요구와 필요를 고려한 다음의 이론적 근거들에 바탕을 두고 있다. 첫째, 인본주의 심리학이다. 인본주의 심리학은 궁극적으로 자아실현에 사람의 존재 목적을 두고 있다. 여기서 자아실현은 자신의 잠재 능력과 가능성을 실현하고 개인이 본질적으로 가지고 있는 재능과 능력, 가능성을 완전히 발휘하는 것을 말한다. 대표적인 학자가 매슬로우(A. Maslow)다. 그는 자아실현을 위한 조건과 욕구는 대부분 도덕적인 요소로 구성되어 있고 따라서 자아실현을 이루고자 하는 학생들의 개인적 욕구는 도덕적 존재로 자라남으로써 가능하다고 주장한다.

둘째, 인지적 도덕 발달이론이다. 이 이론은 인간 존재를 도덕적으로 더 높은 단계로 진보하고자 추구하는 본래적 성향을 가진 존재로 본다. 이런 도덕적 발달이 이루어지려면 도덕적 삶과 관련된 인지구조나 사유 양식의 발전적 재구조화, 도덕적 사고·판단력의 증대를 통해서 가능하다. 그리고 이런 일들이 제대로 이루어지려면 그에 맞는 모종의 경험이 필수적이다. 이는 도덕적 가치 규범에 대한 깊은 이해를 통한 자각과 도덕적 삶에 대한 반성적 숙고 및 도덕적 판단 경험의 축적 그리고 사회적 참여와 역할 채택 경험 기회의 증대를 통해 이루어진다고 보는 것이 도덕 인지 발달론이다.

셋째, 인성과 도덕성 발달에 관한 정신분석학, 사회 심리학, 행동주의 도덕 심리학이다. 이들은 사람을 그가 몸담은 사회의 한 구성원으로서 자신의 역할을 다하면서 자신을 스스로 완성해가기를 열망하는 욕구를 지닌 존재로 파악하고 있다.

4. 학문적 · 교과 교육적 근거

1) 학문적 동향과 관련된 근거

- 도덕적 인간과 사회를 형성하기 위한 일을 더욱 직접 추구할 수 있는 독자적인 교과의 필요성 인식이 확대되면서 도덕과 교육이 설정됨: 도덕과 설정의 학문적 근거

2) 교과 교육계의 견해와 관련된 근거

- 도덕과 교육은 인간의 정체성 확립과 윤리적 성장이라는 개인적 요구와 사회의 발전과 번영이라는 국가 사회적 요구에 이바지

Ⅱ. 도덕과 교육의 이론적 기초

1. 윤리학 및 도덕 교육학적 기초

1) 동양 윤리학과 도덕교육

(1) 공자(孔子): 인간 이해와 사랑의 실천

道는 인간의 근본인 하늘을 근거로 하는 인간 행동의 원리로 시공을 초월한 자연의 기본원리인 형이상학적 보편 원리이고 德은 시공에 대처한 인간 행위에 나타난 도의 구현, 또는 구체적으로 나타나는 형이하학적 실제 행동이다. 우주론적 본질 원리인 道가 현상론적 실천적 구현인 德으로 드러날 때 인간은 인간에게 주어진 본성에 따른 삶을 영위하는 것이다. 따라서 인성과 덕은 동일선상에 놓여 있는 개념이다.

한편 유가의 인성론은 유학적인 논리 구조의 측면에서 볼 때, 情과 결합하여 구체적인 작용으로 드러나는 心을 논의의 핵심으로 삼아 다양하고도 포괄적으로 전개되고 있다. 性은 '사람의 맑은 양기', '본능', '천성', '습성' 등의 다양한 의미로 파악될 수 있고, 또한 성은 天人

合一 또는 하늘과 인간 간의 조화를 바탕으로 하기에 성은 유가 가치관의 주요한 기본 틀로 작용하고 있으며, 따라서 공자의 사상에 그대로 투영되고 있다.

공자는 정작 인성 자체에 대해서는 언급하고 있지 않고 선악을 단정하여 말하지는 않았지만, 다만 인간의 본성에 관해 "본성은 서로 비슷하나 습관에 의해서 서로 떨어지게 된다"라고 하여 후천적 습성의 중요성을 천부성과 함께 피력하였다. 즉 선천적인 인성을 말하면 사람이 서로 비슷하고, 후천적인 습성으로 말미암아 서로 차이가 나게 되지만 사람에 따라서는 '인간의 인성의 천부성이 후천성보다 더 강하다'고 할 수 있다.

동양철학에서 性이란 본래 生으로 통용되어 생리적 욕구 본능으로 쓰였지만, 공자는 성의 생리적 면은 욕구 본능만 있는 것이 아니라 존양(存養: 본심을 잃지 않도록 착한 성품을 기름)해야 할 면도 있는 것으로 이해했다. 즉 공자는 종래의 생리적 본능 외에 자연 생명에서 밖으로 드러나는 정감이 있다는 인성론을 발달시켰다. 즉 性에는 부모와 자식 사이의 친친(親親), 어른과 아이들 사이의 존현(尊賢)과 같은 정감이 있다고 보았고 그 정감의 순수무잡(純粹無雜)이 곧 仁이다. 따라서 공자 사상의 핵심은 '仁'이다. 공자 사상과 관련해서 공자의 도덕교육 사상은 곧 인간다움이라는 보편적인 실천 원리인 '仁'을 핵심 내용으로 하고, 도덕적 주체가 당면한 현실에서 구현되는 도덕적 행위 규범인 '禮'를 외형적 요소로 하고 있다.

(2) 맹자(孟子)

맹자는 인의설(仁義說)을 세워 성선(性善)과 양기(陽氣)를 주장하면서 性이 生과 心을 포함한다고 본다. 맹자에 이르러 성의 심리적 측면이 처음으로 구체화 되었다. 그는 마음(心)의 순수한 본질을 뜻(心志)이라 하고, 生의 순수한 본질을 몸(身體)이라 하였다.

신체로부터 기인한 심리적 현상으로서의 정(情)은 욕망으로 반응한다. 인간의 욕망은 심리적 측면의 감정 안에 포함된 것이다. 이것은 七情(喜, 怒, 哀(슬픔), 懼(두려움), 愛, 惡(증오), 欲(욕망))으로 나타난다.

그리고 인간을 인간답게 만드는 가장 본질적인 요소가 마음이요, 그 마음 중에서도 뜻(心志)이라고 주장하고 그 뜻에는 천부적으로 주어진 사단(四端)이 있다. 즉 인(仁)에서는 측은(惻隱), 의(義)에서는 수오(羞惡), 예(禮)에서는 사양(辭讓), 지(智)에서는 시비(是非)가 있다. 따라서 뜻은 인간을 다른 동물과 구분해 주는 그리고 인간을 비로소 인간답게 만들어 주는 핵심 요소이다. 즉 한 사람의 생각과 언어 그리고 행동의 주재자이다.

(3) 순자(荀子)의 인성론

순자는 예를 주장하여 성악을 설명하고 있지만 그의 인성론의 핵심은 정(情)의 반응으로서의 욕망이 무한하다는 데서 출발한다. 즉 사람의 본성은 악하다. 그 선은 인위적인 노력의 결과이다. 사람의 본성은 태어날 때부터 이익을 좋아한다. 태어나면서부터 싫어하고 미워한다. 태어나면서부터 귀와 눈의 욕망은 소리와 색을 좋아한다. 그래서 정의 구체적인 외부 표출인 욕망을 문제 삼았기 때문에 인간의 욕망은 필연적으로 투쟁을 낳고 혼란을 일으킨다는 점에서 인간의 성을 악으로 규정하고 있다.

본성은 타고난 대로 말하는 것이니 배워서 되는 것은 아니고 행동해서 되는 것도 아니다. 그러나 예의는 성현이 인위적으로 만들어 낸 것이기 때문에, 배우고 노력하면 된다. 배우지 않고 있는 그대로 있는 것이 본성이고, 배우고 노력해야 하는 것을 人僞라 하니 성(性)과 위(僞)가 구별된다.

순자의 인성론에서 예는 매우 중요한 의미가 있다. 예는 궁극적으로 모든 사람이 악한 인성을 선으로 교화할 수 있는 교정의 틀로 작용한다. 인간에게는 생존 욕망이라는 기본적인 성향이 존재하는 동시에 또 다른 하나의 생존 조건이 존재하는 게 무리 생활이다. 인간이 다른 동물 존재보다 우월한 것은 사회를 구성할 수 있기 때문이다. 천부적으로 타고난 인위적 차원의 생존 욕망이 무리 속에서 조화를 이루지 못할 때 사회가 혼란스러워진다. 이를 인위적으로 교정할 필요가 있고 이 교정의 틀이 다름 아닌 예의 기본원리가 된다.

2) 서양 윤리의 인간 이해

(1) 소크라테스

인간에게 진정 필요한 것은 이성적 숙고이다. 이것을 통해 진정한 선과 가치를 아는 것이 참된 지식이며, 인간이 이를 획득할 때 덕을 지니게 된다. 따라서 덕은 지식이다. 문제는 그러한 덕을 가르칠 수 있느냐(메논의 질문) 하는 점인데, 덕이 선에 관해 참으로 깨달아 아는 지식을 말하는 한, 그것은 그러한 참다운 깨달음을 얻을 때 가르칠 수 있는 것이다. 그는 문답 형태의 산파법이나 회상법으로 기하학의 원리를 터득하게 함으로써 깨달음의 과정을 직접 보여주고 있다.

(2) 플라톤

소크라테스의 입장을 계승하고 있는 플라톤은 사물과 현상의 본질은 초감각적 실재에 대한 이성적 숙고에 의해서만 파악할 수 있다고 하였다. 우리가 추구해야 할 선과 가치는 감각과 경험이 아닌, 순수한 이성에 기초한 합리적 탐구를 통해 파악할 때 가능하다는 것이며, 이것을 형상론(theory of form)이라고 한다.

플라톤은 이성의 단련과 높은 수준의 지혜를 통해 참된 지식을 형성하고 그럼으로써 덕을 구유하게 되는 도덕 교육론을 전개하였다. 따라서 소크라테스와 플라톤에게 도덕교육은 도덕적 이성을 기르고 비판적 지성과 바른 판단력을 갖추게 하는 일을 중심으로 하는 것이며 그러한 노력으로 인간이 추구해야 할 선과 참된 가치에 대한 올바른 지식을 지니고 바람직한 도덕적 덕을 형성하는 데 기여하는 것을 본질로 한다.

(3) 아리스토텔레스

인간 존재와 그 활동은 어떤 목적을 지향하고 있는데 그 목적은 인간에게 좋고 옳은 것으로서의 선을 실현하는 것이다. 인간 모두가 공통으로 추구하는 최고의 궁극적인 목적과 선을 '행복(eudaimon)'이라고 한다. 그렇다면 인간은 어떻게 행복해질 수 있는가? 사람이 덕을 지닌 도덕적 존재가 될 때, 즉 유덕한 인격인이 됨으로써 가능하다. 즉 인간이 최고선으로 삼는 행복도 인간이 지니는 고유의 기능이나 활동이 최고로 실현될 때 얻게 된다.

인간이 그 고유한 기능과 능력 그리고 잠재적 가능성을 실현하고 그럼으로써 자기완성으로 행복에 이르는 일은 덕(virtue)이 필수적으로 관련된 것인데, 본래 덕은 그리스어의 아레테(arete)에서 온 말로 인간을 포함하여 모든 존재가 그 기능과 목적 면에서 탁월성을 지닌 것을 가리킨다. 이러한 덕의 개념은 사람에게도 그대로 적용된다. 인간이 행복해지려면 그러한 목적을 추구하는 데 가장 잘 봉사하고 자신의 기능을 최고도로 발휘하게 해주는 덕들을 발달시켜야 한다.

아리스토텔레스에 의하면 인간의 정신은 이성적인 부분과 비이성적인 부분으로 되어 있는데 전자는 인식적(scientific) 부분과 사량적(calculative) 부분으로, 후자는 어느 정도 이성적인 것을 지니는 부분과 완전히 비이성적인 부분으로 나눈다. 인간에 있어서 덕은 이성적인 부분에 관련된 덕과 본질적으로는 비이성적이지만 이성적인 것을 어느 정도 지니는 부분에 관련된 덕으로 구성되어 있다. 전자와 관련된 덕을 지적 덕(intellectual virtue), 후자와 관련된 덕을 도덕적 덕(moral virtue)이라 한다. 지적 덕에는 존재가 애당초 가변적인 것, 즉 다른 방식으로 존재가 가능한 것에 관해 숙고하는 덕으로서 실천적 지혜(practical wisdom)나 도덕적 지혜의 덕이 있고, 후자에 관련된 덕으로서 절제, 용기 · 정의 · 배려 등의 덕이 있다.

아리스토텔레스의 관점에서 볼 때 덕은 정신의 각 부분이 최선의 상태에 있는 것, 즉 그 고유한 기능을 탁월하고 훌륭하게 수행하는 상태에 있음을 의미하며, 행복은 인간이 이러한 덕을 길러 감으로써 유덕한 인격을 성숙시켜 갈 때 비로소 얻을 수 있다. 이러한 인격과 덕을 길러가기 위해서는, 옳고 좋은 것을 잘 헤아려 바르게 선택할 수 있는 이성 능력과 올바른 정념을 갖추는 일, 그리고 바람직한 삶을 실제 행동으로 실천하는 자질과 품성을 기르는 일이 필요하다. 또한 덕이 중용을 선택하는 인간의 상태임을 지적하면서, 이런 중용 선택의 도덕적 덕이 제대로 이루어지려면 실천적 지혜와 이성적 원리에 따라 행위를 결정하는 성품을 길러가야 한다고 본다.

아리스토텔레스의 도덕교육이 지향하는 도덕적 인간은 순수한 자연인이 아니라 정치 사회적 공동체의 바람직한 시민으로서의 유덕한 인격을 의미한다. 이는 공동체의 삶에 현명하고도 책임감 있게 참여하면서 개인적으로 자신을 완성하고, 공동체의 복지 실현에 기여하는 정치적, 도덕적 존재를 길러내는 것이다. 따라서 아리스토텔레스의 도덕교육론을 제대로 추구하기 위해서는 개인의 수준에서 바른 인격을 형성하는 데 중점을 두는 개인 윤리적 접근과 사회 구조나 제도 등의 사회적 구조 측면의 도덕성을 높이려는 사회 윤리적 접근을 조화롭게 추구해야 한다.

(4) 칸트: 자율적 도덕인 육성

인간이 도덕적 존재가 되고자 하는 한, 타당한 도덕법칙이 명령하는 바를 존중하고 그것에 따라야 한다. 사람은 도덕법칙을 존중하고 따를 때 비로소 인간다운 인간이 될 수 있고 그러기에 도덕법칙을 준수하는 것은 하나의 필연적 의무이다. 칸트 윤리학의 핵심은 타당한 도덕법칙으로부터 주어진 의무를 존중하고 준수하는 것이다. 이는 그의 윤리학을 의무 윤리학이라고 부르는 이유가 된다.

칸트는 도덕법칙의 근원을 인간 이성에서 찾는다. 즉 도덕법칙은 감성과 오성으로부터 얻어진 경험적 인식을 토대로 하면서 동시에 그것을 넘어 예지계의 자유, 영혼 불멸, 신의 존재의 필연성 등 인간 삶의 이념을 인식하는 실천 이성에 그 근원을 두고 있다. 실천 이성이 명령하는 인간 행동과 사회적 삶의 최고의 도덕법칙은 정언 명령(categorical imperative)이다. 이러한 도덕법칙을 따르는 내적 동기는 선의지(good will)에서 나온다. 즉 칸트의 관점에서 본다면, 어떤 행위가 도덕적인 것이 되려면 선의지에 입각해야 한다. 따라서 도덕법칙이 도덕적 행동을 성립시키는 객관적 조건이라면 선의지는 주관적 조건이다. 동기의 엄격성을 강조하고 있다. 그리고 그의 윤리설은 인간 존엄성을 고양하고 인간을 수단이 아니라 목적으로 대하는 도덕적 공동체 형성을 지향한다.

칸트의 도덕교육은 도덕법칙에 의한 의무감을 가지고 도덕적 행동을 실천하는 인간을 길러내는 것이다. 칸트의 도덕교육은 바람직한 인간성과 건전한 인격을 형성하는 것으로서 교육 활동 중 가장 기본적이다. 건전한 인격이란 격률(格率, maxim)에 따라 행동할 수 있는 자질을 갖춘 것이다. 인간은 연령에 따라 유아기, 아동기, 학생기로 발달해 간다고 보고 각각에 맞는 교육적 접근을 양육과 훈육, 도야 세 가지로 설정했는데 이 중 도덕교육은 훈육과 도야와 관련된다.

첫째, 양육은 양호 또는 부양을 말하는 것으로서 아동의 자연적 성장이 원만하게 이루어지도록 하는 것이다.

둘째, 훈육은 인간의 동물적인 본성을 인간성으로 바꾸는 교육적 작용이다. 어렸을 때부터 이루어져야 하며 인간의 좋지 못한 욕망과 인간이 제멋대로 무질서하게 행동하는 것을 억제하고 훈련을 통해 바람직한 행위 양식의 습득과 규칙 준수의 습관화를 도모한다.

셋째, 도야는 삶의 이치와 도리를 깨우치고 그의 소질과 능력을 갈고닦아 바람직한 인간을 형성하도록 하는 교육적 작용이다. 도덕적 도야는 격률에 따라 사고하고 행동하는 도덕적 품성과 인격을 형성하기 위한 도덕교육이다. 이러한 도덕적 도야의 방법으로서 이성에 입각한 이해와 사고, 소크라테스식의 방법, 실제적인 경험을 강조하고 있다.

(5) 뒤르켐: 도덕 사회화

인간에게는 개인적 존재와 사회적 존재의 두 측면이 있다. 교육은 개인적 존재인 인간을 사회적 존재가 되게 하는 것이 본질이다. 개인적 존재가 사회적 존재가 되는 과정을 사회화(socialization)라 지칭한다. 뒤르켐에게 교육은 곧 사회화다. 그의 도덕교육은 사회학적 교육사상의 연장선상에서 이루어지는데, 도덕적 인격의 시작을 도덕 사회화로 평가하면서 인간의 도덕성 발달이 규율 정신(spirit of discipline), 사회 집단에 대한 애착(attachment to social group), 자율성(autonomy)으로 발전해 간다고 본다. 결국 도덕적 인격은 궁극적으로 자율성이 획득될 때 완성되지만 이를 위해서는 그 이전의 규율 정신과 사회 집단에 대한 애착이 선행되어야 한다.

규율 정신은 도덕적 습관, 사회 집단에의 애착은 도덕적 정서와 의지, 자율성은 도덕적 이성과 관련이 있다. 규율 정신은 도덕적 습관의 교육이 필요하고 규칙성과 권위에의 존중심이라는 두 요소로 구성되어 있는데, 규칙성은 도덕규범을 일관되게 준수하는 성향이고, 권위에의 존중심은 도덕규범이 명하는 바를 존중하고 의무로 받아들여 실천하는 것이다.

사회 집단에의 애착은 도덕적 정서와 의지의 교육이 필요하다. 인간에게 느끼는 애착의 감정을 기반으로 하며 선에 대한 사랑 그 실현에의 의지를 내포하고 있고 이것을 기반으로 해서 타인에 대한 애타적 감정과 동정심, 공감, 공동체 정신 등으로 나타난다.

자율성은 의지의 자율을 뜻하는데 이것이 가능하려면 도덕 행위의 의미와 이유에 대한 합리적 이해가 선행되지 않으면 안 된다. 이것은 도덕적 이성의 계발, 지성의 연마와 관련이 있다.

도덕교육을 가장 잘 시행할 수 있는 기관은 학교, 그중에서도 초등학교가 제일 적합하고 우선적이고 근본적이다. 뒤르켐은 학교가 가정과 사회를 연계하는 훌륭한 가교역할을 한다고 주장한다.

(6) 듀이: 민주적 인격인으로서 도덕적 성장

민주주의 교육이 잘 이루어지게 하려면 기존의 가치나 규범을 일방적으로 학생들에게 전달하거나 강요하기보다는 그들의 관심과 흥미를 고려하면서 그들이 직접 민주주의적 삶을 체험하며 학습할 수 있도록 적절한 기회를 제공하는 것이 중요하다. 따라서 도덕교육은 도덕적 가치 규범을 잘 따르도록 하는 것을 넘어서서 도덕적 가치 규범을 올바로 판단하고 그것을 행동으로 실천하는 것이 되어야 하고 도덕적 문제 해결과 합리적 의사결정에 필요한 기능 및 민주적 절차를 습득하는 것이 되어야 하며, 사회적 규칙의 준수와 그런 규칙을 새롭게 만들고 개선할 수 있는 지적 관점과 능력을 기르는 것을 두루 포함해야 한다.

듀이는 인격의 세 측면을 다음과 같이 나누고 있다. 1) 행동적 측면으로서의 실천의 힘, 실행의 효율성 또는 명백한 행동을 지니는 것. 2) 지적 측면으로서 올바른 판단력을 지니는 것. 3) 정의적 측면으로서 정서적 반응력, 도덕적 열정을 지니는 것이다. 따라서 인격은 행동, 인지, 정의 세 측면을 통합하는 것이고 이러한 인격이나 도덕성은 본능적 또는 습관적 도덕의 단계, 사회적 관습의 도덕 단계, 자율적 도덕의 단계 등을 거쳐 발달한다.

듀이는 학교 교육에서 중시해야 할 도덕 원리 두 가지를 제시하고 있다. 먼저 사회적 측면에서는 학생을 지적, 사회적, 도덕적, 신체적으로 유기적 전체를 이루는 존재이면서 학교 교육을 통해 사회적 가치와 사회적 관계를 깨닫고 사회적 정신을 지님으로써 바람직한 사회의 한 구성원으로 자라도록 하는 것이다. 심리학적 측면에서는 학교는 도덕적 실천과 행동, 습관을 기르기 위해 적절한 경험을 제공하는 곳이며 양질의 판단력을 기르는 곳이며 정서적 감수성과 반응력을 기를 수 있는 곳으로 보고 있다.

위의 도덕교육 활동에 교사의 역할이 중요하기 때문에 교사는 그 사회가 가지고 있는 바람직한 가치의 전달자로서 역할과 도덕적 성장을 촉진하고 돕는 사람으로서 역할을 수행한다.

(7) 의무 윤리 교육과 덕 윤리 교육의 상보적 추구: 프랑케나

현대 도덕 개념의 본질은 비(非)이기성이다. 그의 윤리학은 의무 윤리학과 덕 윤리학의 종합을 추구한다. 의무 윤리학은 도덕적 책임 판단 혹은 도덕적 의무 판단이고, 덕 윤리학은 도덕적 가치판단 혹은 덕성 판단이다. 양자는 상보적이다. 즉 성품 없는 원리는 무력하며 원리 없는 성품은 맹목적이다.

그의 윤리학적 관점이 도덕교육에 연결된다. 그의 도덕교육의 본질은 합리적이고 자율적인 도덕인을 길러내는 데 있는데, 이를 위해서는 의무 윤리학에 기반을 둔 원리, 규칙 중심의 도덕교육과 덕 윤리학에 토대를 둔 품성 중심의 도덕교육이 통합적으로 이루어져야 한다.

전자의 도덕교육을 mex라고 한다. 이것은 선악에 관한 지식을 갖게 하는 것 또는 어떻게 행위 할지를 사고하고 판단하게 하는 것을 전제하고, 선악과 우리의 행위를 안내하고 지도하여 줄 원리 또는 목적을 알게 하고 그 도덕적 명령을 이해하게 하는 일, 도덕 원리를 적용하거나 목적을 실현하는 데 필요한 지식 제공 등의 어떤 거시적인 방향감 또는 도덕의 길(global sense of directedness, moral direct or way)을 가르치는 일을 한다. 후자의 도덕교육을 met라고 한다. 이것은 자라나는 우리 학생들의 행위가 그 지식과 사고, 판단에 따라 어우러지도록 품성과 실천을 보장하는 것이다. 선악에 관한 지식에 일치하는 행위 성향과 의지, 습관 등을 형성하는 일, 일차적 덕(특정 생활 측면: 정직, 성실)과 이차적 덕(도덕 생활 전체: 양심, 통합성, 도덕적 민감성, 선의지, 도덕적 자율성)을 설정하고 따라가려는 성향을 기르는 일 등의 도덕적 이상(moral ideals)의 학습과 경험을 제공하는 일을 한다.

(8) 합리적 도덕성과 건전한 인격 형성의 도덕교육: 피터스

피터스는 도덕교육의 본질과 목적은 합리적 도덕성과 건전한 인격의 형성에 있다고 주장한다. 여기서 인격은 1) 자신의 도덕 생활을 위해 규범을 정하는 입법적 기능 2) 신념 또는 규범에 따라 도덕적 의무나 선행을 행하는 집행적 기능 3) 집행적 기능이 실패되었을 때 자기 징벌과 갈등 사태에서 입법의 원리에 따라 판결하는 심판적 기능으로 형성된다.

이러한 건전한 인격으로서의 도덕성은 세 단계를 거쳐서 발달한다. 1) 자아 중심적 단계: 도덕 규칙을 자기중심적 관점에서 보고 행동하는 특징, 2) 규칙 준수의 단계: 도덕 규칙의 타당성에 대한 관념은 없으나 규칙을 그 자체로서 바라보고 이에 순응하는 태도, 3) 자율성

의 단계: 도덕 규칙을 그 타당성과 적절성의 측면에서 반성적, 비판적으로 검토하고 받아들이고 그것에 기초하여 도덕 규칙에 대한 자신의 진실되고 진정한 신념을 형성하게 된다. 건전한 인격으로서의 바람직한 도덕성을 형성하기 위해서는 타율적, 인습적 도덕성으로부터 자율적, 합리적 도덕성으로의 발달을 도모해야 한다. 아리스토텔레스의 도덕교육적 관점을 요약하여 "아동들은 전통과 습관의 뜰을 지나 이성의 궁전으로 들어갈 수 있고 들어가야만 한다"고 주장한다.

피터스의 이러한 관점은 도덕적 습관 형성 → 도덕적 이성 계발로 진보, 도덕교육에서의 내용 학습 → 형식 학습으로 발전하는 도덕 원리를 강조하는 데까지 나아가는데 이것은 합리적인 도덕교육 접근과 방법을 통해 극복될 수 있다고 주장한다. 그는 도덕교육의 원리를 강조함으로써 도덕 규칙과 도덕 원리에 대한 학습, 합리적 열정의 함양, 인격 특성을 이루는 덕성의 계발이 중요하다고 주장한다.

1) 도덕 규칙: 기본 규칙, 상대적이고 특정한 규칙, 절차적 규칙
2) 도덕 원리: 공정, 이익의 고려, 자유, 인간 존중의 원리 등을 제시하면서 이에 대한 합리적 이해를 통한 내면화 강조
3) 합리적 열정: 정의적 요소
   - 즉 합당한 도덕 규칙과 원리에 헌신하고 그것을 진실되게 추구하는 동기를 길러 가도록 하는 것

   결국 그는 콜버그류의 인지적 도덕발달론에 기초한 원리적 도덕성의 문제와 한계를 극복하여 도덕교육에서는 인간의 구체적인 도덕적 자질과 품성의 계발, 도덕적 습관의 구축, 인격 도덕성 형성을 위한 도덕적 덕의 육성을 강조한다.

2. 도덕 심리학적 기초

1) 정신분석학적 도덕 심리학

정신분석학적 도덕 심리학은 인간을 본질적으로 통제되지 않으면 안 되는 어떤 비합리적인 충동에 따라 움직이는 존재로 규정한다. 그 사회의 지배적인 행위 규범이 바로 도덕이다. 이 행위 규범은 사회의 전통과 관습, 지배적인 가치, 생활양식, 문화 등으로부터 비롯된다. 도덕적 인간이란 태어날 때부터 사회에 이미 형성된 도덕규범을 받아들여 그것을 충실히 실천해 나가는 사람이다.

그들은 인성의 구조를 원초아(id), 자아(ego), 초자아(super ego)로 나눈다. 도덕성은 원초아의 비합리적이고 충동적인 힘을 적절히 규제하는 것에서 나타나는 내적 자제력이다. 내적 자제력의 형성을 위해서는 정당한 권위로부터 비롯되는 합리적 힘이 중요한데, 이때의 권위는 아동이 그것을 지닌 인물에 대해 갖는 신뢰와 존경에서 시작한다.

도덕교육은 초자아 형성에 유의해야 한다. 초자아=양심=죄책감은 어릴 때부터 부모나 성인으로부터 금지의 소리가 내면화되어 형성된 것으로 초자아와 이를 바탕으로 한 건전한 인격은 동일시와 내면화라는 기제를 통해 형성된다. 도덕교육은 엄격함과 자애로움의 조화 속에서 학생들을 지도하는 것이 중요하고, 인성의 무의식적 비합리적 요소를 극복할 수 있는 이성적 힘을 길러가는 것도 중요하며, 이를 위해서는 정신의 합리적 부분, 즉 자아의 건전한 발달을 도모하는 일이 필요하다. 즉 적극적으로 개척과 발전을 도모하는 내적 힘이 필요한데 이를 긍정적 자아 이상이라 할 수 있다. 이는 죄책감으로서 양심과는 달리 적극적으로 선행과 선의지를 증진하고자 하는 내부의 격려자가 된다.

2) 행동주의 도덕 심리학

행동주의 도덕 심리학은 인간을 고상한 존재가 아니라, 그저 쾌락을 추구하고 고통을 피하는 수준의 동기에 따라 움직이는 것으로 파악하고 또한 인간을 어떤 무의식적·비합리적 힘에 휘둘리는 존재로 본다. 그 힘이 내부가 아니라 외부라는 점에서 정신분석학적 심리학과 차이가 있다. 도덕이란 인간의 외부에 이미 존재하는 전통, 관습, 가치, 행위 규범 등을 가리키는 것으로 파악하고, 선과 옳음은 개인의 내부로부터 오는 것이 아니라 밖으로부터 주어지는 것에 불과하다고 주장한다. 따라서 도덕성은 사회적으로 규정된 가치 및 행위 규범을 내면화하여 충실히 실천해가는 성향으로 파악하고 있다.

도덕성의 형성과 발달의 문제는 학습과의 관련 속에서 해명이 된다. 즉 조건화에 의한 도덕 행동의 형성이 이 관점의 중추를 이룬다. 여기서 한 걸음 나아간 것이 강화 이론에 의한 도덕성 형성과 발달론이다. 여기서는 스키너류의 학습이론이 중심이다. 단순한 자극-반응의 관계를 넘어 유목적적 행동의 경우에도 행동주의 심리학의 원리가 적용될 수 있는지에 주목, 결국 도덕 행동을 포함하는 모든 행동의 학습에 있어 강화는 매우 중요한 역할을 한다.

반두라, 시어스(R. W. Sears) 등의 학자들은 인간 행동의 변화와 학습은 강화나 벌에 의하지 않고 모범행동을 관찰하고 모방함으로써도 이루어질 수 있다고 주장한다. 이들은 외적 자극과 반응 사이에 인간의 능동적 인지적 특성과 여타 개인의 요인들, 환경적 변수들이 작용한다고 주장한다. 이 이론의 대표적 입장인 사회 학습 이론은 전체적으로는 행동주의 심리학에 속하나 관찰, 모방 그리고 인간의 인지적 특성에 의한 학습을 강조하는 이론으로 이 이론에 따르면 도덕적 행동의 학습, 도덕성의 형성과 발달은 관찰, 모방, 동일시에 의해서도 이루어진다.

따라서 행동주의 심리학의 도덕 교육적 원리는 다음과 같다.

1) 부모와 학교의 책임 있는 역할을 강조한다. 부모와 학교는 그 사회에서 강조하는 가치와 도덕규범을 학생들에게 가르치는 기본적 책임이 있다는 것을 자각하고 이를 성실히 이행해야 한다.
2) 제대로 된 도덕교육을 하기 위해서는 도덕적 행동을 학습할 수 있는 환경부터 잘 조성해야 한다. 인간의 본성은 백지와 같다.
3) 도덕교육을 함에 있어서 목표를 분명히 하고 그것에 도달하기까지 습득해야 할 행동들을 세분화하여 단계적으로 강화시키면서 학습하도록 이끄는 일의 중요성을 일깨워준다.
4) 직접적인 실천 행동과 체험에 의한 도덕 학습을 강조한다. 경험은 반복적이고 누적적일 필요가 있다. 반복과 체험은 습관화를 가져올 뿐 아니라 동시에 인지적 변화에도 영향을 미친다. 모든 학습된 행동은 강화 경험의 소산이다. 직접적인 모델을 사용하는 것은 매우 중요하다.

3. 인지 발달적 도덕 심리학

1) 피아제

① 도덕성 발달이론은 도덕 발달을 지적 발달과 연관 지어 탐구한다. 도덕성은 도덕적 판단 능력이다.

② 도덕은 규칙의 체계로 구성되어 있고 도덕성은 인간의 정신이 이 규칙들을 어떻게 존중하게 되는지를 설명함으로써 이해될 수 있다는 것을 전제하고, 아동들의 도덕 발달 양상은 규칙에 의한 아동들의 의식 또는 태도를 분석함으로써 밝혀낸다.

③ 아동들의 규칙에 관한 생각 및 태도들을 바탕으로 아동의 도덕성은 타율적 도덕성에서 자율적 도덕성으로 발전한다.

④ 타율적 도덕성

- 자기중심적 도덕 단계: 가역적 인식능력이 제한된다. 자신의 입장과 타인의 입장을 구분하지 못한다. 가치 세계의 도덕법칙과 사실 세계의 자연법칙을 혼동한다. 도덕법칙이 외부의 사실처럼 실재한다고 보는 등 도덕적 사실주의 경향이 있다.
- 권위주의적 도덕 단계: 권위에 의존하여 도덕 판단을 함으로써 모든 규칙과 규제를 자신의 외부에서 부과되는 것으로 인식하며 그러한 규칙과 규제를 부여하는 어떤 절대적인 권위적 힘이 존재한다. 따라서 권위에 대한 일방적인 존중이 두드러진다.

⑤ 자율적 도덕성

- 상호성의 도덕 단계: 인간 사이의 협력과 조화로운 삶을 영위하기 위한 방향으로 아동들의 도덕 판단이 이루어진다. 도덕 규칙

은 사회에서 만들어지고 그것이 존중되어야 하는 이유는 사회의 안전과 조화로운 삶을 위해서다. 도덕 규칙을 모든 사람을 동등하게 대우하려는 상호성의 표현으로 본다.

- 공정의 도덕 단계: 이타성과 사회애를 중심으로 인간 사이의 진정한 평등의 추구라는 관점에서 도덕 판단이 이루어진다. 상호성의 단계에서 평등은 정의나 공정을 기반으로 하는 법적 관계의 성격이 강하지만, 공정의 단계에서의 평등은 공감적 연민을 바탕으로 도덕적 관계로서 나타나는 면이 강하다. 평등을 획일적으로 추구하기보다는 개인이 처한 특수한 상황을 고려하면서 파악하며, 도덕 판단의 태도는 도덕적 자율성과 함께 도덕적 창의성으로 연결된다.

2) 콜버그

도덕 및 도덕성의 본질은 무엇이며, 도덕적 인간의 형성은 어떻게 이루어지는지에 대한 문제는 ① 도덕 철학과 ② 도덕 심리학, 그리고 ③ 도덕 교육론의 세 가지 토대 위에서 답변하고 있다.

(1) 도덕 철학적 입장

- 덕은 선에 관한 지식이다. 덕을 가르칠 수 있다. 가르침은 덕을 인간 내부에 있는 그리고 인간 정신의 활동 속에 있는 그 무엇으로부터 찾고자 하는 것이다.
- 도덕은 외부로부터 주어지는 것이 아니라 선에 대한 영혼의 지각으로부터 비롯되고, 그러한 영혼의 지각 능력은 본래 인간 내부

에 있었던 것으로서 부단한 수련을 통해 개발되는 것이다. 이성주의적이며 합리주의적 전통과 맥을 같이한다.

(2) 도덕 심리학 측면

도덕성 발달 단계는 3수준 6단계로 구성되고 도덕성 발달 단계의 일반적 특징은 다음과 같다.

첫째, 단계는 아동이 도덕적 문제를 생각하고 추론하고 해결하는 나름의 사고 양식 또는 방식으로서 선명하게 구분하는 질적 차이를 가지고 있다.

둘째, 사고 양식의 차이는 개인의 발달에서 불변적 계열, 순서, 연속성을 형성하고 있다.

셋째, 다르고 계열적인 사고 양식은 각각 구조적 전체를 이루고 있다.

넷째, 인지적 단계는 위계적 통합체이다.

다섯째, 단계의 개념은 다양한 문화적 조건에서도 계열의 보편성을 지닌다.

(3) 도덕 교육론 측면

도덕은 도덕 판단에 기초하고 있다. 어떤 규범이 도덕적 준칙이 되기 위해서는 인간 내면의 반성적 검토를 거쳐 합리적으로 수용되어야 하기 때문에 사실 판단이라기보다는 가치판단이어야 하고 동시에 당위성과 권리, 의무 등과 관련이 있는 규범적 판단이라는 특징을 가지고 있다. 이러한 도덕 판단 능력을 도덕성으로 간주한다.

따라서 도덕 판단 단계를 자극하고 촉진하는 접근은 매우 중요하기 때문에 이를 위해 학생들에게 실질적 혹은 가설적 도덕 문제를 제시하고 무엇이 옳은지를 숙고하고 논의하며 판단하고 결정해 보도록 하는 방법을 강조한다. 이런 관점에서 교사의 기본 역할은 아동들에게 도덕 문제를 제시하고 도덕적 추론을 유도하며, 서로의 도덕적 논의에 귀를 기울이며 토론하도록 도와주는 일이다. 즉 소크라테스적 대화와 진리 탐구 방법이 강조된다. 아동들은 서로 다른 도덕적 사고 단계 사이의 노출, 접촉, 교류를 통해 자극받고 더 높은 단계로의 발전을 도모할 수 있는 계기를 가지게 된다. 교화가 아니라 아동들이 자연스럽고 자율적으로 도덕적 사고와 논의에 참여하도록 할 것을 강조한다.

4. 배려와 책임의 도덕 심리학

1) 길리건

- 여성적 관점의 접근에 기반을 둔 도덕 발달론 제시
- 기존의 심리학 이론 구성에서 누락 되었던 여성들의 삶과 경험에 관한 연구를 통해 양성의 도덕적 삶에 보다 포괄적인 심리학 이론 제시
- 하인즈의 도덕적 딜레마에 대해서, 제이크(11세)는 그 문제를 일종의 수학적 문제와 같은 것으로 보고 논리의 힘에 준거하여 이성에 따른 합리적 해결 방안 도출 (도덕의 세계는 논리와 법의 체계, 비 인격성의 세계로 구성되며, 갈등은 정의의 원리에 의한 논리적 추론에 따라 해결된다)

에이미(11세)는 도둑질이 하인즈와 그의 아내의 관계에 미칠 영향을 고려, 약사라는 인간 사이 관계의 맥락에서 파악되어야 함을 주장 (도덕의 세계는 상호 관계, 의사소통 그리고 구체적이고 개별적인 인격성의 세계로 구성되며, 도덕적 갈등은 상호 관계의 단절로부터 시작하기 때문에 타인에 대한 온정적 배려와 그의 복지에 대한 책임, 의사소통으로 해결된다)

- 도덕적 갈등에 대한 남성과 여성의 차이
  - 남성: 정의와 권력의 언어, 위계화된 기준과 논리적 연역, 대안들의 서열화, 분리적 · 독립적 개인의 숙고에 바탕
  - 여성: 따뜻한 배려와 책임의 언어, 온정과 의사소통, 상호연계성의 인간관계에 기초
- 도덕적 문제를 해결하기 위해서는 **여성**은 형식적이고 추상적이라기보다는 맥락적(contextual)이고 대화적(narrative)인 사고 양식이 필요하고, 여성의 도덕성 발달에서는 책임과 인간관계에 대한 이해를 중심으로 하는 **배려**가 핵심이다(**배려와 책임의 도덕**). 반면에 남성은 도덕성 발달에 있어서는 권리와 규칙에 대한 이해를 중심으로 하는 **공정성의 관계**가 핵심이다(**정의와 권리**).

2) 나딩스

- 길리건이 제기한 배려 윤리를 도덕 철학, 도덕교육에 중점을 두어 탐구하고 발전시킴.
- 자신의 배려 윤리가 여성주의적 관점에서 비롯된 실천 윤리라고 규정함.

- 기존의 윤리학은 아버지의 언어 속에 원리와 법칙, 전제와 논리적 정당화, 공정성과 정의 등과 관련해서 관심이 있다. 이것은 결국 싸움과 죽음, 폭력, 만행 그리고 모든 종류의 정신적 고통을 수반하며, 결국 파멸에 이른다.
- 대안으로 배려의 윤리를 제시한다. 어머니의 윤리는 여성성, 즉 수용성, 관계성, 반응성에 바탕을 두는 것으로 원리와 도덕적 추론이 아닌 도덕적 태도 또는 선에 대한 열망으로부터 시작된다.
- **배려**는 관계적인 것으로서 배려하는 사람과 배려받는 사람 사이의 **연결 또는 만남**으로 정의된다. 여기서 관계는 '서로를 정서적으로 인식하는 개인들의 연결' 또는 '관계를 맺고 있는 사람들이 서로에 대해 무엇을 느끼는 일련의 만남'이다.
- 관계는 존재론적 기초이며 배려 관계는 윤리적 기초이다.
- 배려 관계의 전형: 모자간의 배려 관계, 이런 관계가 현실이 될 때 기쁨이 중요한 자리 차지.
- 도덕교육은 배려라는 주제 중심으로 재편성되어야 한다.
- 도덕교육의 구체적인 방법으로 모델링, 대화, 실천, 인정, 격려 등을 강조.

제 5 장 도덕교육의 이론적 배경

Ⅰ. 가치명료화와 도덕교육

1. 가치명료화란 무엇인가?

개인은 선택의 기회가 최대한 보장되어 있고, 이 선택의 행위는 개인의 가치를 반영하고 역으로 가치의 결정을 도와준다. 가치명료화의 작업은 각 개인의 가치 선택을 도와주려고 노력한다. 그러나 현재 아동들이 가지고 있는 많은 문제점은 정서의 탓이라기보다는 가치의 불안에서 온다고 할 수 있다. 이런 문제점에 대해서 래쓰(Raths), 하민(Harmin), 시몬(Simon) 등이 가치명료화라는 가치교육모형을 개발했다. 그들은 이 모델이 사람들이 가치의 혼란에 빠지는 것을 줄여주는 것과 동시에 가치화 과정(valuing process)을 통하여 지속적인 가치를 갖도록 해준다고 주장한다. 이 과정은 어떤 견해의 주입을 피하고 가치 결정에서 이성의 사용을 증진하려고 노력한다. 이는 선택(choosing), 존중(prizing), 행동화(behavioring)의 과정을 통하여 지성적인 가치 선택을 할 수 있도록 꾸며져 있다. 다시 말하면, 하나의 가치가 개인에게 내면화되는 과정, 즉 선택, 존중, 행동 패턴이 되기까지의 과정을 말한다.

래쓰 등은 주변 환경과의 혼란스러운 관계를 가지고 살아가는 사람들의 여러 가지 행동 유형을 살펴보면 다음과 같다고 주장한다.

① 그들은 주위에 냉담하고 무관심하게 살아간다.

② 그들은 변덕스럽다. 많은 일에 관심을 가지지만 한순간일 뿐이다.

③ 그들은 매우 불확실하다. 세상살이에서 부딪히는 많은 선택에 마음을 정하지 못한다.

④ 그들은 지극히 일관성이 없다.

⑤ 그들은 표류하는 사람들이다. 이리저리 떠돌며 계획도 없고 열정도 없는 행동 특징을 가지고 있다.

⑥ 그들 대부분은 추종자들이다. 자신의 삶에서 무엇을 하기를 원하는가에 대해 분명한 생각을 가지지 못하기 때문에 추종적인 삶을 살 수밖에 없다.

⑦ 그들은 반대만 하는 사람이다. 가끔 하는 이유 있는 반대가 아니라 끊임없이 잔소리하며 꾸며진 모습으로 삶을 살아간다.

⑧ 그들은 허식가이다. 자아의 모습 그대로 살아가지 않고 꾸며진 모습으로 가장하여 살아간다.

이상과 같은 행동 유형 등을 가진 집단은 가치명료화 집단이 개발한 가치이론에 역행한다고 할 수 있다. 그래서 가치명료화의 모형은 가치혼돈의 행동적인 징후들을 줄이고자 하는 교육적 해결 방법, 즉 교수(教授)될 수 있는 가치화 과정(valuing process)을 제공하고자 시도하는 것이라 할 수 있다.

그들에 있어서 가치란 고정된 것이거나 불변의 진리라는 것이 아니라 개인적, 사회적 경험 안에 뿌리박은 안내자다. 가치는 복잡한 판단이 개재되게 마련이고, 정말로 가치가 된 것은 최종적으로 살아남는 것으로서의 삶의 결과를 반영한 것이다. 이들은 가치개념을 정의하고 가치 탐구과정을 설명하기 위해서 다음과 같은 일곱 가지 준거를 제시하고 있다.

① 가치는 자유롭게 선택되는 것이다.

② 가치는 대안들 가운데서 선택되는 것이다.

③ 가치는 각자의 대안의 결과에 대해 사려 깊은 고려가 있은 후 선택되는 것이다. 충동적이거나 사려 없는 선택은 가치가 되지 못한다.

④ 가치는 자랑스럽고 소중한 것이다. 우리는 그것을 자랑스럽게, 소중하게, 사랑스럽게 여긴다.

⑤ 가치는 공개할 수 있는 것이다.

⑥ 가치는 선택한 것을 행동에 옮기는 것이다. 가치가 존재할 수 있으려면 삶 자체에 영향을 미쳐야 하고 실제 삶의 방향을 제시해야 한다.

⑦ 가치는 반복해서 행동으로 옮기는 것이다. 지속성을 가지는 것이다.

이상의 일곱 가지 가치 준거에 따라 도덕과 교수·학습 방법에 적용하면 다음과 같은 가치명료화 모형으로 정리될 수 있다.

자신의 의지와 소망에 따라 자유롭게, 여러 대안의 결과를 사려 깊게 생각한 후에 선택하기	→	자신이 선택한 가치를 소중히 하고 다른 사람 앞에서도 기꺼이 공언하기	→	선택한 가치를 행동으로 옮기고 생활 속에서 반복하여 행동하기

이상의 준거들은 가치 탐구의 과정에서 요구되는 일련의 절차와 방법이다. 어떤 것이 가치가 있으려면 이 준거를 모두 만족시켜야 한다. 만약에 일곱 가지 준거 중 어느 하나라도 만족시키지 못한다면 그것은 가치가 될 수 없다.

가치명료화의 모형은 학급 내의 대화에서 비롯된다. 이 접근법은 어떤 특정 가치의 주입에 목적이 있는 것이 아니라, 학생들이 자신 삶 안에서 일곱 과정을 활용하게 하고 현재의 신념과 행위에 이 가치화 과정들을 적용할 수 있도록 도와주는 것에 목표를 두고 있다. 이 과정을 수행하기 위해서 교사는 일곱 과정의 각각에서 특수화된 기준에 따라 자신들의 가치를 명료화하는 데 도움이 될 수 있도록 특별히 계획된 기술이나 연습을 활용하게 되는데, 가치 지시물(Values indicators)의 인지에 의해 교사나 학생은 도움을 받게 된다. 이는 목표 또는 목적들, 열망, 태도, 이해, 감정, 신념과 확신, 행위, 걱정 등이다.

가치교육을 할 때 교사들이 유념해야 할 것을 래쓰 등은 다음과 같이 말하고 있다. 교사는 학생들에게 가치가 무엇이어야 한다고 말해서는 안 된다. 이들은 아이들이 가지고 있는 가치가 무엇인가를 알아보는 일에는 별로 관심을 기울이지 않는다. 가치의 개발을 개인적이고 생애에 걸치는 과정으로 보기 때문이다. 따라서 교사가 아동들에게 가치를 개발할 수 있도록 도와주기 위해서는 어떻게 할 수 있는가를 다음과 같이 말한다(앞의 7가지 유형 참고).

한편 이들은 전통적으로 아동들의 가치교육에서 옹호되었던 접근 방법을 다음과 같이 제시하고 있다. 1. 모범사례를 보인다. 2. 설득하고 납득시킨다. 3. 선택을 제한한다. 4. 감동, 감화를 일으킨다. 5. 규칙 및 규정을 정한다. 6. 예술 및 문학작품을 사용한다. 7. 문화적 또는 종교적 교의를 제시한다. 8. 양심에 호소한다. 래쓰 등은 이와 같은 방법들이 아동들의 행동을 통제해왔고 신념과 태도까지도 형성해 왔음을 부인하지는 않지만, 8가지의 방법에는 옳은 가치가 이미 정해져 있고, 선전, 설득, 강요가 작용하기 때문에 이들이 제시하는 가치를 제대로 이끌 수 없다고 주장한다. 즉 주입식 접근이라고 생각한다.

2. 가치명료화의 기본적 순서

① 삶의 문제에 관심의 초점을 둔다. 교사는 잠재적 가치인 태도, 감정, 신념, 열망, 관심, 걱정 중의 어떤 것에 학생들의 관심을 일으킨다.

② 교사는 학생들을 수용하고 있음을 보여준다. 교사는 학생들이 가치를 표현할 때, 그가 그것에 대해 동의하지 않을지라도, 그들의 가치 표현을 수용하는 모습을 보여주어야 한다.

③ 선택, 소중함, 행동에 대해 더 생각해 보도록 권유한다. 일곱 가지 가치 형성과정의 준거 중에 어느 한 가지 준거에 의한 대화가 비록 어느 정도의 성과를 거두었다 하더라도, 그에 대한 추수(追隨) 대화는 학생들이 한 말이나 행동에 대해 더 생각해 보도록 자극하고 권유하는 영향을 미칠 수 있다.

가치명료화는 교사가 학생들에게 그의 개인적 가치를 강요하지 말아야 한다는 점을 분명하게 보여준다. 교사가 해야 하는 일은, 학생들이 가치를 선택하려 할 때 그들이 가치를 발견할 수 있도록 여건을 마련해 도와주는 것이다.

3. 가치명료화의 실제: 대화 중심의 명료화 반응법

1) 효과적인 명료화 반응의 준거

① 아동, 학생들이 보여주는 언행에 대해 도덕화, 비판, 가치 부여, 평가하지 않는다.

② 아동, 학생들에게 그들의 행동이나 아이디어를 검토하고, 그들이 원하는 것을 스스로 생각하고 결정하는 책임을 지도록 한다.

③ 그러나 명료화 반응은 아동, 학생들이 받아들이지 않는 것도 허용한다. 허용적이고 자극적이지 강요적인 것은 아니기 때문이다. 따라서 아동, 학생들은 명료화 질문을 받을 때, 그들이 원하지 않으면 대답하지 않아도 된다.

④ 짧은 반응으로 이루어지는 명료화 반응은 긴 문제 또는 큰 문제를 다루지 않는다. 명료화 반응은 한 사람의 언행과 그것에 관련된 생각을 보다 자극하는 데 관심을 가진다.

⑤ 명료화 반응은 면담을 위해 사용하지 않는다. 자료를 얻기 위한 것이 아니다.

⑥ 명료화 반응은 긴 토의를 원하지 않는다. 아동, 학생들에게 사고하도록 하는 것이지 그들의 언행을 정당화하도록 하는 것이

목적이 아니다.

⑦ 명료화 반응은 주로 개인을 위한 것이다. 이것이 수업 중에 이루어질 경우, 다른 학생들이 경청하기도 하고 전체 학생이 관심을 가질 수도 있으나 명료화 반응은 어디까지나 개인에게 초점을 두고 이루어진다.

⑧ 교사가 교실에서 일어나는 아동, 학생들의 모든 언행에 대해 명료화 반응을 보여야 하는 것은 아니다.

⑨ 명료화 반응은 이른바 '옳은' 대답이 있을 수 있는 상태에서 작용한다. 명료화를 통해 미리 정해진 대답을 학생들로부터 끌어내려는 것은 적절치 않다.

⑩ 명료화 반응은 하나의 공식에 따라야 하는 기계적인 것이 아니다. 융통성 있게 사용할 수 있다. 아동, 학생들의 사고와 행동을 명료화하는 데 도움을 줄 수 있으면 족하다.

명료화 반응의 특징은 오가는 대화의 간결성이다. 도덕화 없이 이루어지는 몇 마디의 짧은 대화로도 아동, 학생들은 자극되어 나중에 그 문제에 대해 더 생각해 보는 기회를 가진다는 것이 가치명료화의 주장이다.

Ⅱ. 인지 발달 이론과 도덕교육

인지 발달 이론은 피아제에 의해 체계적으로 시작되었으며 콜버그에 의해 절정에 이르게 되었다. 인지 발달 이론은 도덕 발달에 관한 가장 체계적이고 포괄적인 연구 결과들을 제공해 주었다. 피아제의 '발생적 인식론'에 따르면, 모든 도덕은 규칙들의 체계로 이루어져 있으며 발생적 심리학의 과제는 아동들이 그러한 규칙을 어떻게 해서 알게 되고 또 그것들을 어떻게 해서 존중하게 되는지를 소상하게 밝히는 것이라고 한다. 피아제의 인지 구조적 접근은 사회 도덕적 지식이 권위와 복종으로부터 발달하여, 자율성과 협동 그리고 평등의 방향으로 어떻게 이행되는지를 보여주려고 시도하고 있다. 이 과정에서 피아제는 두 가지의 주요한 발달 단계를 설정하고 있다. 타율적 도덕성(도덕적 실재론) 단계는 아주 어린 아동은 권위 있는 인물에 대한 일방적인 존중에 근거하여 도덕적 판단을 내린다. 이 단계는 주로 강제의 도덕성, 절대적인 사고 유형, 공정과 정의에 대한 내재적 개념들을 반영하고 있다. 그리고 자율적 도덕성(공평과 협동의 도덕성)의 단계는, 아동 중기로부터 청소년기에 있는 젊은이들은 자율성과 상호성에 대하여 보다 주관적인 감각을 발달시키게 되는데 이 단계에서는 사회적 경험(주로 동료 간의 상호작용)이 협동적이고 박애적인 성숙을 더욱 증가시켜 주는 주요한 도구가 된다.

콜버그는 피아제의 경우처럼 단순한 덕과 악덕, 그리고 협동과 공평과 같은 개념들보다는 정의의 원리에 많은 관심을 두고 있었다. 그의 연구 결과는 고정된 도덕적 규칙을 가르치는 것보다는 도덕 발달을 조장하기 위하여 계획된 도덕교육의 철학을 생성하고 있다고 한다. 그는 도덕성 및 도덕 발달에 대한 철학적 개념이 요구된다는 점과, 도덕 발달은 불변의 질적 단계들을 거친다는 점, 도덕 발달은 사고와 문제 해결을 촉진하는 것으로써 조장된다는 점을 믿고 있다.

콜버그의 연구는 세 개의 도덕적 수준에 할당된 여섯 가지 발달 단계들을 만들어 냈다. 그 단계들은 다음의 표와 같다.

Ⅰ. 인습 이전 수준	1단계	"처벌과 복종, 그리고 신체적 · 물질적 권력 지향" 처벌을 피하기 위하여 규칙들을 준수한다.
	2단계	"순진한 도구적 · 쾌락주의적 지향" 아동은 상을 얻기 위하여 규칙에 순응한다.
Ⅱ. 인습 수준	3단계	자신이 속해 있는 집단의 승인을 얻고 집단의 기대를 유지하려는 "착한 소년 지향" 아동은 비난이나 불승인을 피하기 위하여 순응한다. 아동은 착한 행동을 함으로써 승인을 얻는다.
	4단계	사회적이든 종교적이든 고정된 질서를 유지하기 위한 "권위와 법 그리고 의무에 대한 지향" 올바른 행동은 자신의 의무를 다하고 사회의 질서를 준수하는 것이다.
Ⅲ. 인습 이후 수준	5단계	의무들이 계약과 타인의 권리 존중이라는 관점에서 정의되는 "사회 계약 지향" 강조점은 민주적 질서 속에서 평등과 상호 의무에 주어져 있다. 거기에는 개인적 가치의 상대성 및 합의에 이르는 데 있어서 절차적인 규칙의 사용에 대한 인식이 들어 있다.
	6단계	"논리적 포괄성과 보편성을 지니는 개인적인 양심 원리의 도덕성" 행동의 올바름은 포괄성, 보편성, 일관성에 호소하는 윤리적 원리들에 일치하는 양심에 의하여 결정된다. 이러한 원리들은 십계명처럼 구체적인 것이 아니라 황금률이나 정언 명령처럼 일반적이고 추상적이다.

이러한 단계발달이론은 몇 가지 독특한 특징을 가지고 있다. 첫째, '단계'의 개념은 연대기적인 혹은 정신 연령의 개념을 대신하지만 연령은 어디까지나 단지 개략적인 안내일 뿐이다. 즉 아동들은 모두 똑같은 비율로 발달하지 않는다. 둘째, 단계들의 계열은 불변적인 것으로서 입증되어오고 있다. 즉 단계를 빠뜨리거나 혹은 다른 순서로

통과하는 것은 불가능하다. 셋째, 한 단계에서 다음 단계로의 진행은 단순히 이전 단계에 덧붙임을 하는 것이 아니라 재조직화 혹은 재구성화를 의미한다. 즉 아동이 도덕적 문제들을 다른 그리고 보다 복잡한 관점으로부터 바라보고 도덕 판단을 내릴 수 있도록 한다. 넷째, 각 발달 단계는 그 이전 단계보다 도덕적으로 더 바람직하고 또한 더 복잡한 인지적 이해가 가능하다는 것이다. 즉 콜버그는 인지적 갈등이란 수단을 통해 개인들이 현재의 단계에서 다음 단계로 어떻게 발달하는가를 설명하는데 이러한 접근은 그의 추종자들에 의해 '플러스 1단계(+1)'와 '단계혼합'이라는 두 가지 원리로 발전되었다. 먼저, 플러스 1단계(+1) 원리에서는, 아동들의 집단에 그들의 도덕적 판단 단계보다 더 높은 도덕적 논증들을 제시해봄으로써 그 가능성을 확인해 보았는데 그 결과 아동들은 자신들의 단계보다 2단계 높은 논증들로부터는 도덕적 추론에 대한 아무런 자극을 받지 못하며 또한 한 단계 낮은 아래의 논증을 제시하는 것도 마찬가지로 효과가 없었다. 다음으로, 단계혼합원리에서는, 도덕적 단계들은 일차적으로 결과보다는 사고의 과정에 관심이 있으며, 또한 단계들은 양적인 차이보다는 질적인 차이를 나타낸다. 단계들의 차이가 질적이기 때문에 한 단계와 다음 단계 사이의 갑작스러운 절단 지점을 가정하는 것은 매우 어렵다. 즉 한 단계로부터 다음 단계로의 움직임은 단지 우리가 기본적인 단계혼합을 인정할 때만 가능하다는 것이다.

콜버그는 학교가 '덕 보따리(bag of virtues)', 즉 문화적으로 상대적인 특정한 가치 군과 인격 특성을 가르쳐 왔다고 주장한다. 콜버그는 이러한 '덕 보따리 접근'에 반대하여, 그의 실험을 통해 대부분 학생은 어떤 상황에서는 정직하게 행동했고, 다른 상황에서는 정직하게 행동하지 않았다는 결과를 통해 행위는 특정한 경우에 달려있다는 아주 특수적인 결론을 끌어냈다. 정직한 아이 혹은 정직하지 못한 아이는 있을 수 없으며, 오직 정직한 행동 혹은 정직하지 못한 행동만이 있을 뿐이고, 따라서 통합된 인격 특성 혹은 도덕적 행위에서의 일반성에 관한 증거 등은 거의 발견하지 못했다고 한다. 다시 말하면, 콜버그는 덕의 목록들을 설정하는 데 있어서 자의성이 존재한다는 것과 또한 덕이라는 단어가 문화적 기준에 따라서 상대적이며, 심리학적으로 모호하고 윤리적으로 상대적이라는 입장에서 '덕 보따리 접근'을 반대하고 있다.

자유주의적 전통에 근거를 두고 있는 콜버그의 도덕교육 이론은 도덕 생활에 있어서 도덕적 추론 및 자율적 의사결정의 중요성을 강조했다는 점과, 도덕적 성숙을 위한 뼈틀로서의 민주적 경험을 강조했다는 점, 도덕교육의 대상인 학생들을 '어린 도덕 철학자(little moral philosophers)'로 간주했던 것에서 볼 수 있듯이 인간 본성에 대하여 긍정적인 관점을 견지했다는 점에서 이론적인 장점을 가지고 있다. 특히 도덕교육은 도덕적으로 자율적인 인간을 육성해 내는 것이라는 콜버그의 교육적 신념과 평생을 '정의'라는 한 가지 관념에 집중했었던 그의 삶 자체는 자유주의에 대한 그의 확신을 잘 나타내 주고 있다. 그렇다면 이러한 자유주의적 전통을 따르고 있는 콜버그의 도덕교육 이론이 가지는 문제점과 한계는 무엇인가(추병완, 1999, 138-142)?

첫째, 콜버그는 도덕적 영역을 지나치게 협소하게 정의하고 있다. 그에 있어서 도덕적 영역은 주로 상이한 개인들의 주장, 권리, 이해관계에서의 갈등들을 공평하고도 합리적으로 해결하는 방식과 절차에 국한되었기 때문에 도덕성을 지나치게 개인적인 차원의 문제로 환원시키는 오류를 범하고 동시에 일상적인 사회적 상호작용들이 지니고 있는 도덕적 차원을 간과하고 있다. 즉 배려, 애정, 감정이입, 동정심 등의 도덕적 정서의 중요성을 간과하는 오류를 범하고 있다.

둘째, 콜버그는 인습을 도덕 발달에 있어서 낮은 수준에서의 추론의 특징으로 간주하고 도덕교육을 통하여 극복되어야 할 대상으로 보았다. 그러나 오늘날 많은 연구 결과에 의하면, 도덕적 이해와 인습은 구별되어야 한다는 의견이 지배적이다. 인습 개념은 사회 체계를 이루고 있는 주요한 구성요소이고 사회적 인습의 기능과 목적들에 대한 아동들의 이해는 그 자체가 교육될 값어치가 있는 것임에도 불구하고 콜버그는 이러한 사실을 무시했다. 도덕교육은 인습에 대한 사회적 인지(social cognition)와 도덕적 추론 양자 모두의 문제를 중시해야 하는 것임에도 불구하고 그는 이러한 사회적 인지의 중요성을 폄훼했다.

셋째, 콜버그는 인격 특성이나 덕에 대한 정당한 관심을 기울이지 못했다. 그는 도덕교육에 있어서 덕을 가르치려는 시도에 대하여 명백하게 반대하고 있다. 그는 특정한 덕목을 가르치려는 시도를 '덕 보따리'라고 비하하면서, 도덕교육은 본래 도덕철학자인 아동들이 자율적인 도덕 행위자가 될 수 있도록 도덕적 추론의 발달에 관심을 두어야 한다고 주장한다. 그러나 인격 특성 혹은 덕에 대한 콜버그의 무관심은 도덕교육에 있어서 '내용'의 차원을 무시하는 것뿐만 아니라, 도덕적 사고와 행동 사이에 매개해 있는 수많은 변수를 무시하는 결과를 초래하였다는 비판을 받고 있다. 즉 콜버그의 도덕성에 대한 모델은 일상생활 속에서 도덕적 결정을 내리고 행동하는 방식에 대한 타당한 설명을 제공해 주지 못하고 있다고 평가할 수 있다.

넷째, 콜버그는 자아의 본질에 대한 비현실적인 견해를 가지고 있는데, 그에 있어서 도덕적 행위자는 어떤 전통이나 역사 혹은 상황에 연루되어있는 구체적이고 특수한 자아로부터 분리되어 '도덕적 입장'이라 불리는 전적으로 초연하고 공평무사한 입장에 서서 판단하는 사람이다.

마지막으로, 서구의 도덕교육은 지난 30여 년간 자유주의적 도덕교육 이론, 즉 콜버그에 의해 주도된 인지 발달이론이라는 단일 이론에만 배타적으로 의존해 왔다고 해도 과언이 아니다. 자유주의적 도덕교육 이론은 자율적, 합리성 등과 같은 인간의 존엄성 측면에만 지나치게 집착한 나머지 그 반대의 축이라 할 수 있는 인간 존재의 공동체적 속성과 공동체의 중요성을 간과하는 잘못을 범했다.

이상의 문제 및 한계와 관련해서 자유주의적 도덕교육 이론은 모든 합리적 행위자가 선택하는 이유와 원리들에 호소함으로써 도덕적 판단을 내리는 자기 유지적이고 자율적인 도덕적 행위자를 이상으로 삼고 있다. 그러다 보니 도덕 생활의 이상으로서의 공동체에 대한 충분한 이해를 제공해 주지 못하고 있다. 자유주의적 도덕교육 이론은 공동체를 순수하게 도구적 관점에서 파악하기 때문에, 공동의 다짐과 가치에 의해 형성되고, 또 그 속에 근거해 있는 공동체적 자아를 인식하는 데 실패할 수밖에 없다. 이런 단점들은 공동체주의적 도덕교육 이론에 의해 보완되어야만 한다.

공동체주의적 도덕교육 이론은 인간은 담론과 상호작용을 통해 그리고 사회적 관례들과 내러티브에 의해 전수된 문화적 목록, 이야기,

대본을 통하여 의미를 창조해 가는 사회적 존재라는 점을 이론적 가정으로 삼고 있다. 따라서 도덕교육의 목표는 공동체적 삶을 조장해 주는 것이 되고, 여기서 공동체적 삶이란 이기심이나 협소한 도구주의를 초월할 수 있는 훌륭한 인격을 지니는 것을 의미한다. 결국 오늘날 공동체주의 관점에서 도덕교육에 접근하고자 하는 학자들은 '인격'과 '공동체'라는 두 가지 개념에 주목하고 있다. 도덕교육의 목표는 훌륭한 인격을 지닌 사람을 육성하는 데 주목하게 되고 그래서 공동체주의자들은 아리스토텔레스의 도덕교육 이론을 원용하고 있다. '인격'이라는 용어는 한 개인에게 있어서 실천적인 선택과 행동에 관련된 일군의 상대적으로 안정된 도덕적 특성을 말한다. 아리스토텔레스는 인간의 탁월성(덕)을 인격(성품)의 탁월성과 지성의 탁월성으로 양분하고 지성의 탁월성은 교육에 의해 그리고 인격의 탁월성은 습관에 의해 개발되어야 한다고 역설하고 있다. 이 두 가지는 분리되는 것이 아니라 밀접하게 연관되어 있다. 실천적 지혜라는 지성적 탁월성은 완전한 인격의 탁월성에 있어서 필수적이며, 훌륭한 인격이 없이는 실천적 지혜를 지닐 수 없기 때문이다.[1)]

이러한 아리스토텔레스의 인격론에 고무된 공동체주의자들은 도덕

1) 아리스토텔레스는 인격의 탁월성 의미를 다음과 같이 보다 상세하게 설명하고 있다. 첫째, 인격의 탁월성은 안정적으로 확립된 상태이다. 둘째, 인격의 탁월성은 선택과 관련되어 있다. 인격은 행동을 목표로 하는 것이다. 인격은 행동 속에서 본연의 모습을 드러내고 행동과 단절된 인격 특성은 불충분하다. 셋째, 인격의 탁월성은 중용 속에서 가능한 것으로 모든 좋은 인격 특성은 '과도'와 '결핍'이라는 양극단을 피하는 가운데 중용을 취하는 데 있다. 넷째, 인격의 탁월성은 상대적인 것과 관련이 있다. 훌륭한 인격을 지닌 사람의 선택은 그 사람 자신의 역사, 특성, 구체적인 상황 등을 충분하게 고려하여 이루어지는 것이다. 다섯째, 인격의 탁월성은 이성적 추론을 수반하고 있다. 훌륭한 인격은 단순히 생각 없는 행동의 조건화나 반응이 아니다.

교육의 목표로서 훌륭한 인격의 함양을 제시함과 동시에 도덕교육의 내용은 바로 그러한 인격 특성들이 되어야 한다고 주장한다. 즉 덕 혹은 인격 특성들이 도덕교육의 중심적인 내용이 되어야 한다는 의미이다. 이들은 특히 전통적인 덕과 민주 사회에서의 덕을 가르치는 일이야말로 도덕교육의 핵심적인 내용이 되어야 한다고 믿고 있다. 그리고 이들은 '공동체'를 단순한 수단이 아닌 목적 혹은 도덕 생활의 이상으로서 제시하고 있다. 공동체는 개인에게 있어서의 도덕적 정체성의 모태가 되는 동시에 도덕적 덕을 시범 보이는 무대이기도 하다. 또한 이들은 공동체를 도덕교육의 중요한 방법으로 활용할 것을 제안하고 있다. 도덕교육이 이루어지는 학교나 학급 자체를 하나의 응집력 있는 도덕 공동체로 만들어야 한다는 점을 강조하고 있다. 따라서 이런 관점에서 본다면 도덕교육의 목표는 도덕 공동체 안에서의 도덕적 인격 함양으로 귀결되고 이때의 도덕적 인격은 인습적 도덕성과 반성적 도덕성의 조화, 그리고 인지적 · 정의적 · 행동적 요소들의 통합에 기초한 개념이다. 이러한 개념을 가짐으로써 도덕성 자체에 대한 폭넓은 관점을 취함과 동시에 도덕성을 단순한 추론 능력으로 환원시키는 잘못을 피할 수 있게 된다. 이 점에서 공동체를 자율적인 추론 능력 함양을 위한 단순한 도구로 비하했던 콜버그의 한계를 벗어날 수 있다.

Ⅲ. 인격교육 이론의 이해

1. 인격교육 이론의 특징

미국 도덕교육 역사를 살펴보면, 1966년 콜버그에 의해 그의 인지적 도덕 발달이론이 도덕교육에 적용되었고, 같은 해 래쓰(raths)와 그의 두 제자(harmin, simon)에 의한 『가치와 교수』란 책이 발간됨으로써 가치명료화에 대한 소개가 시작되었다. 1970년대와 80년대는 이 두 이론이 도덕교육에 적용되는 일종의 실험기였다. 이 시기에는 이 두 이론을 바탕으로 한 각종 실험 연구가 박사학위의 주류를 이루었다.

그러나 1980년 중반부터 미국 사회의 보수화 경향과 점증하는 청소년들의 비도덕적 행위에 대한 사회적, 교육적 대응책이 필요하다는 요구와 맞물려 미국에서는 전통적 형태의 인격교육이 부활했고 인격교육의 부활에 기여한 사람이 베넷(William Bennett)과 위인(Edward Wynne)이다.[2] 그리고 단체로는 미국 인격교육 연구소(American Institute for Character Education)가 중추적 역할을 수행했고 그 이후 프리차드, 킬패트릭, 리코나, 라이언, 레밍 등과 같은 학자들이 이 대열에 합류하고 많은 연구기관이 설립됨으로써 인격교육은 도덕교육

2) 위인과 베넷은 도덕적 행동의 실천을 도덕적 추론 기능의 획득보다 더 중요한 것으로 생각하였다. 위인은 인지적 도덕 발달이나 가치명료화 접근에서 제기되고 있는 개별적 접근에 반대하면서 전반적인 학교 활동을 통한 도덕적 가치들의 교화를 주장한다. 반면에 베넷은 도덕적 숙고가 좋은 도덕적 습관의 실천에 해로운 것이라고 주장하면서 특히 도덕적 딜레마에 대해서 반대 입장을 가지고 있다.

의 새로운 대안으로 떠오르게 되었다.

인지 발달 이론이나 가치명료화 접근과는 달리, 인격교육은 한 사회에서 소중하다고 여겨져 왔던 전통적이고 민주적인 가치들을 학생들에게 직접 전수해 준다는 데 특징이 있다. 즉 인격교육은 자라나는 다음 세대들에게 좋은 인격의 특성들 혹은 덕을 계발하게 하면서, 나쁜 인격 특성이나 악을 멀리하게 하는 데 주안점을 두고 있다. 기존의 두 접근법이 추론이나 의사결정과 같은 도덕성의 형식(form)이나 과정(process)에 주안점을 두고 있다면, 인격교육은 교육적으로 전수할 가치가 있다고 여겨지는 훌륭한 인격 특성이나 덕목들과 같은 도덕성의 내용(content)에 주안점을 두고 있고 동시에 올바른 행동을 위한 동기(motivation)나 나아가 올바른 행동의 습관화와 같은 행동 혹은 결과 그 자체에 직접적으로 초점을 맞추고 있다.

오늘날 미국에서는 도덕교육과 인격교육을 구별해서 사용하는 경향이 있다. 즉 도덕교육은 토론이나 명료화 과정을 통하여 간접적인 방식에서 도덕적 이해를 도모하고자 하는 시도를 언급하고 있는 반면에, 인격교육은 직접적인 교수, 특별 교육과정, 교사나 성인들에 의한 모범사례에 의하여 긍정적인 인격 특성을 계발하려는 시도를 언급하고 있다.

리코나는 인지적 도덕 발달접근이나 가치명료화는 사고 과정에 중점(플라톤의 입장: 플라톤은 선을 참으로 아는 사람은 선하게 된다)을 두고 있는 것에 반해, 인격교육은 행동이나 경험에 중점을 두고 있다는 점(아리스토텔레스의 입장: 아리스토텔레스는 인간은 정의로운 실천 행동에 의해 정의롭게 되고, 유덕한 행동의 실천을 통해 덕스러운 인간이 된다)에서 차이가 있다고 한다.

인격교육의 부활은 도덕교육 분야에서의 패러다임의 이동이 일어나고 있음을 보여주고 있다. 즉 도덕교육의 초점이 개인적인 도덕 선택이나 자율성으로부터 기본적 혹은 중핵적 가치들과 공동체로 옮겨가고 있음을 보여준다.

2. 인격교육의 이론적 기초

인격교육의 부활은 덕 이론의 부활과 무관하지 않다. 인격이란 개념이 덕의 획득이라는 의미를 포함하고 있으며 덕 이론에서의 역할 시범(role-modelling)이라는 개념이 인격교육에서의 행동에 대한 강조를 반영하기 때문에 덕 이론이 인격교육의 개념을 정교하게 하는 데 매우 유용한 이론적 근거임은 틀림없다. 그러나 현재 미국의 인격교육 학자들 가운데 누구도 덕 윤리와의 관련성에 대해 구체적으로 논의하고 있지 않다. 또한 인격교육을 뒷받침해 주기 위한 철학자들의 공개적인 노력도 그리 활발하지 못한 실정 때문에 미국의 인격교육은 체계적인 학문적 혹은 이론적 배경의 산물이라기보다는 미국 사회의 문제점을 해결하는 과정에서 모색한 하나의 방안으로 보는 것이 훨씬 정확하고 객관적인 평가라고 볼 수 있다(추병완, 1999, 154-161).

1) 철학적 기초

철학적인 측면에서 볼 때, 인격교육은 오랜 전통을 통하여 명백하게 설정된 명확하게 알 수 있는 그리고 다른 사람들과의 언어를 통해 의사소통할 수 있는 올바른 행동의 규칙들이 존재하고 있으며 그런 규칙들을 구체적 상황에서 적용하는 것은 별로 문제점이 없다는 점을 중요한 가정으로 설정하고 있다.

특히 인격 교육론자들은 아리스토텔레스의 덕(virtue) 이론에서 제기되었던 습관과 행위의 중요성을 다시 부각하고 있다.[3] 즉 인격 교육론자들은 학생들이 알아야만 할 그리고 획득해야만 할 인격 특성들이 있으며, 그러한 특성을 모범적인 사례들에 의해 배우며 일단 그것들을 알게 되면 제2의 본성이 될 때까지 그것들을 실천할 필요가 있다는 점을 강조하고 있다.

그리고 교육 철학적 관점에서 볼 때, 인격교육은 본질주의 혹은 항존주의 기본원리들과 일맥상통한다고 한다. 또한 한 사회의 도덕규범들을 다음 세대에 전수해 준다는 점에서 뒤르켐의 도덕 사회화 이론에 가깝다고 평가할 수 있다. 그 외의 이론적 근거를 살펴볼 수 있다. 이런 맥락에서 우리는 보다 완벽한 인간이 되기 위해 훌륭한 인격을 필요로 하며 인격교육에 가장 우선권을 둘 수 있는 최적의 장소는 학교이고 인격교육은 도덕적인 사회를 만드는 데 있어서 본질적인 사항이라고 리코나는 주장한 바 있다.

이렇듯, 인격교육의 철학적 기초는 여러 가지 이론에 기반을 두고 있지만 아직 상호 간의 관계들이 잘 다듬어지지 못한 양상을 보여주고 있다. 그러나 미국의 교육이 너무나 빨리 위대한 전통(great tradition)을 저버린 것과 미국 청소년들의 무질서한 행동에는 상관관계가 있음

3) 인격 교육론자들은 덕을 인격의 한 속성으로서 파악하고자 하며, 특히 덕이 지니는 두 가지의 특수한 기능에 관심을 가진다. 첫째, 덕은 욕구나 충동을 제어할 힘을 제공해 준다는 점이고 둘째, 덕은 도덕적으로 중요한 고려들에 대한 민감성을 저해할 수도 있는 '주의 집중이나 동기의 결여'를 보완하여 줄 수 있다는 점이다.

을 알고, 따라서 도덕교육의 위대한 전통으로 되돌아가는 것이 필요하며 인격교육은 이런 시도 중 하나라 할 수 있다. 그렇다면 위인이 밝힌 미국 도덕교육의 위대한 전통을 살펴보면 다음과 같다(추병완, 1999, 157-158 재인용). 첫째, 도덕교육의 위대한 전통은 도덕적 개념이나 원리들보다는 도덕적 행동, 즉 좋은 습관의 계발에 강조점을 두었다. 둘째, 위대한 전통은 우선 유혹에 맞서서 진실을 말하는 것, 자신에게 할당된 과제를 성실하게 이행하는 것, 정당한 권위에 복종하는 것 등과 같은 관례적이고 일상적인 도덕적 이슈들에 초점을 맞추고 있다. 셋째, 위대한 전통은 어느 한 단체나 기관의 책임이 아니라 사회 전체가 도덕교육에 관심을 기울여야 한다는 점을 일깨워 주고 있다. 넷째, 위대한 전통은 도덕적 행동이 영속적이고 확산적인 강화가 필요하다는 점을 강조하고 있다. 따라서 문학, 격언, 전설, 드라마, 의식, 민담 등과 같은 다양한 교수 기법이 활용되어야 한다. 다섯째, 처벌은 그릇된 행동을 교정하는 데 유용하게 사용될 수 있다. 여섯째, 위대한 전통은 도덕적 문제들에 대한 지적 분석에 적대적이지 않고 이것이 습관 형성을 지향하는 도덕적 가르침과 실천이라는 확고한 토대 위에서 가능한 것임을 보여주고 있다.

2) 심리학적 기초

인격교육은 배운 규칙들을 구체적인 상황에서 유혹에 맞서서 행동으로 옮길 수 있는 순수한 의지력이나 자아 통제와 같은 상대적으로 안정된 성격 특성들을 강조한다는 점에 있어서 전통적인 인격 심리학에 힘입은 바 크다 할 수 있다. 그리고 도덕적 지식을 행동으로 옮기는 데 필요한 도덕적 정서, 정체성, 선에 대한 매료와 애착, 헌신 몰입, 동정심과 같은 요소들로 믿고 있다는 점에서 최근의 성격 심리학과도 연관된다. 또한 그런 인격 특성들은 모방과 강화, 조건화를 통해서 하나의 습관이 되어야 한다고 믿고 있다는 점에서 사회 학습 이론과도 매우 가깝다.

최근에는 인격교육에서는 도덕적 행위자를 하나의 통합적인 실체로서 상정하고 있다. 리코나가 제시하는 훌륭한 도덕적 인격의 구성요소는 다음과 같다.

〈훌륭한 인격의 구성요소〉

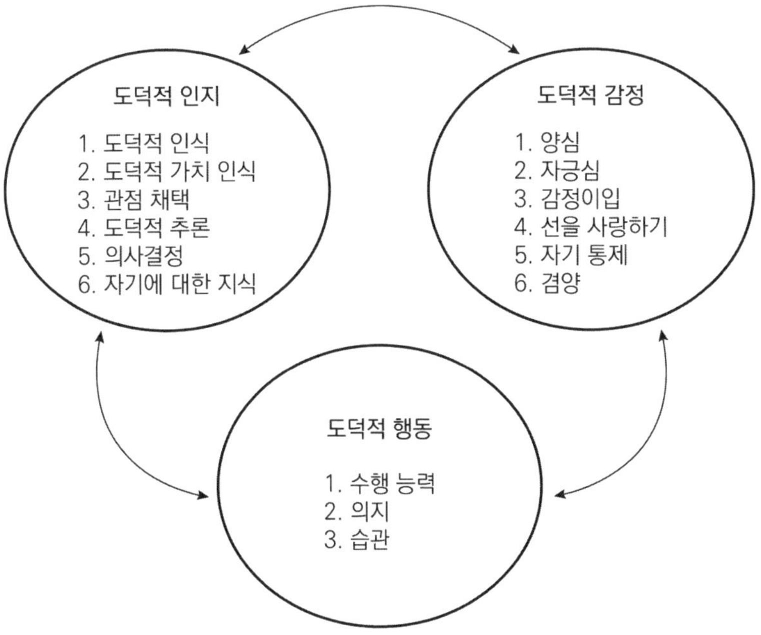

한편, 리코나는 도덕 발달에 있어 콜버그가 제시한 수직적 발달개

념과 아울러 수평적 발달개념을 도입한다. 수평적 발달은 한 개인의 가장 성숙한 능력들을 더 광범위한 삶의 영역들에 확대하거나 적용한다는 의미를 내포하고 있다. 즉 수평적 발달은 우리가 직면하는 모든 사태에 일관성을 갖고 도덕적 추론을 확대 적용해 나감으로써 도덕적 추론의 단계를 단순히 일관적 사고 패턴이 아니라 도덕적인 행동 패턴의 일부분으로 만드는 것을 의미한다.

그리고 리코나는 인격 발달에 있어 공동체의 중요성을 강조하고 있다. 즉 인격의 발달은 좋은 도덕 환경 속에서 가능하다는 것을 지적해 주고 있다.

따라서 인격 교육론자들이 말하고 있는 인격은 일관된 행동과 가치의 유형으로서 도덕적 행동을 통하여 그리고 환경과의 상호작용을 통하여 발달한다. 동시에 인격은 단순히 도덕적 추론 능력만을 의미하는 것이 아니라 전인(whole person)으로서의 인간개념에 관련되어 있다는 것이다.

3. 인격교육의 방법적 원리

인격교육은 매우 포괄적인 접근법을 택하고 있다. 인격교육은 학교와 학부모, 지역사회 그리고 교회를 통합하는 프로그램을 적용하는 점에서 기존의 방법에 비해 매우 포괄적이다. 또한 인격교육은 교사의 역할을 도덕교육자, 지식전달자, 그리고 훌륭한 모범, 사회의 핵심가치들의 창도자 등으로 간주함으로써 단순한 촉진자 혹은 치료자의 역할에 국한된 인지 도덕 발달론과 가치명료화 접근법과도 차이를 가지고 있다. 나아가 학교는 교과를 학습하는 하나의 기술적 기제

(technical apparatus)가 아니라 하나의 도덕적 공동체로 여긴다는 점에서 뚜렷한 차이점을 보인다.

그리고 인격 교육론자들이 실행하는 방법상의 원리(추병완, 1999, 162-163, 재인용)는 다음의 여섯 가지 기준에 근거한다.

첫째, 인격교육은 모든 교과의 한 부분이지 또 다른 특별 교과의 설정을 의미하는 것은 아니다. 즉 인격교육은 기존의 학교 교육과정 속에서 실행되어야 한다. 따라서 교사들은 각 교과 속에서 인격교육과 관련된 주제들을 확인하는 데 힘을 써야 한다.

둘째, 학교와 지역사회는 학생들의 인격 형성에 매우 중요한 협력자가 되어야 한다.

셋째, 긍정적인 교실 환경이 인격교육의 성과를 높여준다.

넷째, 인격교육 목표를 달성하는 데 역량 있고 유능한 교직원들의 역할이 가장 중요하다.

다섯째, 인격교육은 행정적 정책과 그 실행을 통하여 고무된다. 따라서 학교장의 역할은 절대적이다.

마지막으로, 인격교육은 행동 교육이다. 인격교육은 학생들에게 직접적인 경험과 체험의 장을 마련해 주어야 한다.

이상의 인격교육의 방법과 관련지어 볼 때 기존의 두 접근법과 뚜렷하게 구별되는 특징은 문학이나 교훈적인 이야기의 적극적인 활용, 도덕적 모범으로서의 교사의 역할, 봉사 활동 학습 등을 지적할 수 있다. 따라서 인격교육 수업의 특징을 살펴보면 다음과 같다.

4. 인격교육 수업의 특징

1) 교훈적 이야기

이야기가 가지고 있는 가장 큰 장점은 갈등 사태에서는 찾기 힘든 도덕적 용기의 모델, 정직의 모델 등과 같은 덕의 구체적인 모델들을 학생들이 쉽게 식별할 수 있도록 해준다. 즉 누구의 행동이 옳은지 그른지를 분명하게 제시해 줌으로써 학생들의 도덕적 표류를 막아줄 수 있다는 것이다.

인격 교육론자들은 도덕적 발달 혹은 인격적 성숙에 있어서 문학이나 교훈적인 이야기가 차지하는 중요성을 강조하기 위해서 서사적 사고(narrative thinking)라는 개념을 도입한다. 서사적 사고는 브루너에 의해 처음 사용되었는데 그는 인간의 정신적 기능은 명제적 사고와 서사적 사고라는 두 가지 유형으로 구분했다. 명제적 사고는 공식 교육의 내용을 이르고 있는 것으로서 추상적이고 상황 독립적인 결론에 이르게 하는 논리 과학적 시도라 할 수 있다. 반면에 서사적 사고는 사람이나 사건, 시간 및 장소 등과 연관되어 있으므로 구체적이고 상황 의존적이다. 따라서 서사적으로 사고한다는 것은 하나의 이야기 형태 속에서 사고한다는 것이다. 브루너는 명제적 사고가 학문 세계에서 중시되는 반면에, 서사적 사고는 학교에서 학생들의 도덕적 이해를 발달시키는 데 더욱 적절하고 효과적일 수 있다고 본다.

2) 교사의 역할

인격교육은 교사의 역할을 판단의 중립자 또는 도덕적 추론의 촉진자로 환원시키는 것에 명백히 반대하고 있다. 오히려 교사는 도덕적 문제에 대해 옳고 그르다는 확고한 입장을 표명하여 학생들을 혼란에 빠지지 않도록 해야 한다는 것이다. 따라서 교사는 한 사회의 가치를 대변해 줄 수 있는 일종의 창도자(advocate)가 되어야 한다. 리코나가 제시하는 교사의 역할을 세분하면 다음과 같다.

첫째, 교사는 학생들을 사랑하고 존중해 주는 사람, 학생들이 학교에서 나름대로 성취감을 느낄 수 있도록 도와주는 사람, 학생들의 자존심을 북돋워 주는 사람, 학생들을 도덕적 방식으로 대우해 줌으로써 학생으로 하여금 도덕성이 무엇인지를 경험하게 해줄 수 있는 사람이 되어야 한다.

둘째, 교사는 교실 안팎에서 늘 도덕적인 행동의 모범을 보여주어야 한다.

셋째, 교사는 도덕적 문제에 대한 교실 토론과 교훈적인 이야기를 통하여 도덕적 가르침을 주는 사람, 학생들이 타인을 해치거나 자신을 해치는 행위를 했을 때 교정적 피드백을 해주는 사람이어야 한다.

3) 봉사 활동 학습

교훈적인 모범사례들과의 접촉 및 교사의 확고한 지식적 역할과 더불어 도덕적 행동을 실천할 수 있는 구체적인 경험의 기회들을 제공해 주고 있는 것이 인격교육의 한 특징이다. 봉사 활동 학습(service learning)은 학교 및 지역 사회의 요구에 부응하기 위해 학생이 학문적 지식과 이전의 경험을 실생활에 적용하도록 연루시키는 활동을 의미한다.

인격 교육론자들은 '정의로운 행동을 함으로써 정의롭게 된다'는 아리스토텔레스의 논지에 따라 학생들에게 구체적으로 도덕적인 행동을 실천하는 기회로서 봉사 활동 학습을 적극 권장하고 있다. 오늘날 봉사 활동 학습은 학교에서의 인격교육이 행동의 습관화를 위한 실천 기회를 부여해 주고 있다는 점과 더불어 학교와 가정 그리고 지역사회가 연계해서 학생들의 인격 함양을 위해 노력할 수 있는 좋은 계기가 된다는 점에서 매우 의미 있는 활동으로 평가된다.

봉사 활동 학습을 도덕과 수업에 적용한다면 이러한 봉사 활동이 학생들의 도덕성을 발달시키는 데 매우 유용한 방법 중 하나라는 점에서 그 의의를 찾을 수 있다.[4] 도덕과 교수·학습에서 가능한 봉사 활동 학습 모형을 간략히 제시하면 다음과 같다.[5]

봉사 활동 계획을 세우고 이를 사전에 준비하기 → 봉사 활동을 실시하고 그 결과를 작성하기 → 봉사 활동 결과를 평가하고 반성하기

4) 봉사 활동 학습의 도덕적 의의와 중요성은 다음과 같다. 첫째, 봉사 활동 학습은 도덕적 행동을 실천하기 위한 직접적인 기회를 제공해 준다. 둘째, 봉사활동 학습은 학생이 지속적인 도덕적 반성 및 성찰의 습관을 갖게 해준다. 셋째, 봉사 활동 학습은 학생들이 실질적인 도덕적 행위자가 되기 위하여 필수적으로 갖추어야 할 다양한 발달적, 사회적 기능을 가질 수 있게 해준다. 넷째, 봉사 활동 학습을 통해 학생들은 덕의 습득에 있어서 필수적이며 긍정적인 역할 모델들에 대한 관찰과 동일시의 기회를 가질 수 있게 된다. 다섯째, 봉사 활동 학습은 학교와 학부모 그리고 지역사회를 하나의 유기적인 학습 공동체로 만들어 준다. 여섯째, 봉사 활동 학습은 학교에서 배운 지식을 자신 및 다른 사람을 위해 실천해 볼 수 있는 기회를 제공해 줌으로써 상호 신뢰와 협동, 참여와 배려, 민주주의 의사결정 등에 기반을 둔 새로운 학교 문화를 창조할 수 있게 해준다(추병완, 백의, 1999, 413-416 참조).

5) 퍼트만(Fertman)은 봉사 활동 학습의 실행 절차를 준비(preparation), 봉사 활동(service), 반성(reflection), 축하(celebration) 등의 네 가지 단계로 나누어 설명하고 있는데 여기서는 축하 활동을 세 번째 단계에 포함해도 무방하다(추병완, 1999, 398-404 참조).

5. 인격교육의 문제점

인격교육이 소기의 목적을 달성하기 위해서는 아직 해결해야 할 이론적, 실제적 문제점들(추병완, 1999, 169-173)이 있다.

첫째, 교육 대상이 되는 학생들을 지나치게 수동적인 혹은 의존적인 존재로서만 간주한다. 인격 교육론자들은 아동 스스로 무엇이 옳고 그른지를 파악하게 해서는 안된다는 입장을 고수하고 있다. 이런 관점에서 보면 학생들은 그러한 가치들을 일방적으로 수용하기 때문에 일종의 백지상태(tabula rasa, blank slates)로서 간주한다.

둘째, 인격 교육론자들은 가르쳐야 할 덕목들의 목록들을 만드는 것에만 지나치게 치중하고 있다. 미국과 같은 다문화 사회에서는 사실상 가치의 문제에 대하여 합의를 끌어내기가 쉽지 않다. 물론 인격 교육론자들은 가치의 합의를 끌어낼 수 있다고 믿고 있지만 문제는 그들이 가치의 선정에만 골몰할 뿐 실제 생활에서 그러한 가치들이 갈등을 일으킬 수도 있다는 측면에서는 매우 무관심한 반응을 보이고 있다.

셋째, 인격 교육론자들이 주장하는 인격 특성들이 일반적 특성이 아니라 상황적으로 매우 특수한 것이라는 사실에 또한 문제점이 있다.

넷째, 인격 교육론자들은 훌륭한 인격을 갖게 되면 학생들의 행동이 도덕적으로 개선될 것이라는 지극히 낭만적인 견해를 가지고 있다. 인격적 특성들이 반드시 도덕적인 행동을 예언해 주지 못한다. 다시 말하면 인격은 완벽하고 덕스럽고 윤리적인 삶을 살아가는 데 하나의 필요조건이지 충분조건은 아니다.

다섯째, 인격 교육론자들은 정의적 요소들이 사고와 행동의 간격을 줄일 수 있는 인격의 필수적인 구성요소라고 주장하지만 이러한 정의적 요소들이 구체적으로 어떤 역할을 하는지에 대해서는 충분한 답변을 하지 못하고 있다.

여섯째, 인격 교육론자들은 지나치게 사회화의 측면에만 치중한 나머지 도덕적 행위자의 필수 요건이라 할 수 있는 자율성이나 독립성, 비판적인 도덕적 안목의 계발에 대해서는 매우 소홀하다.

일곱째, 무엇보다 가장 심각한 문제점은 교사의 자질이다. 덕의 모델이 될 수 있는 교사를 확보하지 못한 상태에서 인격교육을 실행한다는 것은 아무런 의미가 없다. 또한 인격교육이 성과를 거두기 위해서는 무엇보다 학교장의 유능한 도덕적 리더십이 전제되어야 한다.

제 6 장 도덕과 인성교육의 주요 가치 · 덕목 연구*

Ⅰ. 서론

작금, 인성교육이 강화되는 추세이다. 인성교육의 필요성과 중요성이야 아무리 강조해도 부족함이 없겠지만 현재 인성교육이 강조되는 이유가 석연치 않다. 학교 현장에서 문제들이 발생한 후에야 인성교육의 필요성이 제기되는 것은 인성교육에 있어 선후 관계가 바뀐 느낌이 없지 않다. 과연 인성교육진흥법이 발효되고 각급 학교에서 인성교육을 실시한다고 하지만 그 실효성에 있어서는 여전히 의문이 남는다. 그럼에도 불구하고 인성교육이 현장에서 확산하고 있다는 점에서는 한 가닥의 희망을 엿볼 수 있다.

인성교육진흥법 및 동법 시행령이 2015년 7월 21일 발효되고, 동법의 시행규칙이 2015년 12월 10일에 제정되어 시행되고 있다. 이에 따라 각 시도 교육청 및 교원 양성기관에서는 인성교육진흥법에 따른 인성교육을 강화하게 되었다. 물론 교육부나 교육청에서 주도적으로 이끌어가는 인성교육이 과연 현장에 제대로 안착될 수 있을지는 의문

* 이 글은 초등교육연구논총 제32권 2호(대구교육대학교 초등교육연구소, 2016)에 실린 논문을 수정 · 보완한 것임.

이지만 그러한 시도를 한다는 점에 대해서는 긍정적인 면을 찾아볼 수 있을 것이다.

본 장에서는 인성, 인간, 인성교육이 어떤 의미가 있는지 살펴보게 될 것이다. 그 의미의 다양성으로 인해 명확한 정의를 내리기는 쉽지 않지만 인성 진흥법에 근거해서 정의를 내리고, 인성 개념이 인간과 인성교육 그리고 도덕교육과 어떤 관계가 있는지 살펴보게 된다. 그리고 인성교육에 있어서 가장 핵심적이고 기초가 되는 여덟 가지의 가치·덕목들의 의미를 살펴봄으로써 인성교육의 이론적인 뒷받침을 하고자 한다. 가치·덕목들의 의미를 파악하기 위해서는 설문자해(說文字解) 방식을 통한 자의(字意)를 밝힘으로 가치·덕목들의 의미를 파악하고 그 도덕적 의미를 살펴보고자 한다.

Ⅱ. 인성, 인성교육의 의미

1. 인성, 인성교육, 도덕교육

인성은 과연 어떤 의미가 있는가? 다양한 의미가 있겠지만 인성교육진흥법 제2조에서는 다음의 정의에 따르고자 한다. “자신의 내면을 바르고 건전하게 가꾸고 타인·공동체·자연과 더불어 살아가는 데 필요한 인간다운 성품과 역량을 기르는 것”이다. 인성을 이렇게 정의하고 그러한 정의를 바탕으로 해서 이런 인성을 교육하는 것을 인성교육이라고 정의하는 것에는 크게 무리가 없을 것으로 보인다.

인성이라는 개념은 성품 혹은 품성, 기질, 개성, 성격, 사람됨, 인간성, 전인성, 인격, 도덕성 등의 다양한 의미로 사용되는 애매한 단어라 할 수 있다. 그런데 이러한 다양한 의미가 있는 인성 개념의 내포에는 인간으로서 갖추어야 할 자질 혹은 품성의 뜻이 있다. 이런 관점에서 보면, 인성 개념에는 우리 인간이 지향하고 성취해야 할 인간의 모습 및 품성 혹은 자질이 내포되기 때문에, 인성 개념은 도덕성과 밀접한 관련성을 가지며 도덕성을 전제로 하고 있다. 따라서 도덕적 인간을 기르기 위한 교육이 인성교육의 핵심이라고 볼 때, 인성교육은 도덕교육을 그 근간으로 하고 있다. 즉 인성교육이란 곧 바람직한 인격을 갖춘 삶의 자세와 태도를 기르고자 하는 도덕교육을 그 핵심으로 하고 있다(정창우, 2013, 85).

인성이라는 개념이 인간과 관련되어 있고, 또한 도덕성의 문제와 연관되어 있다면 인성교육, 인간교육, 도덕교육 간의 관계는 어떻게 정립하는 것이 적절한가? 이들 간의 구분이 모호하기는 하지만 그 외연 관계를 살펴보면 다음과 같다(정창우, 2013, 81).

인간다운 인간을 기르고자 하는 교육, 혹은 지성, 덕성, 감성, 체력이 고루 발달한 조화로운 인간 형성을 추구하는 교육을 인간교육이라고 하고, 지・정・의로 구성된 인간의 마음에 대한 교육을 '인성교육'으로, 도덕성의 지적・정의적・행동적 측면의 조화와 통합을 추구하는 교육, 혹은 도덕적 앎과 정서, 그리고 행동을 포함하는 도덕성 형성 교육을 도덕교육이라고 한다면, 도덕교육, 인성교육, 인간교육의 순서로 그 외연이 넓어지게 된다. 이상의 세 가지 교육과 관련해서 보는 바와 같이, 인성교육의 근간에 도덕교육이 있다는 것을 살펴보았다면, 인성의 근간에는 도덕성이 자리 잡고 있음을 알 수 있다.

도덕교육과 도덕과 교육이 바람직한 도덕성 혹은 인격을 기르는 것을 목표로 하고 있다면, 이러한 교과의 궁극적인 목표를 추구하기 위해서는 내용 체계를 구성함에 있어서 '주요 가치 · 덕목'을 설정하고 이를 기르기 위해 주제들을 선정한 다음 학년별 교육 내용 요소들을 제시하고 있는 것이 도덕과 교육과정의 기본적인 구조라고 할 수 있다. 2009 초등 도덕과 교육과정 내용 체계 표와 2015 초등 도덕과 교육과정 내용 체계 표를 살펴보면 다음과 같다.

〈표 1〉 2009 초등 도덕과 교육과정 내용 체계 표

<table>
<tr><th colspan="3">2009 개정</th></tr>
<tr><th rowspan="2">영역</th><th colspan="2">가치 덕목</th></tr>
<tr><th>전체 지향</th><th>영역별</th></tr>
<tr><td>도덕적 주체로서의 나</td><td rowspan="4">존중
책임
정의
배려</td><td>자율, 성실, 절제</td></tr>
<tr><td>우리 · 타인과의 관계</td><td>효도, 예절, 협동</td></tr>
<tr><td>사회 · 국가 · 지구공동체와의 관계</td><td>준법 · 공익, 애국심, 통일 의지, 인류애</td></tr>
<tr><td>자연 · 초월적 존재와의 관계</td><td>자연애, 생명 존중, 평화</td></tr>
</table>

〈표 2〉 2015 초등 도덕과 교육과정 내용 체계 표

<table>
<tr><th rowspan="2">영역</th><th rowspan="2">핵심 가치</th><th colspan="2">내용 요소</th></tr>
<tr><th>3 · 4학년군</th><th>5 · 6학년군</th></tr>
<tr><td>자신과의 관계</td><td>성실</td><td>근면, 정직
시간 관리와 절약, 인내</td><td>감정표현과 충동 조절, 자주, 자율, 정직한 삶</td></tr>
<tr><td>타인과의 관계</td><td>배려</td><td>효, 우애, 우정, 예절, 협동</td><td>사이버 예절, 준법, 공감, 존중, 봉사</td></tr>
<tr><td>사회공동체와의 관계</td><td>정의</td><td>공익, 준법, 공정성, 존중, 통일 의지, 애국심</td><td>인권 존중, 공정성, 통일 의지, 존중, 인류애</td></tr>
<tr><td>자연초월과의 관계</td><td>책임</td><td>생명 존중, 자연애,
아름다움에 대한 사랑</td><td>자아 존중, 긍정적 태도, 윤리적 성찰</td></tr>
</table>

위의 교육과정 내용 체계 표에서 보는 바와 같이, 주요 가치 · 덕목(전체 지향 가치 · 덕목들과 핵심 가치 덕목 등을 포함한)들은 학교 도덕과 교육을 통해 학생들의 바람직한 품성, 자질, 능력을 기르기 위한 것을 나타내는 것이며, 따라서 이러한 가치 · 덕목들을 함양함으로써 도덕적 인간으로서의 바람직한 인성을 함양시켜 갈 수 있다고 보는 것이다. 이런 관점에서 본다면, 도덕과에서 다루고 있는 가치 · 덕목들은 도덕과와 다른 교과를 구별하는 동시에 도덕교육의 정체성을 보여주는 것이라 할 수 있고, 도덕성과 인성을 함양하는 데 있어서도 그 근간을 이루는 가장 기본적 요소라 할 수 있다.

인성교육과 도덕교육에 있어서 기본적인 가치 · 덕목들을 다루는 것은 교육에 있어서 가장 핵심적이며 필수적인 요소라 할 수 있다. 이런 관점에서 인성교육의 주요 가치 · 덕목을 다루는 것 역시 매우 중요한 역할이라 할 수 있다. 따라서 인성교육진흥법에 따른 8가지의 가치 · 덕목을 다루는 것은 인성교육과 도덕교육에 있어 핵심적인 과정이라 할 수 있다.

인성교육진흥법에 따른 인성교육의 목표를 달성하기 위해서는 다음의 핵심적인 가치 · 덕목들이 갖추어져야 한다. 예, 효, 정직, 책임, 존중, 배려, 소통, 협력 등이다. 학교 현장과 우리의 삶에 있어서 바른 인성을 위해서는 앞에서 언급한 도덕적 덕목이 우선되어야 하고 기초를 이루어야 한다. 인성교육에 있어서 가치 · 덕목이 중요한 이유는 미국의 대표적인 인격 교육이론가인 토마스 리코나가 훌륭한 인격의 기반이 되는 핵심적인 윤리적 가치 · 덕목들을 촉진하는 것이 인성교육의 목적이라고 주장(추병완, 1999, 538 재인용)한 점에서도 찾아볼 수 있다. 그에 의하면, 윤리적 가치들은 인성교육의 철학적 원리로서 훌륭한 인성의 기반을 형성하고 있으며, 모두가 공감하고 객관적으로 중요한 도덕적 가치들이 존재한다고 믿기 때문에 이것들은 학교와 지역사회에서의 인간관계 형성의 기초로 활용하기도 하고 그것들을 실행하는 데 책임감을 가지게 한다. 여기서 우리는 먼저 가치·덕목이라는 개념이 무엇을 뜻하는지를 살펴볼 필요가 있다. 개념적 의미를 파악해야 나아가 그 개념의 규범적 의미를 파악할 수 있기 때문이다.

2. 가치·덕목의 의미

가치·덕목을 파악하기 전에 가치와 덕목이라는 용어에 관한 이해를 하는 것이 우선이라 할 수 있다. 우리가 흔히 사용하는 가치와 덕목 혹은 가치·덕목이라는 것은 무엇을 의미하는지 간략하게 살펴보고자 한다.

먼저 덕목 그 자체가 가지고 있는 성격을 규명하는 것이 중요하다. 덕목이 가지고 있는 보편적 성격은 무엇인가?(김종문, 2001, 116-123) 사실의 세계는 검증 가능한 세계로서 기술(記述)의 대상이다. 그러나 성실, 배려, 책임, 정의 등은 관찰 가능하고 검증 가능한, 기술할 수 있는 대상들이라 할 수 있는가? 이러한 덕목들은 완전히 기술할 수 없다. 기술하더라도 대상의 지적 영역에 대한 이해 정도를 기술할 수 있을 뿐이다. 이처럼 덕목들 가운데 검증 불가능의 비기술적 요소들을 인정하지 않을 수 없는 것이 있다. 즉 인간이 어떤 대상과의 관계에서 '바람직하다' 혹은 '좋다', '기쁘다' 등의 심정의 변화를 일으키며 그것을 나도 실천해야 하겠다는 의지 활동을 일으키는 그 무엇을 가치라고 할 수 있다. 이처럼 덕목의 가치적 요소는 인간 활동 중에서 정의적 영역의 대상이라 할 수 있다.

그런데 정의적 영역의 대상인 덕목의 가치적 요소는 그것이 생활 속에서 실천될 때 가장 잘 발휘된다고 할 수 있다. 이러한 실천적 가치인 도덕적 가치를 우리는 덕(德)이라고 하고, 그것을 조목으로 나누어 덕목(德目)이라고 한다. 그래서 우리가 흔히 말하는 가치·덕목이라는 개념은 지적 영역의 정신적 활동과 심정적 영역의 정신적 활동 그리고 실천하고자 하는 의지적 영역과 마지막으로 덕목을 생활 속에서 실천하려는 신체적 활동까지 포함하고 있는 매우 포괄적이며 통합적인 성격을 가진다.

따라서 가치와 덕 혹은 덕목 등을 분리해서 살펴보기보다는 가치와 덕목을 가치·덕목으로 결합해서 살펴보는 것이 가치·덕목을 이해하는 데 도움이 되고 도덕교육 그리고 인성교육을 이해하는 데 많은 도움을 얻을 수 있다. 그런데 이러한 가치·덕목들을 문자 그대로 이해하기는 쉽지 않다. 왜냐하면 도덕교육 혹은 인성교육에 있어서는 가치·덕목들이 그 개념적 의미만으로 해석되고 이해되기보다는 규범적인 성격이 강하게 남기 때문에 또 다른 어려움이 존재한다. 규범적인 이해에 앞서 개념적인 이해가 선행되어야 가치·덕목을 이해하는 데 도움이 될 수 있을 것이다. 그래서 가치·덕목의 개념을 이해하는 단계를 거치는 것이 우선이라 할 수 있다.

3. 가치·덕목의 이해 방식

인간의 삶에 있어서 개념은 매우 중요한 역할을 한다. 왜냐하면 인간의 사고와 판단 그리고 추론 등은 바로 개념을 바탕으로 이루어지기 때문이다. 개념은 사실적 정보와 지식의 획득은 물론 비교, 분류, 종합, 평가와 같은 고등사고 기능과 이를 바탕으로 이루어지는 추론과 판단, 문제 해결과 의사결정 그리고 가치관과 태도 형성에 있어서 핵심적 요소로서 기능을 수행한다. 따라서 개념 없는 사고는 무기력할 수밖에 없다. 개념은 사고의 결과로 얻어진 것이며 동시에 사고를 성립시키기 때문에 어떤 개념을 가지는가 하는 것이, 즉 개념을 얼마나 명확하게 이해하는가 하는 것이 도덕적인 문제를 어떻게 생각하고 그 문제에 대해서 어떤 판단을 내리며 어떻게 행동할 것인가에 대해 매우 중요한 영향을 미치게 된다. 따라서 무엇이 어떤 의미를 가지는가 하는 개념적 문제와 그 개념적 이해를 바탕으로 무엇을 해야 마땅한가 하는 규범적인 문제는 매우 밀접한 관계가 있고, 개념의 문제를 정확하게 이해해야 도덕적인 규범의 문제 역시 정확하게 해결할 수 있을 것이다(교육부, 2014, 48).

대체로 가치·덕목 개념은 매우 추상적이기 때문에 그것을 이해하기는 쉽지 않다. 그래서 가치·덕목 개념을 파악하는 방법으로는 설문자해(說文字解)의 방식을 따르는 것이 일반적이다(교육부, 2014, 433-435). 예를 들면, '관용'을 '관' 자와 '용' 자로 나누어 뜻풀이를 하거나, 그 글자의 형성과정을 살펴보거나 파자(破字)를 해 보면 관용이라는 단어의 뜻을 분명하게 할 수 있다. 여기서 파자(破字)란 한자의 자원과 관계없이 해서(楷書)의 자형에 따라 해석하고자 하는 사람의 구미(口味)에 맞도록 한자를 깨뜨려 자의 의미를 생각하는 것이다.

또한 여기서 해자(解字)란 字는 합자이기 때문에 그 한자를 분해하라는 의미이다. 字는 본래 여러 개 한자로 구성되어 있어 분해할 수 있는 것이고 文은 무늬라는 의미로 그림으로 나타낸 것으로 합하여지지 않은 것이다. 그 때문에 解字란 字를 分解한다는 의미로 文이 되도록 분해하는 것이다.

파자와 해자에 관한 예를 들면 다음과 같다. 헌 TV가 있다고 하자. 이 TV가 고물상에 팔려 가면 필요한 철재만 취하고 전체를 부수어 처리하는 것을 파자라 하고, 이 TV가 전파사에 팔렸다고 하면, 전파사에서는 TV의 각각의 부속품을 재활용하고자 풀어 정리하여 두는 것과 같은 것이 해자이다.

한자를 해자하면 다시 본자로 만들 수 있으며 다른 한자의 구성 원리에 전이되어 다른 한자를 이해하는 힘이 생기게 된다. 여기에다 가치・덕목들의 도덕적 의미를 살펴보면 그 의미가 명확하게 전달될 수 있을 것이다. 앞에서 열거한 8가지의 가치・덕목들의 의미를 설문 자해 방식과 도덕 교육적 의미를 통해 구체적으로 살펴보면 다음과 같다.

III. 주요 가치・덕목

1. 예 혹은 예절(禮節)

예절이란 예의에 관한 모든 절차나 질서를 가리킨다. 한자의 그 어원적 의미를 가장 잘 설명해 주는 설문해자에 따르면, '예(禮)'는 '示(땅귀신 기)'와 '豊(풍년 들 풍)'으로 구성되어 있다. '示'는 신적 존재이며, '豊'은 제기(豆)에다 제물을 담아 신에게 봉헌하는 제사 의례를 말한다. 그리고 '豊'은 '禮'의 옛 글자이기도 하다. 예는 신을 섬기고 제사 지내는 데 중요하므로, 신을 뜻하는 기(示)와 신전에 바친 제물을 본뜬 풍(豊)이라는 글자가 합쳐진 것이다. 따라서 예의 어원적 의미에서 볼 때는 종교적 색채가 강하고 따라서 종교의 일반적인 행위로서 제의를 뜻한다(장윤수, 2010, 12). 이러한 종교적 의미로서의 예는 이후 발전 과정에서 '정치적 법제(政治的 法制)', '사회적 전례(社會的 典禮)', '윤리적 예(倫理的 禮)'라는 의미로 발전해 갔는데, 그중에서도 윤리적 예가 앞의 두 가지 경우보다 훨씬 더 '예'의 본질적 의미를 지니고 있다 할 수 있다(장윤수, 2010, 13). 이것은 사람이 행해야 할 중요한 도리라는 뜻을 가지기 때문에 보편적 가치로서의 도덕성을 지니고 있다.

우리나라는 예로부터 동방예의지국이라고 일컬어질 만큼 예를 중시하였다. 예를 매우 중요한 도덕적 가치 규범으로 인정하면서 오늘날까지 이르게 되었다. 물론 오늘날에도 예는 우리 사회에서 매우 중요한 도덕적 의미가 있다. 자신을 수식하는 품격으로 활용되기도 하며, 때로는 상대방을 비판하는 도구로 활용되기도 하며, 그리고 어떤 경우에는 성숙한 시민의식을 상징하는 서구적인 에티켓으로 대체되기도 한다(장윤수, 2010, 18). 따라서 예의 의미는 시대에 다양하게 활용되고 사용되었고 현재까지도 여전히 매우 중요한 의미이다. 도덕과의 가치 · 덕목과 관련된 내용 체계에 따르면, 예는 자신과 우리, 타인 그리고 사회 · 공동체 관계 영역 속에서 매우 중요하고 필요한 주요 가치 덕목으로 자리 잡고 있다.

'예' 덕목의 특징은 다음과 같이 정리할 수 있다(김태훈, 2015, 349-350). 동양에서의 예는, 특히 유가에서는 예의 보편적 근원성과 규범적 기준성을 밝히고자 하는 의미에서 하늘의 질서를 인간 행위 속에서 구현하고자 하는 특징을 가지고 있다. 공자는 예를 인간의 최고선(最高善)으로서의 인(仁)에 포섭되는 것으로, 맹자는 인(仁), 의(義), 지(知)와 더불어 하늘이 부여해 준 성(性)에 근거 지웠으며, 순자는 성인이 교시(教示)하는 외적인 규칙 그 자체로 파악하였다(溝口雄三 외, 2003, 451-452).

이런 관점에서 본다면 예 덕목의 윤리적 의의는 다음과 같다(김태훈, 2015, 352-357). 첫째, 예는 인간을 존중하고 사랑하는 마음이라 할 수 있는데, 단순히 마음으로만 그치는 것이 아니라 자신의 마음을 상대방에게 말이나 행동으로 표현하는 것이다. 그래서 예는 애인(愛人)의 정신이다. 둘째, 예는 사회적·문화적 존재로서 삶을 가능하게 하는 질서라 할 수 있다. 그래서 예는 질서의 정신이라 할 수 있다. 질서는 수직적 관계이든지 수평적 관계이든지 이 관계는 더불어 살아가는 사람들이 오랜 세월에 걸쳐 약속으로 정해 놓은 것이라 할 수 있다. 이런 관점에서 보면 예는 사람 사이에서 차례를 정하고 행동에 절도를 확립함으로써 질서를 이루기 때문에 사람들 사이를 차별하고 억압하는 족쇄가 아니라 오히려 우리를 상호 존중하며 자유롭게 하는 삶의 질서라 할 수 있다. 셋째, 예는 모든 덕의 출발점이자 관문이다. 우리가 예를 배우고 익히는 까닭은 여러 가지 다른 덕에 이르게 하기 위해서이다. 따라서 예는 다른 덕들의 조건이자 가능태라고 할 수 있다. 마지막으로, 예는 인간의 행동을 절도에 이르게 하는 통제자이다. 이것은 자신을 억제하는 마음과 관련이 있고 인간이 자신의 길로 들어서게 해주는 통제자로서 역할을 하고 있다. 결국 예 혹은 예절은 가정과 사회공동체, 특히 학교 공동체 속에서 타인을 존중하고 바람직한 인간관계를 맺으며 살아가는 데 있어 매우 중요하게 대두되는 덕목이 바로 예라 할 수 있고, 도덕과 인성교육에 있어서 핵심적인 가치 · 덕목이라 할 수 있다.

2. 효(孝)

효(filial piety)는 오래전부터 동양인, 특히 한국인에게는 중요한 삶의 원리로서 존재하고 있다. 효를 제외하고는 우리나라의 도덕 문제, 특히 인성 문제를 논할 수 없을 정도로 우리 삶에 있어서 기본적이면서 중요한 가치 덕목이라 할 수 있다.

효(孝)는 그 어원을 살펴보면 자식이 부모를 섬기는 모습에서 유래한다. 孝는 '늙은이 로(老)' 자의 일부가 생략된 것에 '아들 자'(子)가 덧붙여진 것, 즉 자식이 노부모를 부축하고 있는 모습을 그린 형상이다. 혹은 어린 손자가 할아버지의 지팡이(匕, 비)를 잡고 있는 모습이라는 정감 있는 풀이도 가능하다(전광진, 2000, 42). 한편 서양에서는 효에 관해서는 자주 사용하지 않지만 효와 관련된 가장 가까운 단어는 영어로 'filial piety'라 할 수 있는데, 여기서 filial은 아들을 뜻하는 라틴어 'filius'와 딸을 뜻하는 라틴어 'filia'를 어원으로 하며, 이는 나중에 'filialis'로 발전하였다. 그리고 'piety'는 신에 대한 존경이나 종교적 의무의 헌신적 실천, 혹은 부모, 조국 등등에 대한 의무적인 존중과 관심을 뜻한다(김태훈, 2012, 281).

동양과 서양의 효에 관한 자의적 해석을 바탕으로 살펴보면, 효는 부모와 자식 간의 관계에서 비롯되는 것으로서, 자식이 부모에 대해 갖추어야 할 인간의 품성으로 시작해서 형제자매와 가정 그리고 이웃과 공동체 및 나라를 한 몸으로 여겨 사랑하고 공경하는 것으로 발전하게 된다. 그리고 동시에 효는 부모의 은혜에 보답하고자 하는 마음, 부모를 공경하는 마음 그리고 궁극적으로는 부모를 사랑하고 존경하는 마음을 그 바탕으로 하고 있다 할 수 있다(교육부, 2014, 428). 그러나 효는 자식의 부모에 대한 사랑과 존경에만 국한되는 것이 아니라 자식과 부모 상호 간의 관계와 관련해서 자녀에 대한 부모의 도리도 강조되어야 한다는 것이 효의 도덕적 의미라고 할 수 있다. 따라서 효 덕목의 윤리적 의의를 살펴보면 다음과 같다(김태훈, 2012, 288-294). 첫째, 효는 자식의 생명의 근원이 부모로부터 왔으며 또한 그 생명을 보호하고 이끌어 주시는 은혜에 감사하는 마음이다. 둘째, 효는 모든 덕행의 근본이다. 이는 효가 가장 가까운 곳에 있는 사람을 대상으로 가장 진실한 마음을 담아 일관되게 실천하는 덕이기 때문이다. 셋째, 효는 자녀에 대해 갖는 부모의 신뢰에 자녀가 진실하게 응답하는 것이다. 부모의 자녀에 대한 신뢰에 자녀가 진실하게 응답하는 것은 자신의 신체를 온전히 보전하는 것에서부터 시작하고 부모를 기쁘게 하는 것에서 구체적으로 나타난다. 마지막으로, 효는 보편적 사랑의 표현으로서, 혈연 중심적인 폐쇄적이고 배타적인 가족주의를 경계하는 보편적 인간애의 근원이라 할 수 있다. 따라서 효를 도덕과 인성교육에서 가르치고자 할 경우, 보은의 관점에서 시작해서 친애의 윤리로 발전시켜 가는 동시에 자식의 부모에 대한 공경과 부모의 자녀에 대한 자애의 두 가지 요소를 동시에 도덕 수업과 인성교육에서 실시하는 것이 중요하다(교육부, 2014, 428).

3. 정직(正直)

정직을 절대적 도덕규범으로 보는 입장은 절대적으로 지켜야 할 규범으로 판단하고 그러한 행위를 하고자 하는 것으로 보는 입장이 서양 도덕교육에 있어서 콜버그나 피아제의 입장이 있는 반면에, 상황 의존적인 입장에서는 모든 상황에서 일관되게 정직하거나 부정직하게 행동하는 것 그리고 정직한 사람과 부정직한 사람이 명확하게 구분되는 것이 아니라고 보고 있는, 즉 정직이 개인의 지속적인 특성이라기보다는 상황에 따라 달라지는 특성을 가진다는 입장도 있다(장희선, 2012, 10).

정직에 관한 다양한 해석이 가능하기는 하지만 대체로 정직은 마음에 거짓이나 꾸밈이 없이 바르고 곧음을 의미한다. 정(正)은 '징벌하다(attack)'가 본뜻이다. 최초의 자형은 징벌 대상의 나라를 가리키는 '口'에 정벌하러 나선 군인들의 행군을 나타내는 '발자국 지(止)'가 합쳐진 모양이었는데, 나중에 그 '口'가 '一'로 간략하게 변하여 오늘날에 이르게 되었고, '바르다', '바로잡다'라는 의미로 확대되면서 본뜻을 위하여 후에 征(칠 정)자로 바뀌게 되었다(전광진, 2000, 47). 또 다른 해석으로는 正은 바를 정으로 훈독하며, '一'과 '止'가 합쳐진 글자로서 하나를 지켜서 멈춘다, 혹은 정도를 지킨다는 의미이고(교육부, 2014, 433), 직(直)은 그 본래의 뜻이 '똑바로 보다(look straight ahead)'라는 뜻을 나타내기 위해서 '눈 목(目)' 위에 수직선(丨)이 똑바로 그어져 있는 것이었다. 나중에 '丨'이 '+'로 바뀌고 'ㄴ'이 추가되었다(전광진, 2000, 49). 그런데 'ㄴ'이 숨긴다는 의미를 가지기 때문에 '열 눈이 보는바, 아무리 숨겨도 드러나지 아니함이 없다.'(교육부, 2014, 433)로

풀이하고 '바르게 봄'을 뜻하고 있다.

정직은 진리에 대한 사랑 또는 존중이다. 정직은 속이고 감추고 위장하는 것을 거부한다. 정직은 자기 자신을 진리 밑에 자리 잡게 한다. 따라서 정직에 배치되는 행위는 자신과 진리에 대해 이중적으로 범죄를 저지르는 것이다. 또한 정직이란 말은 행동에 있어서 거짓이 없음을 말한다. 따라서 사람이 정직하지 않으면 스스로 인격에 분열을 초래할 뿐 아니라 사회적으로는 믿음을 사라지게 하여 결국에는 사회질서를 붕괴시킨다. 이러한 정직은 동양 유교에서는 신뢰의 기초가 되기도 하면서 그것으로 구현되기도 한다. 특히 유교 윤리에서 인의예지와 함께 신을 추가하게 된 것을 통해서도 정직이 신의와 관련이 있다는 것을 알 수 있다. 그리고 서양에서는 정직이라는 단어는 영어의 통합성(integrity)과 관련이 있는데, 이때의 통합성이란 때와 장소에 따라 말과 행동이 다르거나 모순되지 않고 전체적으로 일관성을 가진다는 것을 말한다(교육부, 2014, 425). 따라서 정직은 진리에 대한 올바른 태도를 가지고 신의를 바탕으로 해서 일관된 행동을 하는 것이라 할 수 있다. 도덕과 인성교육에 있어서 정직 덕목을 적절하게 활용한다면 인성교육의 소기의 목적을 달성할 수 있을 것이다.

4. 책임(責任)

책임은 맡아서 해야 할 임무나 의무를 가리킨다. 책(責)자는 본래 '빚(a debt, a loan)'의 뜻으로 고안된 것이지만, '돈 패(貝)'의 의미요소가 포함되었다. 책의 윗부분은 朿(가시나무 자)의 변형으로서 가시와 돈(貝)이 합쳐져 돈의 대차에 대해 가시로 찌르듯이 따끔하게 괴롭힌다는 의미가 있다. 즉 빚과 관련이 깊은 '재촉하다'(urge), '꾸짖다'(scold), '책임' 등으로 확대 사용되었다(전광진, 2000, 130, 교육부, 2014, 434). 한편 임(任)자는 원래 공구(工)를 짊어진 사람(人)의 모습이었는데 그 공(工)이 '(임)'(壬: 가운데가 볼록한 실패[1])으로 변화되어 가운데가 볼록한 실패와 사람이 합쳐진 글자로, 품이나 배를 볼록하게 하여 물건을 안는다는 의미에서 무거운 책임을 나타낸다. 즉 '맡다', '맡기다', '(사람을)쓰다'로 확대 해석된다(전광진, 2000, 97. 교육부, 2014, 434).

『논어』의 「학이」편에서 증자가 하루에 세 가지 일에 대해 반성한다고 한다(교육부, 2014, 438). 첫째, 다른 이와 일을 도모할 때 충실하지 못하지 않았는가? 둘째, 친구와 교제할 때 신의가 없지 않았는가? 셋째, 전수받은 가르침을 익히지 않았는가? 이것은 자신의 행동에 대해서는 남의 탓으로 돌리기보다는 먼저 자신을 반성하는 태도를 통해 자신을 다스리고 자기의 직책과 명분에 따라 맡은 일을 성실히 수행하는 것을 말한다.

책임 덕목의 자의와 유교적 관점에의 설명에서 보는 바와 같이, 책임 덕목은 공동체에서 개인과 공동체의 관계를 잘 설명해 주고 있다. 즉 인간 공동체 내에서 개인으로서의 자신을 완성하고 공동체의 공동선을 실현하기 위해서 각자에게 부여된 역할, 과제, 의무 등을 충실하게 이행하는 것을 말한다(교육부, 2014, 419). 책임의 덕은 개인적인 측면에서는 자신과의 대화를 통한 자아의 도덕적 성장, 자신의 바람직한 삶에 대한 진솔한 열망, 윤리적 자아의 실체 형성 등과 관련이

1) 바느질할 때 쓰기 편하도록 실을 감아 두는 작은 도구.

있고, 한편 책임의 덕목이 사회공동체 측면에서 구현될 때는 맡은 일을 다 함으로써 전체 사회에 대해 공헌하는 것과 관련이 되어 있다. 따라서 책임 덕목은 인간 삶을 도덕적으로 아름답게 살아가는 데 있어 적극적인 행동을 요구하는 가치라 할 수 있다.

5. 존중(尊重)

존중의 자의는 다음과 같다. 존(尊)은 존 자의 상단의 추(酋)자는 '묵은 술'을 뜻하는 것으로 '술독 유'가 변형된 것이다. 하단의 촌(寸)은 본래 '받들다'라는 뜻인 '공'에서 '잡다'라는 공으로 바뀐 것이다. 따라서 '존'자는 제사를 지낼 때 좋은 술을 따라 올리는 것을 의미하는 것으로 '존중하다', '존귀하다(high and noble)' 뜻으로 확대 해석된다(전광진, 2000, 140). 한편 중(重)자는 땅 위에 중후(重厚)한 자세로 우뚝 서 있는 사람의 모습을 그린 임(壬)을 의미하고 있으며 거기에 발음 요소인 동(東)이 결합된 것으로서, '두껍다'가 본뜻이지만 '무겁다', '겹치다'의 뜻으로 확대 사용된다.

존중은 정중하고 사려 깊은 방식으로 다른 사람을 대함으로써 그들이 존엄성을 가진 가치 있는 존재라는 점을 보여주는 것이다. 이는 인간은 누구나 평등하게 태어났으며 모든 사람은 존엄하게 대우받을 권리를 가지고 있으며 따라서 우리는 그들이 누구인지 그리고 어떤 일을 해 왔는지에 상관없이 존중함으로써 그들을 대해야 한다는 점에서 매우 중요한 도덕적 의미가 있다(교육부, 2014, 418). 미국의 대표적 인격 교육이론가인 리코나는 도덕성의 핵심적인 덕목으로 존중을 소개하면서, 존중은 자기 자신에 대한 존중, 타인을 위한 존중 그리고 모든 형태의 생명체에 대한 존중까지 광범위하게 그 범위를 확장하고 있다고 한다.

따라서 존중의 덕목은 도덕과 인성교육의 중요 핵심 가치 덕목으로서 역할을 제대로 할 수 있으며 자신과 타인 그리고 공동체 영역까지 도덕적 가치로서 서로 연관되어 있음을 인성교육을 통해 확장한다면 그 효과는 매우 클 것으로 보인다.

6. 배려(配慮)

사전적 의미는 도와주거나 보살펴주려고 마음을 쓰는 것을 의미한다. 배(配)자는 '아내 배'로 읽으며 '나누다, 할당하다, 분배하다, 보충하다, 부족한 것을 갚다' 등의 뜻이 있다. 配자는 술 단지(酉) 앞에 쭈그리고 앉아있는 사람(己)이 술 빛깔을 살펴본다는 것을 통하여 '술 빛깔'이라는 본뜻과 관련해서 그런 일을 주로 부인들이 담당한 탓인지 후에 '아내' '짝짓다'(mate) '나누다' 등으로 확대 사용된다(전광진, 2000, 180). 려(慮, 생각할 려)자는 무엇을 도와주려는 생각(discretion)의 뜻으로, '생각할 가'가 그 의미요소로 사용되었기에 단순하게 '생각하다', '걱정하다'라는 뜻으로 확대 사용되어 '보살펴주려고 이리저리 마음을 쓴다'라는 의미로 쓰이기도 한다(전광진, 2000, 216).

배려는 유가적 관점에서는 서(恕)와 직접적인 연관이 있다. 恕는 如와 心의 합자로서 같은 마음을 지니는 것, 서로의 마음을 아는 것을 뜻한다. 그리고 이렇게 타인의 마음을 헤아리기 위해서는 추기급인(推己及人: 자기를 미루어 다른 사람을 헤아린다)과 일이관지(一以貫之: 하나의 이치로써 모든 것을 꿰뚫는다)나 충서지도(忠恕之道: 자신의 일에 최선을 다하고 책임은 나에게 있다)의 의미와도 연관이 되어 있다(교육부, 2014, 429, 439).

배려는 서양에서 특별히 중요시하는 가치 · 덕목 중 하나이다. 배려 혹은 보살핌(care, caring) 개념은 나딩스(Nel Noddings)에 의해 체계화되었다. 그녀는 배려란 자신의 준거 체제로부터 나와 다른 사람의 그것으로 들어가는 것, 다른 사람의 관점과 그의 객관적 필요와 그가 우리에게 기대하는 것을 고려하는 것, 우리의 주의력과 정신적 전념을 배려받는 자에게 주는 것이라고 보고 있다. 배려의 대상은 가깝게는 자기 자신에 대한 배려로부터 시작해서 이어 친밀한 사람들에 대한 배려를 거쳐 낯선 사람과 타 지역 타 국가 사람들, 그리고 어려움에 처해 있거나 도움을 필요로 하는 사람 등에 대한 배려로 확대되고, 또한 동식물과 환경에 대한 배려 그리고 인간이 만든 세상 및 지식, 사상, 학문 등 인간의 사유와 아이디어, 지적 산물 등에 대한 배려까지도 확대된다(교육부, 2014, 428-429). 따라서 배려의 덕은 다른 사람 또는 존재의 가치를 인정하고 존중하며 한 존재로서 정당하게 대우하는 자세로부터 출발하고 이러한 타인에 대한 인정과 존중의 자세가 인간을 넘어 확대되면 자연에 대한 존중으로까지 연결되어 자연 보호 및 생명 존중까지도 관심을 가지게 되는 매우 폭넓은 도덕적 가치 · 덕목이라 할 수 있다.

7. 소통(疏通)

소(疏)자의 발 소는 족(足)의 변형이고 오른쪽의 것은 태아(子)와 양수가 흐르는 모습이 합쳐진 것으로 따라서 배 속에 있던 아이가 발로 비집어 몸 틈새를 연 다음 거꾸로 돌아 머리를 내밀어 바깥세상으로 나오는 모습이다(전광진, 2000, 152). 통(通) 자는 '길이 서로 통하다'라는 뜻으로 '길 갈 착'이 그 의미요소이고(전광진, 2000, 85), 용(甬)자와 결합 되어 '왕래', '모두'라는 뜻으로 사용된다. 따라서 소통의 뜻은 막힘이 없이 서로 왕래하고 통한다는 뜻이다.

학교와 교실이 진정한 도덕 공동체가 되기 위해서는 소통의 장이 되어야 한다. 교사와 학생, 학생과 학생, 부모와 자녀, 학교와 가정 간에 서로를 인정하고 수용하면서 새로운 합의점을 찾아가는 방법으로는 소통, 즉 대화가 가장 중요한 역할을 할 수 있다. 대화 공동체가 되어야 도덕 공동체가 될 수 있고 교실과 학교에서 인성교육을 제대로 실현할 수 있는 최적의 방법이다. 따라서 소통이야말로 인성교육을 제대로 교육 현장에서 정착시킬 수 있는 또 하나의 핵심적인 가치 · 덕목이다.

8. 협동(協同)

협동이란 서로 마음과 힘을 합하는 것을 의미한다. 협동의 뜻은 자의를 풀어보면 쉽게 해석될 수 있다. 협(協)은 '화합하다'는 뜻이며, 십(十)은 '여럿 또는 무리'를 뜻하는 '많다'는 뜻이고, 오른쪽에 힘 력이 세 개나 있는 것은 힘을 셋으로 합한다는 뜻을 가지고 있다. 력(力)의 본래 뜻은 농기구의 쟁기를 본뜬 것이다. 따라서 '협' 자는 '힘을 합치다'라는 뜻을 따라 사람들이 힘을 합쳐 밭을 가는 모습이다(전광진, 2000, 136. 교육부, 2014, 434). 한편 동(同)자는 '모두 '범'과 '입 구'가 합쳐진 것으로 '여럿이 회합하다'가 본래의 뜻이다(전광진, 2000, 39).

협동은 사회의 공동선을 창출하고 증진하기 위해 구성원들의 힘과 뜻을 하나로 모아 노력하는 것을 말한다. 이러한 협동은 공동체가 발전하고 번영하기 위한 필요 조건이 되는 것으로서 공동체의 가장 작은 구성단위인 가정에서부터 시작하여 사회와 국가에 이르기까지 모든 공동체의 흥망성쇠를 좌우하는 기본 요인이 된다. 따라서 협동의 덕은 공동선을 추구하는 성향을 그 구성요소로서 내포하고 그 궁극적인 지향점은 결핍 존재인 인간이 상호 보완을 통해 모두의 인격 완성을 이루도록 하는 데 있다(교육부, 2014, 430).

Ⅳ. 결론

인성교육이 교육 현장서 안착하기 위해서는 핵심적인 가치・덕목들이 중요하고 그 의미를 파악하는 것 역시 매우 중요하다. 도덕과에서의 주요 가치・덕목은 총 18개 정도로 교육과정에서 그 내용 체계를 이루고 있다. 물론 2009 개정 교육과정에서의 전체 지향 가치・덕목과 2015 개정 교육과정에서의 핵심 가치는 각각 4개와 나머지 14개 총 18가지를 제시하고 있지만 본 연구에서는 그 중 인성교육진흥법에서 중요하게 다루고 있는 8가지를 중심으로 그 자의적 의미와 윤리적 의미를 통해 가치・덕목 개념의 의미를 파악하였다. 가치・덕목 개념의 의미 파악을 통해서 우리는 그 규범적 의미를 파악할 수 있었고 이러한 과정을 통해 인성교육의 핵심적인 가치・덕목을 정리할 수 있었다. 이러한 가치・덕목의 탐구과정을 통해 얻을 수 있는 인성교육의 특징과 연구의 한계점을 살펴보면 다음과 같다.

첫째, 인성교육은 도덕교육에서 실행되어야 이론적으로나 실제적으로 그리고 체계적으로 다룰 수 있다. 인성교육에 관한 체계적인 연구와 노력은 이미 도덕교육에서 진행되었으며 그 과정을 통해서 분석과 비판 그리고 보다 체계적인 연구가 수행됨으로써 인성교육의 핵심적이고 주관적인 교과로서 역할을 수행했다. 물론 모든 교과에서 인성교육을 실시할 수 있지만, 특히 인성교육에서 다루고 있는 주요 가치 · 덕목들을 체계적이고 이론적으로 다루고 있는 교과는 도덕 교과라는 것을 간과할 수 없기 때문이다.

둘째, 인성교육의 주요 가치 · 덕목들을 연구하고 살펴보는 것이 인성교육의 발전과 교육 현장에서의 안착을 위해서는 매우 중요하고 필요하다. 주요 가치 · 덕목들은 인성교육의 철학적 원리로서 훌륭한 인성의 기반을 형성하고 있으며, 모두가 공감하고 객관적으로 중요한 도덕적 가치들이며, 이것들은 학교와 지역사회에서의 인간관계 형성의 기초로 활용하기도 하고 그것들을 실행하는 데 책임감을 준다는 점에서 매우 중요하다. 이러한 이론적 토대 없이 인성교육의 실행만을 강조할 때 발생할 수 있는 문제점들을 사전에 방지할 수 있는 장치가 될 수 있다.

셋째, 인성교육은 그 이론적인 바탕을 통해서 현장에서 어떻게 제대로 구현되는가 하는 것이 매우 중요하다. 이런 관점에서 본다면 인성교육 현장에서 교사의 역할을 강조하지 않을 수 없다. 교사들이 얼마나 인성교육에 관한 이론과 실제를 겸비하고 있는지가 인성교육의 승패와 직접적인 관련이 있기 때문이다. 교사들을 위한 체계적인 교육이 병행되어야 한다. 아울러 교사들이 인성교육의 핵심적인 가치 · 덕목들을 충분히 이해할 수 있는 노력이 반드시 필요하다.

넷째, 인성교육의 핵심적인 가치·덕목들의 외연은 개인에 국한되는 것이 아니라 타인, 국가, 나아가 자연 존재까지 확장되어 있다. 물론 이런 관계들은 모두 도덕적 가치 관계로 연결되어 있기 때문에 이러한 점들도 인성교육 현장에서 충분히 고려해야 할 부분이다. 또한 앞에서 살펴본 8가지 가치·덕목들 모두가 서로 그 의미가 연결되어 있다. 이는 인성교육 수업 시, 어떤 하나의 가치·덕목에 국한해서 그 범위를 제한시킬 수 있다는 문제점들을 고려해 볼 필요가 있다는 점이다.

마지막으로, 인성교육의 핵심적인 가치·덕목들을 어떤 방식으로 수업에 활용할 것인지에 대해서는 구체적 언급을 할 수 없는 한계가 있다. 그렇다고 해서 핵심 가치·덕목의 이론적인 부분에 대한 천착을 소홀히 해서는 안 된다. 이론과 실제가 실질적으로 현장에서 제대로 정착되기 위해서는 또 다른 연구가 병행되어야 할 것이며, 교사와의 공동의 노력이 필요하리라 본다.

참고문헌

교육부(2014), 『도덕4 교사용 지도서』, (주)천재교육.

김종문(2001), 『21C 삶과 대화의 도덕교육』, 교육과학사.

김태훈(2012), ''효' 덕목의 윤리적 의의에 관한 규범적 연구', 『도덕윤리과교육』 第37호.

김태훈(2015), "예(禮)'덕목의 윤리적 의의에 관한 규범적 연구', 『인성교육 중핵교과로서의 초등도덕과 발전방안 탐색』, 2015년도 한국초등도덕교육학회 연차학술대회 발표문.

이택휘, 유병렬(2000), 『도덕교육론』, 양서원.

장희선(2012), '한국인의 정직과 전통적 가치의 갈등양상 및 해소방안에 관한 연구', 서울대학교 대학원 박사학위 논문.

장윤수(2010), 『현대사회와 예절 문화』, 양서원.

전광진(2000), 『뿌리를 찾는 한자 2350 1 기초 편』, 조선일보사.

전광진(2000), 『뿌리를 찾는 한자 2350 2 완성 편』, 조선일보사.

정창우(2013), 『도덕과 교육의 이론과 쟁점』, 울력.

추병완(1999), 『도덕교육의 이해』, 백의.

溝口雄三 외(2003) 편저, 김석근 외 옮김, 『중국사상문화사전』, 민족문화문고.

제2부

도덕과 교육과정과 수업의 실제

제 7 장 도덕과 교육과정의 비판적 이해*

Ⅰ. 서론

교육과정은 모든 교과의 근간이며 성격을 규정하고 목표를 설정하며 그에 따른 교육 내용을 구성하는 동시에 관련된 교수·학습 방법을 제시하며 평가를 통해서 "형식적인 교육 목표나 교육 내용, 방법, 평가를 체계적으로 조직한 교육 계획"(교육부, 1998, 4)이라 할 수 있다. 교육과정의 개념은 지식, 인간, 자연, 환경, 문화 등을 보는 관점에 따라 다양하다. 학교에서 이루어지는 교육과정은 학생이 경험하는 총체 또는 학교가 제공하는 경험의 총체라는 광의의 개념으로 정의해 볼 수 있다. 학교에서 계획하고 실천하는 교육과정은 의도적이고 계획적인 행위라고 할 수 있다. 이러한 의도적이고 계획적인 행위에는 달성하고자 하는 교육 목적 및 목표가 존재한다. 그러므로 학교에서 계획하고 실천하는 교육과정은 학교의 교육 목적 및 목표를 달성하기 위해 교육 내용을 선정하고 조직하고 실천하고 평가하는 제 행위를 가리키는 것이라고 할 수 있다. 따라서 의도적이고 계획적인 학교

---

* 이 글은 초등교육연구논총 제37권 2호(대구교육대학교 초등교육연구소, 2021)에 실린 논문을 수정·보완한 것임.

교육에 적용하고자 하는 교육과정은 '교육 목표와 내용, 방법, 평가를 체계적으로 조직한 교육 계획'(교육과학기술부, 2009, 4)으로 정의할 수 있다.

교육과정은 그 교육 내용을 결정하는 주체가 누구인가에 따라 '국가 수준의 교육과정', '지역 수준의 교육과정', '학교 수준의 교육과정'으로 나눌 수 있다. 특히 국가 수준의 교육과정은 국가에서 고시한 교육과정의 공통적이고도 일반적인 기준으로 교육과정의 가장 상위 수준이라 할 수 있다. 이에 따라 국가 수준의 교육과정은 여러 차례의 개정 과정을 거쳐 왔다. 그 개정의 주된 기준 혹은 근거가 되는 것은 학교 교육을 통해 도달하고자 하는 인간상이 무엇인지 그리고 현재의 교육과정이 설정한 인간상에 도달하는 데 적합한지 여부에 달려있다 할 수 있다.

그리고 교육과정과 교육과정의 개정에 있어서 가장 핵심적인 문제는 학교에서 무엇을, 왜 가르쳐야 하는가와 관련이 있다. 이것은 무엇보다도 그러한 내용의 가치를 정당화하는 일과 연결되며 교육과정의 내용을 구성하고 선정, 조직하는 근거가 되고 기초가 된다. 지식, 인간, 사회, 환경, 문화 등을 보는 시각과 무엇을 목표로 하느냐 또는 강조하느냐에 따라 교육과정의 성격이 규정되고 목표가 설정된다. 도덕과 교육과정 역시 학교에서 무엇을 왜 가르쳐야 하는지 성격과 목표를 제시함으로써 도덕과 존재 근거 및 추구하는 방향 등을 잡을 수 있다.

이에 본 연구는 도덕과의 교육과정을 6차 개정, 7차 개정, 2007 개정, 2009 개정, 2015 개정을 통해 도덕과의 성격과 목표를 중심으로 어떤 인간상을 바탕으로 도덕성 혹은 인격을 함양하는 데 도움을 주고 있는지를 살펴보고자 한다. 덧붙여 도덕과에서 추구하는 인간상을 각 교육과정의 성격 및 목표와 연관해서 살펴봄으로써 도덕과 수업에 어떻게 활용되는지에 대해 비판적 관점에서 고찰하고자 한다.

Ⅱ. 본론

1. 6차 개정 도덕과 교육과정

1) 6차 교육과정의 중점 사항

이전의 5차 도덕과 교육과정을 개정한 이후 국내외 정세가 많이 바뀌었다. 국내에서는 권위주의 시대를 청산하고 자유 민주주의 정치체제가 정착되었으며 정보화 시대의 흐름이 급속히 진행되었다. 특히 1988년 개최된 서울 올림픽은 한국의 국제적 위상과 한국인의 자긍심을 높였다. 국외 상황으로는 사회주의 국가들의 몰락으로 냉전체제가 무너지고 화해와 협력의 시대가 열렸다.

이러한 국내외 정세와 관련해서 교육과정도 새로운 변화를 가져오게 된다. 6차 교육과정 개정 작업을 시작한 1990년은 21세기를 10년 남겨둔 전환기였다. 민주화, 정보화, 국제화를 향해 급속하게 변화하는데 학교 교육에서는 어떤 인간을 길러야 할 것인가에 대해 논의하다가 "건강하고, 자주적이며, 창의적이며, 도덕적인 한국인"을 새 교육과정에서 추구하는 인간상으로 합의했다(교육부, 1996, 18). 6차 개정 교육과정에서 추구하는 인간상은 몸과 마음이 건강한 사람, 개성 있고 자율적인 사람, 창의성을 가지고 실천하는 사람, 옳고 그름을 판단하고 선한 일을 실천하는 사람이다. 이러한 새로운 인간상의 정립과 함께 기존의 교육과정이 추상적이고 거시적으로 서술되었다는 지적과 함께 현장 교육과의 연계성의 부족 등이 현실적인 문제점으로 대두되었다. 그래서 교육 현장의 목소리를 배제한 한 추상적인 교육과정이라는 비판을 면할 수 없었다. 이에 '주어진 교육과정'의 틀에서 벗어나 교육 실천가들이 교육 현장에서 '만들어 가는 교육과정'으로의 인식의 전환을 시도한 것이 6차 개정 교육과정이다(교육부, 1996, 17). 이러한 개정 배경을 바탕으로 6차 개정 교육과정에서 강조하고 있는 중점 사항은 다음과 같다(교육부, 1996, 17-18).

첫째, 중앙 집권형 교육과정을 지방 분권형 교육과정으로 전환하여 시·도와 학교의 자율 재량권을 확대하였다. 둘째, 다양한 이수 과정과 교과목을 개설하고 필수 과목을 축소하는 한편, 선택 과목을 확대하여 교육 내용의 획일성을 해소하려고 노력하였다. 셋째, 학습량과 수준을 조정하고 교과목 체제의 개선으로 교육 내용의 적합성을 높이고 학습량을 줄이려고 하였다. 특이한 점은 바른생활과에서 기본 생활 습관과 예절을 지도하게 했으며, 사회과와 자연과의 통합 교과로 '슬기로운 생활'을 재편하였다는 점이다. 넷째, 학생의 적성, 능력, 진로를 고려하고 학습과 생활의 기초 능력을 신장하며, 평가 방법을 개선하여 교육과정이 효율적으로 운영될 수 있게 하였다.

2) 6차 도덕과 교육과정의 성격과 목표

(1) 도덕과 교육과정의 개정 방향

도덕과 교육과정의 개정은 우리 사회에 비도덕적인 현상이 심화되고 확대되면서 제기되었던 문제들을 학교 교육에서 '도덕교육의 강화'로 대처해야 한다는 사회적 요구에서 비롯되었다. 교육과정 총론에서 강조하고 있는 이상적인 인간상은 "21세기를 주도할 건강하고, 자주적이고, 창의적이며, 도덕적인 한국인 육성"에서 보는 바와 같이 도덕교육을 강화하고 있다. 이러한 입장을 바탕으로 한 도덕 교육과정의 개정 방향은 다음과 같다(교육부, 1996, 119-200). 첫째, 도덕과 교육의 지속적인 발전을 위하여 제5차 교육과정의 기본 정신을 계승·발전시켰다. 특히 학생들의 합리적인 판단과 선택을 강조한 '인지적 접근' 방법을 계승하고 있다. 이는 4차와 5차 개정 도덕과 교육과정의 성격의 이론적 근거라 할 수 있는 도덕인지 발달론의 인지적 접근을 그대로 계승하고 있다. 둘째, 우리 사회의 중핵적인 가치와 덕목들을 뽑아 도덕과 교육과정의 교육 내용으로 삼고 있다. 아쉬운 점은 주당 2시간이었던 수업 시간이 1시간으로 줄어들었고 이에 따라 지도 요소 역시 종전의 26개에서 20개로 줄어들었다는 점이다. 셋째, 도덕과 교육 내용 영역이 시대적, 사회적 요구를 반영하였다. 즉 생활영역을 개인 생활, 가정·이웃·학교생활, 사회생활, 국가·민족 생활 등 4개 영역으로 구성하였다.

(2) 성격과 목표

도덕과의 성격을 한마디로 규정하기는 쉽지 않다. 그렇지만 도덕과가 학생들의 건전한 도덕성 혹은 인성을 함양하도록 도와주는 교과라는 점에서는 대체로 동의한다. 이것은 도덕과의 두 가지 기능, 즉 가치 통합적 기능과 사회 통합적 기능과 관련이 있다(교육부, 1996, 9-10). 가치 통합적 기능이란 가정, 학교, 사회생활 과정을 통해서 학생들이 획득한 여러 가지 가치와 규범 간의 상호 의존적 관계나 모순성을 파악하면서 하나의 통합적 가치 체계를 가진 인격을 형성하도록 돕는 것이다. 다시 말하면 가치 통합적 기능은 도덕적 행위의 주체자인 각 개인이 내면화시킨 규범 간의 모순이나 갈등을 극복하고 조화롭고 통합된 인격을 형성하게 하는 도덕과 교육의 역할을 설명한 것이다. 그리고 도덕과의 사회 통합적 기능이란, 도덕과 교육의 일차적 기능이 각 개인의 통합적 인격 형성, 즉 가치 통합이라고 한다면 개인은 사회적 존재로서의 개인이므로 개인 내부의 가치 통합과 동시에 사회적 통합에 기여할 수 있는 성향이 요구된다는 의미이다. 다시 말하면 도덕과 교육의 사회적 기능 통합은 우리 사회의 기본적이고 중핵적인 도덕규범을 다음 세대에 전수함으로써 우리 사회 구성원 간의 통합성을 유지하는 기능을 말한다. 도덕과 교육의 가치 통합적 기능과 사회 통합적 기능이 학생들의 인격과 생활에 영향을 끼치고 이런 점이 학생들의 건전한 인성과 도덕성을 함양하는 데 도움을 주는 교과라는 점에서 도덕과 교육의 성격으로 규정할 수 있고 이것이 곧 다른 교과와의 차별성을 보여주는 것이다.

한편 도덕과 교육의 성격을 바탕으로 목표를 제시하면 다음과 같다. 도덕과 교육의 목표는 일상생활에 필요한 기본예절과 도덕규범의 의미와 중요성을 이해시키고, 도덕적 문제 해결에 필요한 사고력과 판단력을 키우며, 스스로 바람직하고 합리적인 생활 태도로 도덕 생활을 영위할 수 있게 하는 것이고, 초등학교 도덕과의 목표는 바른 생활과에서 배운 기본 생활 습관을 바탕으로 하여, 학생들이 스스로 도덕성 형성의 기초를 다지며 사회 성원으로 갖추어야 할 인격적 자질을 기르는 것을 강조한다(교육부, 1996, 20).

이상에서 살펴본 6차 개정 도덕과 교육과정의 특징과 그 문제점을 살펴보면 다음과 같다. 첫째, 기존의 주어진 교육과정의 틀에서 벗어나 교육 현장의 실천가들이 만들어 가는 교육과정이라는 점에서 새로운 교육과정의 방향을 제시하고 있다. 중앙 집권형 교육과정을 지방 분권형 교육과정으로 전환하여 시・도 교육청과 학교의 자율 재량권을 확대했다. 6차 교육과정이 국가 수준의 교육 기준을 마련하고 그에 따라 시・도 교육청이 교육과정의 편성과 운영의 지침을 마련하고 시행하는 것을 권고하고 있지만 실제로는 학교 혹은 교실에서 양자를 조정하여 편성한 학교 수준의 교육과정이라 할 수 있다. 결국 6차 교육과정은 교사가 학교 혹은 교실에서 실제 수업에 활용하고 실천할 수 있는 교육과정을 만들었다는 데 그 의의가 있다.

그러나 국가 수준의 교육과정이 학교 현장에서 교사에 의해 재구성되어 제대로 활용되는 것이 실제로 가능한가 하는 의구심이 든다. 교사는 교육과정 전반에 관한 이해를 바탕으로 학교 혹은 교실 수준에 맞는 교육과정을 새롭게 만들어 운영할 수 있어야 한다. 하지만 교사가 국가 수준의 교육과정을 정확하게 이해하고 이를 학교와 수업 현장에 맞게끔 재구성하는 것이 쉽지 않다.

둘째, 6차 도덕과 교육과정의 성격을 규정하는 데 있어 도덕과의 2가지 기능(교육부, 2001, 11), 즉 가치 통합적 기능과 사회 통합적 기능을 관련시키고 있다. 가치 통합적 기능과 사회 통합적 기능은 도덕과의 성격을 규정하는 두 축이라 할 수 있다.[1] 도덕과에서 강조하는 가치 통합 기능과 사회 통합 기능은 도덕과 수업 시수가 1시간으로 줄어든 상황에서 모든 교과에서 도덕교육을 강화하고 도덕과는 그런 교육의 결과를 통합하고 보완하려는 측면을 강조하고 있다. 그러나 과연 다른 교과에서 도덕과의 통합적인 기능을 제대로 이해하고 수용할 수 있는가 하는 문제가 있다. 도덕과의 세 번째 기능인 교과 통합적 기능을 제시하고 있기는 하지만 다른 교과의 도움을 받기보다는 도덕과 자체에서의 정체성을 강화하는 방안을 제시하고자 하는 노력이 아쉽다.

2. 7차 개정 도덕과 교육과정

1) 도덕과 교육과정 설정의 배경

7차 교육과정 개정의 기본 요인은 1995년 5월 31일 대통령 자문기구인 교육 개혁 위원회에서 '열린 교육 사회, 평생 학습 사회'의 건설을 위한 '세계화 · 정보화 시대를 주도하는 신교육 체제 수립을 위한 교육 개혁 방안'을 발표한 것에 기인한다. 이러한 개정 배경 요인을 지닌 7차 교육과정은 "전인적이고 개성적인 인간, 창조적인 인간, 교양과 개척 정신을 갖춘 인간, 우리 문화의 토대 위에서 새로운 가치를 창조하는 인간, 시민의식을 바탕으로 공동체의 발전에 기여하는 인

1) 도덕과 6차 교육과정에서는 가치 통합적 기능과 사회 통합적 기능을, 7차 교육과정에서는 가치 통합적 기능과 교과 통합적 기능 등 2가지 기능을 언급하고 있지만 2007 교육과정에서는 가치 통합적 기능, 사회 통합적 기능, 교과 통합적 기능 등 3개의 기능을 제시하고 있다.

간”(교육부, 1997, 6)을 인간상으로 추구하면서 개정의 기본 방향을 제시하고 있다.

7차 교육과정 개정에 따른 7차 개정 도덕과 설정 배경은 다음과 같다(교육부, 2001, 6-7 참조). 첫째, 한 사회가 유지, 발전하기 위해서는 자라나는 청소년들에게 그 사회의 근간이 되는 가치 체계를 내면화시켜 공동체적인 삶의 기틀을 마련해 주어야 한다. 이런 역할을 해야 할 기관이 곧 학교이고 모든 교과에서 담당해야 할 것이다. 특히 도덕과가 우리 사회 구성원들 간의 가치 기반을 형성하는 데 핵심적인 역할을 해야 할 것이다. 따라서 이런 역할 수행이 도덕과 설정의 이념적 배경이라 할 수 있다.

둘째, 가치 혼란의 시대, 사회 구조의 복합성, 인간 소외 현상 등의 시대적 상황에서 학생들 역시 가치관을 확립하지 못하기 때문에, 원만한 인격 형성에 어려움을 겪고 있고 자율적이며 주체적인 가치 결정에 있어 혼란을 겪고 있다. 이런 상황을 극복하기 위해서는 도덕과의 역할, 즉 학생들의 건전한 인격과 가치관을 형성하도록 돕는 것이 중요하다.

셋째, 학문적인 배경으로, 현 상황에서는 도덕적 가치판단 능력이나 태도에 관해서 체계적으로 다루는 학문 영역을 찾아보기 어렵기 때문에 도덕과 교육의 필요성이 대두된다. 특히 가치와 관련된 도덕과는 그 특유의 방법론을 중시할 수밖에 없고 이런 관점에서 독립 교과로서의 도덕과 교육이 요청되는 것이다.

2) 도덕과 교육과정 개정의 배경

앞에서 살펴본 도덕과 설정의 배경을 바탕으로 볼 때 학교에서의 도덕 교육적 기능이 한층 강화될 수밖에 없었고 이에 따른 도덕과 교육과정의 개정 배경을 살펴보면 다음과 같다(서강식, 2001, 154). 첫째, 우리나라 교육이 지향하고 있는 바른 인성을 지닌 민주 시민을 기르는 데 도덕과 교육이 핵심적인 역할을 해야 한다는 국민적 요구가 있었다. 둘째, 초등 도덕과는 바른 인성을 지닌 민주 시민의 기본 토대로서 건전한 도덕성 혹은 유덕한 인격의 기초를 확고히 하는 데 더 진력해야 한다는 요구가 있었다. 셋째, 국민 공통 기본 교육과정[2]의 개념에 입각하여 초등 도덕과 교육을 보다 체계화하고 지도 내용의 적정화를 도모할 필요가 있었다. 넷째, 학생들의 건전한 인격 발달과 민주 시민적 도덕성의 기초를 확고히 하는 데 기여하는 실효성 있는 도덕과 교육이 이루어져야 한다는 요구가 있었다. 다섯째, 초등 도덕과 교육의 접근에 있어 인지적 접근을 넘어서 인지적·정의적·행동적 접근을 통합하여 유덕한 인격을 기르기 위한 인격 교육적 접근 내지는 덕 교육적 접근[3]이 모색되어야 할 필요가 있었다. 이상의 개정 배경을 중심으로 도덕과 교육과정의 성격과 목표를 살펴보고자 한다.

---

2) 초등학교 1학년부터 고등학교 1학년에 이르는 10년의 교육과정을 하나의 교육과정, 즉 국민 공통 교육과정으로 간주하고 이 기간의 교육 내용에 학년별 또는 단계별로 계열 간의 연결성, 상호 연관성, 전체적 통합성을 부여하는 성격을 지니고 있다(교육부, 2001, 10).

3) 도덕과 4차, 5차, 6차 교육과정의 이론적 배경이라 할 수 있는 인지적 접근에서 벗어나 인지적·정의적·행동적 접근을 통합하는 인격 교육적 접근에 기초를 두고 있다.

3) 도덕과 교육의 성격

7차 개정 도덕과 교육과정의 성격을 다음과 같이 규정하고 있다. "학생들로 하여금 자신을 이해하고, 일상생활에 필요한 규범과 예절을 익히며, 국가·민족 구성원으로서, 그리고 세계 사회의 일원으로서 역할과 책임을 파악하게 하여 한국인, 나아가 세계 시민으로서의 바람직한 삶을 살아가는 데 도움 주기 위한 교과이다."(교육부, 1997, 98) 이러한 도덕과는 인성교육과 민주 시민 교육, 그리고 국가적인 차원에서 중시되고 있는 통일 대비 교육과 국가 안보 교육을 핵심 영역으로 하는 핵심 교과뿐 아니라 바람직한 삶을 위한 도덕규범과 가치문제를 다루는 규범 과학적 관점과 사회질서 유지 및 국가·민족의 발전을 위한 국민 의식 형성 문제를 탐구하는 사회과학적 관점을 중심으로 학제적 접근을 시도한 교과로 규정하고 있다. 여기서 학제적 접근이란 규범 과학적 관점과 사회과학적 관점에 따라 양쪽의 관점을 공동으로 제휴하면서 연구한다는 것인데 학제적 접근을 명시적으로만 제시하기보다는 그 접근의 학적 근거나 논리적 근거를 구체적으로 제시하고 있지 못하기 때문에 그 정당성을 찾기에는 아쉬운 점이 있다.

도덕과 교육의 성격 규정과 관련해서 구체적인 특징을 살펴보면 다음과 같다. 첫째, 초등 도덕과 교육은 인성교육과 민주 시민 교육의 핵심 교과로서 역할을 하고 있다. 타 교과에서도 올바른 인성을 가지고 있는 민주 시민을 육성하는 것을 강조하지만, 특히 도덕과는 그 중심적인 역할을 하고 있다. 둘째, 초등 도덕과에서 강조하고 있는 것은 우리 사회의 공동체의 구성원으로서 자라나는 데 필요한 기본 생활 습관과 예절, 우리 사회의 중요한 도덕적 가치와 규범을 배우는 데 중점을 두고 있다. 1, 2학년의 바른생활과[4]에서 강조하고 있는 가장 기초적인 생활 규범의 습득을 통해 유덕한 덕 형성의 밑바탕으로 기본 생활 습관과 예절, 기본적인 도덕적 가치 및 규범의 내면화와 자율적인 실천 성향의 형성을 꾀함으로써 유덕한 인격 형성의 토대를 튼튼히 하면서 그 발전과 심화를 도모하는 데 중점을 두는 교과이다.
셋째, 도덕과는 가치 통합적 기능과 교과 통합적 기능을 통해 교과로서의 내실화를 도모하는 동시에 학생들의 유덕한 인격 형성에 기여하는 특성이 있다. 학생들이 학교, 가정, 사회 등에서의 다양한 장면과 계기를 통해 습득한 여러 가지 가치, 규범 등에 대한 합리적 이해를 도모하고 상호 관계나 모순성을 파악하여 하나의 통합된 가치 체계를 형성하도록 돕는 가치 통합적 기능을 수행한다. 그리고 여러 교과를 통해 습득한 지식과 능력, 태도 등을 통합하여 도덕적 삶의 안목과 실천 의지, 행동 성향의 형성에 직접 그리고 효과적으로 연결하는 교과 통합의 기능을 수행한다.

4) 도덕과 교육의 목표

도덕과 교육의 총괄 목표와 하위 목표는 다음과 같다. 먼저 총괄 목표는 "한국인으로서 바람직한 삶을 살아가는 데 필요한 기본 습관과 예절 및 도덕규범을 익히고, 일상생활 속에서 부딪히는 도덕적 문제를 바람직하고 합리적으로 해결할 수 있는 판단 능력을 기르며, 올

4) 6차 개정 도덕과 교육과정에서는 바른생활과가 도덕과의 저학년 교과였으나, 7차 개정 도덕과 교육과정에서는 도덕과의 내용을 다루되 도덕과의 저학년 교과가 아닌 통합 교과의 성격을 지니고 있다.

바른 시민의식과 국가 · 민족의식, 그리고 세계평화와 인류 공영 의식을 함양하고, 삶의 이상과 원리를 체계화하여 실천할 수 있는 도덕적 성향을 기른다."(교육부, 1997, 98)라고 규정하고 있다. 그리고 총괄 목표에 따른 하위 목표는 다음의 생활영역별로 제시하고 있다.

첫째, 개인 생활영역의 목표는 사람이 도덕적이어야 하는 까닭을 이해하고 도덕적 삶을 사는 데 필요한 도덕적 사고판단 능력을 신장하고, 인간 존중의 삶 자세를 지닐 것을 제시하고 있다. 둘째, 가정 · 이웃 · 학교생활 영역의 목표로 도덕규범과 예절을 익히고 도덕적 문제 사태들에 대한 합리적 해결 방안을 모색할 수 있는 능력을 신장하여 바른 삶을 살 것을 제시하고 있다. 셋째, 사회생활 영역의 목표는 민주 사회의 도덕을 이해하고 현대사회의 도덕 문제를 해결할 수 있는 능력을 신장하여 원만한 사회생활을 영위할 것을 제시하고 있다. 넷째, 국가 · 민족 · 생활영역의 목표는 애국 애족의 자세를 지니고 통일을 이룩하는 한국인 및 통일 이후의 한국인으로서, 그리고 세계 시민으로서의 능력과 태도를 지닐 것을 제시하고 있다.

7차 개정 도덕과 교육과정의 성격과 목표를 살펴보았다. 성격과 목표를 통해서 도덕과 교육이 무엇을 지향하며 어떻게 나아가야 할지에 대한 방향을 제시했지만, 여전히 근본적으로 해결되지 못한 쟁점들이 존재하고 있다. 우선, 도덕과 교육의 실효성의 문제다(조난심, 2004, 7-8). 이는 도덕과 교육의 결과로 달성되리라는 기대와 효과가 별로 크지 않다는 점이다. 즉 도덕과 교육을 통해서 학생들의 도덕적 행동의 변화를 과연 가져올 수 있는가 하는 문제이다. 이 문제는 도덕과 교육과정을 개정할 때마다 논쟁의 중심에 있는 문제였고 이 문제를 해결하기 위해 개정의 성격과 목표에 구체적으로 명시하라는 요구는 계속되었지만, 여전히 그 실효성에는 의문이 들 수밖에 없다. 다만 6차까지의 인지적 접근에서 7차부터 인격 교육적 접근을 강조하면서 실효성의 문제를 해결하려는 노력을 인정하는 정도이다.

다음으로, 목표를 제시함에 있어 총괄 목표를 제시하고 도덕과의 구체적인 하위 목표를 생활영역별로 제시하고 있다. 생활영역별로 목표를 제시하는 것은 실제 아동의 성장과 발달에 기초한 것이 아니라 성인의 가공 논리에서 나온 것이며 생활영역에 따라 학습하는 아동들은 상위 및 하위 수준의 다른 공동체 간의 역동적인 상호 관계를 파악할 수 없다는 문제 때문에 생활영역별보다는 오히려 주제 중심으로 접근해야 한다는 주장(조난심, 2004, 10)이 설득력 있어 보인다.

3. 2007 개정 도덕과 교육과정

2007 개정 교육과정에서 추구하는 인간상은 다음과 같다(교육인적자원부, 2007, 104). "전인적 성장의 기반 위에 개성을 추구하는 사람, 기초 능력을 토대로 창의적인 능력을 발휘하는 사람, 폭넓은 교양을 바탕으로 진로를 개척하는 사람, 우리 문화에 대한 이해의 토대 위에 새로운 가치를 창조하는 사람, 민주 시민의식을 기초로 공동체의 발전에 공헌하는 사람이다."

2007 개정에서 제시한 인간상을 바탕으로 2007 개정 도덕과 교육과정은 제7차 개정 도덕과 교육과정의 기본 편제를 유지하면서 부분적으로 수정 보완하고 있다. 2007 개정 초등 도덕과 교육과정의 기본 방향과 중점 사항을 살펴보면 다음과 같다(교육과학기술부, 2011, 18-19). 첫째, 도덕과 교육의 정체성을 확립하고자 한 것이다. 도덕과

교육의 독자성과 차별성을 확보하고, 도덕적 덕목과 규범 그리고 가치문제를 체계적으로 다루는 교과로서의 정체성을 확립하며, 여러 가지 도덕적 문제에 직면해서는 윤리학적인 접근을 중심으로 연관된 다른 학문의 접근 방법을 활용하는 학제적(interdisciplinary) 접근을 시도함으로써 학생들의 도덕적 사고, 판단, 정서, 실천 능력을 체계적으로 육성하고자 하는 데 초점을 두고 있다. 둘째, 새로운 세계에서 발생하는 다양한 도덕적 문제들을 올바로 이해하고 이에 적극적인 대응을 위해 필요한 도덕적 지식과 사고・판단 능력, 실천 성향 및 도덕 품성을 기르고자 하며 이에 대응하기 위해 세계화와 윤리 문제, 생명 윤리, 정보 윤리, 인권 문제, 환경 윤리 등의 문제를 강조하고 있다. 셋째, 도덕적 탐구 방법을 강조하고 있다. 사회적 사실을 탐구하는 사회과와 과학적 사실을 탐구하는 과학과와 같이 도덕과는 학생들 스스로 사고하고, 조사하고, 검토하는 등의 도덕적 탐구 능력을 배양함으로써 도덕적 가치를 자발적으로 내면화하는 데 도움을 주고자 한다. 넷째, 7차 교육과정에서 제시한 학교급 간의 연계성을 강조한 국민 공통 기본과정이 가지고 있는 학교급별 교육의 차이를 드러내는 문제점을 극복하기 위해 학생들의 발달 단계를 고려한 학교급별 도덕과 교육의 목표를 차별화하였다. 마지막으로, 교육과정 개정을 위해서 현장의 의견 수렴과 합의를 통한 참여식 교육과정을 개발하였다.

1) 도덕과 교육의 성격

이상의 개정 기본 방향과 중점 사항을 바탕으로 초등 도덕과 교육의 성격을 규정하고 있다. 우선 전체적으로 말하면, “초등 도덕과는 우리 사회의 도덕 공동체로서의 성숙과 구성원들의 도덕적 자기완성으로서 자기실현의 필요에서 요청되는 교과이며, 구체적으로 말하면, 초등학교 학생이 바람직한 인성을 지닌 민주 시민으로 자라가도록 그에 필요한 건전한 도덕성 및 유덕한 인격의 기초를 다지는 데 진력하는" 교과이다(교육과학기술부, 2011, 20).

이러한 성격 규정이 강조하고 있는 것은 다음과 같다(최신일, 2012, 4-5). 첫째, 한국적인 맥락에 근거한 보편적 윤리의 추구, 즉 한국적인 맥락에 근거하되, 궁극적으로는 보편적인 윤리를 추구하고 있다. 이를 구체적으로 언급하는데(교육과학기술부, 2011, 19), 오늘날 한국이라는 특수한 상황 속에서 살아가는 현실을 고려하는 동시에 도덕의 본질과 세계화된 오늘날의 삶의 조건을 추구한다는 것이다. 이는 도덕과의 성격을 규정하는 데 있어 윤리학을 그 이론적 배경으로 언급하고 있다는 점에서는 일단 긍정적인 면은 있지만 구체적으로 어떤 윤리학적 입장에 근거하고 있는지를 제시하지 못한 점은 매우 아쉽다. 한국적인 맥락에 근거한다는 것은 소위 윤리적 상대주의적 입장을 전제하고 있으며 이는 한국적인 상황이나 맥락에 근거하면서 궁극적으로는 윤리적 보편주의 혹은 객관주의를 지향하고 있다는 의미로 받아들일 수 있지만 윤리학의 이론에 있어 상대주의와 보편주의 양 입장을 어떻게 연결할 것인가에 대한 언급이 필요하다. 다시 말하면 기본적으로는 보편 윤리학의 입장을 견지하고 있지만 한국적인 맥락에서의 상대주의 윤리학의 입장 역시 중요한 입장이라는 점을 밝히는 것이 필요하다.

둘째, 도덕과 교육의 핵심 내용으로서의 도덕적 덕목과 규범을 재천명하고자 한 것이다. 이것은 도덕과의 본질이 도덕적 덕목과 규범이라는 사실을 밝힘으로써 도덕과 교육의 본질을 회복하고 정체성을 강화하고자 하는 것이다. 도덕과의 본질과 정체성에 관한 논의는 계속하지만 그것에 대한 명확한 규정을 하지 못한 것이 사실이고 규정을 하더라도 교육과정이 개정되면서 도덕과 교육의 정체성도 변한 것 또한 사실이다. 이런 관점에서 2007 개정 도덕과 교육과정에서 도덕과의 정체성을 다시 한번 규정한 것은 매우 시의적절한 조치라 할 수 있다. 그러나 타 교과에서 다루지 못하는 도덕적 덕목과 규범을 내세워 도덕과의 본질이고 정체성이라고 주장하는 것은 그 이론적 기반이 부족하다고 할 수 있다. 도덕과의 본질을 잘 드러낼 수 있는 보편성과 특수성을 가진 정체성을 밝히는 것이 중요하다.

셋째, 도덕적인 문제에 접근하는 방식으로 윤리학적 접근을 중심으로 하되 연관된 여러 학문의 접근 방법을 활용하자는 것이다. 이것은 7차 교육과정의 규범 과학적 관점과 사회과학적 관점의 학제적 접근을 강조한 것과는 다른 접근 방식이라 할 수 있다. 윤리학적 접근을 중심으로 한다는 것은 윤리학이 도덕 문제 해결의 중심 학문으로서의 도덕과 교육의 배경 혹은 이론적 근거를 제시한다고 할 수 있다. 그러나 윤리학을 중심으로 학제적 접근을 강조하는 것이 윤리학만으로는 도덕적인 문제를 해결할 수 없어서 다른 학문 영역의 도움을 받아야 하는 것인지 아니면 도덕과 교육의 이론적 배경은 윤리학뿐만 아니라 다른 학문 분야도 있는지에 대한 분명한 근거를 제시하지 못한 점이 아쉽다.

2) 도덕과 교육의 목표

도덕과 교육의 교과 목표는 "자신과 타인 · 사회, 국가 · 민족 및 자연과의 관계에 대한 올바른 이해를 바탕으로, 인간의 삶에 필요한 도덕규범과 예절을 익히며, 생활 속에서 제기되는 여러 가지 도덕 문제를 합리적으로 해결해 나갈 수 있는 도덕적 사고력과 판단력, 실천 동기 및 능력을 함양하여 자율적이고 통합적인 인격을 완성한다."(교육과학기술부, 2011, 21)이다. 그리고 초등학교 도덕과 교육 목표는 "초등학교 단계에서는 일상생활에 필요한 도덕규범과 기본 생활 예절을 습득하고 도덕적 판단력과 실천 능력을 함양하여, 공동체 속에서 다른 사람과 더불어 조화롭게 살아갈 수 있는 도덕적 능력과 태도를 기른다."(교육과학기술부, 2011, 22)이다.

도덕과 교육의 교과 목표와 초등학교 도덕과 교육 목표에서 보는 바와 같이 궁극적인 목표는 학생들의 도덕성의 인지적, 정의적, 행동적 측면을 포괄하는 통합적 접근을 중시하여 자율적이고 통합적인 인격을 완성하는 데 있다. 여기서는 통합적인 접근을 통한 학생들의 자율적이고 통합적인 인격 완성이 도덕과 교육의 궁극적인 목표이며 동시에 도덕과의 정체성을 밝히는 부분이다. 여기서 자율적과 통합적이라는 용어 그리고 인격의 의미를 다음과 같이 설명하고 있다(교육과학기술부, 2011, 21). 자율적이란 타율적 도덕성에 반대되는 것으로서 옳고 바른 일을 합리적인 판단과 굳은 의지를 바탕으로 스스로 실천해 가는 것을 말하며, 통합적이란 지 · 정 · 행 측면에서 배우고 익혀야 할 것들을 고르게 조화롭게 갖추면서 성숙시켜 가는 것을 뜻한다. 그리고 인격이란 이러한 도덕과 학습의 과정에서 바람직한 도덕적 자질과 품성, 덕성 등을 형성하여 지니게 된 사람으로서의 됨됨이를 말한다.

자율적이고 통합적인 인격을 함양한다는 도덕과 교육의 목표를 설정하는 것은 단순히 자율적, 통합적 그리고 인격의 개념적 의미만을 설명하기 위해서는 아닐 것이다. 여기서 다른 관점, 즉 도덕교육 이론의 측면에서 위 개념들을 살펴보아야 할 것이다. 6차 개정 도덕과 교육과정이 인지적 접근, 즉 도덕 인지 발달론을 그 이론적 근거로 삼고 있고, 7차 개정 도덕과 교육과정의 성격은 인격교육 이론 혹은 덕 교육적 접근을 그 이론적 배경으로 하고 있다. 그렇다면 2007 개정 도덕과 교육과정의 이론적 배경은 앞선 두 이론을 결합한 방향으로 나아가야 하는 요구의 필요성이 제기되었다는 점을 간과할 수 없다. 이런 점에서 자율적이라는 표현과 통합적이라는 표현을 함께 사용한 것이라 볼 수 있다.

2007 개정에서 도덕과의 정체성을 강조하는, 즉 도덕적 주체로서 살아가는 데 필요한 능력을 형성하고, 궁극적으로 자율적이고 통합적인 인격을 형성하는 교과라는 점을 확고히 했다는 점에서 큰 의미를 찾을 수 있다. 그러나 도덕과의 성격을 범교과적이라고 판단한 인성교육과 학문적으로 분리하고자 하였고 이런 점에서 도덕과는 도덕과 수업 내에서 이루어지는 도덕과 교육의 성격에 초점을 맞추었기 때문에 인성교육적 측면에서는 한계를 드러낸 것이라는 지적(조석환, 이언주, 2017, 135-136)도 새겨볼 만하다. 물론 이런 지적 이후에는 2009 개정과 2015 개정에서 학교 인성교육의 중핵 교과로서의 도덕과를 제시함으로써 그 위상을 회복하게 되었다.

4. 2009 개정 도덕과 교육과정

1) 개정 기본 방향과 중점 사항

2009 개정 교육과정에서 추구하는 인간상은 다음과 같다(교육과학기술부, 2009, 21). 우리나라의 교육은 홍익인간의 이념 아래 모든 국민이 인격을 도야하고, 자주적 생활 능력과 민주 시민으로서 필요한 자질을 갖추게 하여 인간다운 삶을 영위하게 하고, 민주 국가의 발전과 인류 공영의 이상을 실현하는 데 이바지하게 함을 목적으로 하고 있다.

이러한 교육이념을 바탕으로, 2009 개정 교육과정이 추구하는 인간상은 다음과 같다. 전인적 성장의 기반 위에 개성의 발달과 진로를 개척하는 사람, 기초 능력의 바탕 위에 새로운 발상과 도전으로 창의성을 발휘하는 사람, 문화적 소양과 다원적 가치에 대한 이해를 바탕으로 품격 있는 삶을 영위하는 사람, 세계와 소통하는 시민으로서 배려와 나눔의 정신으로 공동체 발전에 참여하는 사람이다.

2009 개정 도덕과 교육과정의 개정 기본 방향과 중점 사항을 살펴보면 다음과 같다(교육부, 2014, 20-23). 첫째, 도덕과 교육의 정체성 확립을 위한 도덕적 탐구 및 성찰에 대해서 다시 한번 강조하고 있다. 도덕과가 교과로서의 독자성과 차별성을 갖도록 내용과 방법을 구성하여 교사와 학생들이 '도덕과답게 가르치고 배우게 한다'는 점을 강조하면서 도덕과 교육이 현실적인 삶의 맥락 속에서 일어나는 문제를 도덕·윤리적인 관점에서 다룸으로써 도덕과의 정체성을 강화하고자 하였다. 이를 위해서 도덕과는 도덕적 탐구와 성찰을 통해 도덕적

가치를 내면화하는 데 도움을 주고자 한다.

둘째, 도덕과의 학문 배경으로부터 교과 목표를 강조하고 있다. 이는 2007 개정에서도 강조한 바 있는 자율적이고 통합적인 인격 형성을 위해 윤리학적 접근을 중심으로 하되 연관된 여러 학문의 접근 방법을 활용하도록 하는 학제적 접근이라는 교과 목표를 다시 한번 강조하고 있다. 이것은 도덕과 교육의 목표를 설정하는 데 있어 윤리학이 그 학문적 배경임을 분명히 밝히고 있다.

셋째, 학교 인성교육의 주관 교과 및 핵심 교과로서의 위상 및 역할을 강조하고 있다. 도덕과에서 체계적이며 깊이 있게 다루어지는 인성교육은 공동체 구성원이 공유해야 할 '행위의 표준' 또는 '도덕적 가치의 공통 기반'을 제공하는 역할뿐만 아니라 어느 특정 사회의 가치 체계를 초월하는 보편적 기준의 토대 위에서 도덕적 탐구와 성찰의 기회를 제공하는 역할을 한다는 점에서 인성교육의 중핵 교과의 역할을 담당하고 있다.

넷째, 도덕과의 내용 영역을 '도덕적 주체로서의 나', '우리・타인과의 관계', '사회・국가・지구공동체와의 관계', '자연・초월적 존재와의 관계'로 나누면서 이들 영역은 '가치 관계 확장법'에 의해 설정하였다. 2009 개정 도덕과 교육과정에서는 가치 관계 확장법에 대한 개념을 명료화하고 그 성격을 재규정하고 있다. 이와 관련해서 기존의 초등학교 교육과정에서는 주요 가치・덕목을 중심으로 그리고 중학교는 도덕적 주제를 중심으로 각각 가치 관계 확장의 틀을 따르고 있었던 점에서 연계성의 문제가 발생하였다. 이에 2009 개정에서는 초등학교와 중학교 모두 주요 가치・덕목을 중심으로 적용하였다.

마지막으로, 교육과정 내용의 양과 수준을 적정화하고, 현재 급속하게 진행되고 있는 다문화, 세계화, 녹색 성장 교육 등의 추구에 맞는 내용을 강화하고, 학교 폭력 예방을 위한 인성교육 강화 정보통신 윤리 교육을 강화하고 있으며, '체험 · 실천' 중심의 프로젝트형 인성교육의 교수 · 학습 방법을 제시하고 있다.

2) 도덕과의 성격

앞에서 열거한 도덕과 교육과정 개정의 기본 방향과 중점 사항을 바탕으로 하는 2009 개정 도덕과 교육과정의 성격은 다음과 같다. "도덕 교과는 인간의 삶에 필요한 도덕규범과 예절을 익히고, 인간과 사회, 자연 · 초월적 존재와의 관계 속에서 올바른 도덕적 책임과 의무를 이해하며, 다양한 도덕 문제에 대한 민감성과 사고력 및 판단력을 향상하고 도덕적 앎을 실천으로 연결할 수 있는 실천 동기 및 능력을 함양하여, 개인의 바람직한 가치관 확립과 나아가 우리 사회와 세계의 발전에 기여할 수 있도록 도와주는 교과이다. 이를 위해 도덕과는 학생이 다양한 도덕 문제에 대한 성찰과 탐구를 통해 올바른 판단 능력과 도덕적 덕성 및 바람직한 가치관을 확립하여 각자 자율적이고 통합적인 인격을 형성하도록 교육하는 데 역점을 둔다."(교육부, 2014, 23)

이와 관련해서 도덕과 교육과정 성격의 특징을 살펴보면 다음과 같다(교육부, 2014, 23). 첫째, 도덕과의 성격과 관련한 도덕과 교육의 내용적인 특성은 우리 인간의 삶 속에서 발생하는 다양한 도덕 문제, 즉 도덕적 주체로서의 나와 관련된 도덕 문제, 우리 · 타인과의 관계에서 발생하는 도덕 문제, 사회 · 국가 · 지구공동체와의 관계에서 발생하는 도덕 문제, 자연·초월적 존재와의 관계에서 발생하는 도덕 문제 등을 직접적이고 체계적으로 다룬다. 둘째, 방법적 특성은 위와 같은 도덕 문제가 인간 삶의 전 영역에 걸쳐 발생하기 때문에 윤리학적 접근을 중심으로 하면서 연관된 여러 학문의 접근 방법을 활용한다. 셋째, 도덕적 사고력과 판단력의 향상과 더불어 도덕적 실천을 지향하기 때문에 도덕과 수업뿐 아니라 다양한 학교 활동과 연계된 인성교육을 강조하고 있다. 특히 당시의 사회적 문제로 부각 된 청소년 폭력 예방을 위한 인성 핵심 역량을 강조하기 위해서 프로젝트형 인성교육 교수-학습 방안을 제시하고 있다. 이것은 기존의 '지식' 중심으로 전달하는 데 치중했던 교육 방법을 극복하고 '체험·실천' 중심으로 개편하였다. 이는 일정 기간 수업 내외의 시간을 활용하여 가정, 학교, 사회에서 총체적인 도덕 수업 및 자기 주도 학습이 가능하게 하고, 나아가 따돌림 문제, 친구 간의 갈등, 학교 폭력 등 학교생활을 하며 발생하는 문제들을 합리적으로 해결해 나가는 수업 방법을 적용하였다(교육부, 2014, 22-23). 넷째, 환경 문제 해결과 관련해서 환경 윤리적 측면에서 올바른 도덕적 판단 능력과 적극적인 실천 역량을 습득하도록 한다. 이는 오늘날 우리 사회의 급속한 사회·문화적 변화와 지구적 차원의 환경 위기, 즉 지구 온난화로 인한 기후변화 등 환경 문제에 대한 지구촌의 위기의식이 고조되는 상황에 상응하는 도덕적·정신적 성숙의 요구에 부응하는 교과로서의 성격을 지니도록 한 것이다(교육부, 2014, 24). 다섯째, 우리 사회의 급격한 다원화와 세계화 추세에 따른 차이와 다양성을 존중하는 태도를 기르는 데 중점을 두고 있다. 이런 관점에서 2007 개정에서의 국가·민족·지구 공동체와의 관계는 2009 개정에서는 민족이라는 개념이 삭제되고 사회·국가·지구공동체와의 관계 영역으로 변화되었다. 민족이라는 개념이 삭제된 이유는 다문화 교육과 관련해서 혈연 중심의 민족 개념이 부적절하다는 점에 기인한 것이라 할 수 있다.

그러나 여기서 교육부에서 강조하고 있는 인성교육의 강화라는 점에서 주의해야 할 점을 발견할 수 있다. 실천 지향적 인성교육 강화는 도덕과 뿐만 아니라 국어과와 사회과에서도 실시한다는 점에서는 모든 교과를 통한 인성교육 확대라는 명분상의 의미를 제공할 수 있을지는 모르지만, 그 이면에는 도덕과의 정체성을 흔들어 버리는 매우 위험한 발상이 도사리고 있다는 점을 간과해서는 안 된다(최신일, 2012, 7). 나아가 모든 교과를 통한 인성교육은 도덕과의 독립된 교과로서의 존재 근거를 흔들어 버리는 결과를 가져올 수 있다는 점에서 신중하게 접근해야 할 부분이다. 따라서 인성교육의 주관 교과이면서 핵심 교과인 도덕과의 성격을 더 확고하게 규정하는 것이 매우 중요하다.

3) 도덕과의 목표

도덕과 교과 목표는 "자신과 우리·타인, 사회·국가·지구공동체, 자연·초월적 존재와의 관계에 대한 올바른 이해를 바탕으로 인간의 삶에 필요한 도덕규범과 예절을 익히며, 삶의 다양한 영역에서 발생하는 도덕 문제에 대한 민감성을 기르고 도덕적 사고력과 판단력, 도덕적 정서, 실천 의지 및 능력을 통해 도덕적 덕성을 함양하고, 이를 바탕으로 자율적이고 통합적인 인격을 형성한다."(교육부, 2014, 24)이다. 그리고 초등학교 단계에서의 목표를 제시하면 다음과 같다. "초등학교 단계에서는 유아 교육 단계에서 형성된 기초 인성을 바탕으로 일상생활에 필요한 도덕적 가치·덕목과 기본 생활 예절을 알고 기본적인 도덕적 판단력과 실천 의지를 함양하여 공동체 속에서 다른 사람과 공감·소통하며 조화롭게 살아갈 수 있는 도덕적 행동 능력과 습관을 기른다."(교육부, 2014, 25)

도덕과 교과 목표와 초등학교 도덕과 목표를 살펴보면 다음과 같은 특징을 찾아볼 수 있다(교육부, 2014, 25-26). 첫째, 교육 목표 진술 형식에 있어 학습자 중심의 성취 기준형 방식을 취하고 있다. 학습자 성취기준형이란 교수자에게는 가르쳐야 할 것들이 무엇이고 학습자에게는 배우며 익혀야 할 것들이 무엇이며, 어느 정도의 폭과 깊이에서 어떤 수준으로 성취해야 하는지를 분명하게 나타내도록 진술하는 것을 말한다. 앞에서 제시된 도덕과 교과 목표와 초등학교 도덕과 목표에서도 학습자 중심 성취기준형 방식, 즉 지식+행동의 방식으로 나타나 있다.

둘째, 도덕과의 궁극적 목표인 자율적이고 통합적인 인격 혹은 도덕성 함양을 그리고 그것을 위한 기초를 놓는 것을 초등학교 도덕과 목표로 제시하고 있다. 초등학교 도덕과 목표는 도덕성의 제 측면에 따라 중요한 도덕적 요소들의 함양을 추구하는 가운데 유덕한 인격인으로서 토대를 마련하는 데 그 중점이 있다. 구체적으로 살펴보면 다음과 같다. 인지적 측면에서는 일상생활에 필요한 도덕규범과 기본 생활 예절을 배우고 익히는 일과 기본적인 도덕적 사고력과 판단력을 기르고자 함을 의미한다. 정의적 측면에서는 도덕적 선과 의무를 존중하고 사랑하는 도덕적 감정·정서와 이를 적극 추구하고 실현하고자 하는 열정·의지·태도를 강조하고 있다. 행동적 측면에서는 실천 능력의 함양을 강조하고 있는데, 이는 일상생활에 필요한 도덕규범과 기본 생활 예절을 실천하는 것, 도덕적 삶에 필요한 여러 가지 행위 기술과 능력을 익히고 실천하면서 습관을 형성해 가는 것, 그리고 공동체 속에서 다른 사람과 조화롭게 살아가는 것 등이 있다.

셋째, 초등학교 도덕과 교육 목표는 초등학교 1, 2학년의 바른생활과와 중등 도덕과와 차별되면서 동시에 체계적으로 연계되어 있음을 지적하고 있다. 이는 바른생활과 교육을 보다 심화시켜 가는 가운데 유덕한 인격을 기르는 일에 그 기본적인 토대를 이루고 있음과 동시에 중등 도덕과에서 이를 더욱 발전, 성숙시켜 가는데 토대를 제공해 주고 있다.

그러나 2009 개정 도덕과 교육과정이 출발했지만 여러 가지 외부적 요인들에 의해 도덕과 교육과정이 제대로 운용될지, 도덕과의 성격과 목표 등에 맞게 실제로 운영될지 관해서는 몇 가지 의문이 든다. 우선, 2009 개정에서는 도덕과가 독립 교과에서 도덕/사회 군에 속하게 되어 도덕과의 존재 여부가 훨씬 불분명하게 되는 사태에 이르게 되었다. 이는 도덕과와 사회과의 교육 내용의 중복되는 부분을 삭제하여 교육과정의 효율성을 높이자는 의도이지만 도덕과와 사회과는 각자의 고유한 학문적 기반이 있는 교과들이기 때문에 사회과의 틀 속에 도덕과를 묶을 경우는 도덕과의 정체성은 사라지게 될 것이다.

또한 창의·인성교육을 강화하려는 방안이 오히려 인성교육을 소홀히 하는 결과를 가져올 수 있다는 점이다. 창의성과 인성을 함께 강화한다는 취지에는 공감하지만, 정책의 초점은 창의성 교육에 무게 중심을 두고 있음을 부인할 수 없다(조난심, 2010, 11). 도덕과는 인성교육을 바탕으로 창의적인 인간을 교육하는 것, 즉 창의성은 올바른 인성과 도덕성의 바탕 위에서 길러져야 한다는 점에서 본다면, 창의성과 인성의 동반 상승효과를 기대하는 것은 어떤 근거에서 주장된 것인지 알 수가 없고 오히려 인성교육을 소홀히 하는 결과를 가져올 것이 분명해 보인다.

마지막으로, 2009 개정 교육과정은 학교가 교과(군)별로 20% 범위에서 수업 시수를 자율적으로 증감할 수 있도록 허용하여 타 교과(군)에 전환하여 사용할 수 있도록 하였다. 이 경우 주지 교과의 수업 시수 확대의 문을 열어 놓는 일종의 편법적 운영될 수밖에 없고 따라서 도덕과의 수업 시수가 줄어드는 당연한 결과를 초래할 것이다(조석환 · 이언주, 2010, 275). 이와 관련해서 문제가 되는 것이 도덕 교과의 집중이수제다. 집중이수제는 하루에 3~4개 과목을 집중적으로 배움으로 하루에 배우는 과목이 줄어들어 책가방도 가벼워지고 시험 부담도 줄어드는 등 학생들의 수업 부담을 줄여주자는 의도를 가지고 있다. 그러나 도덕 교과의 내용을 20% 이상 줄여야 하는 외부적인 압박이 있을 수밖에 없다. 도덕과의 경우 주당 1시간의 시간 배당으로 기존의 내용을 줄인다는 것은 현실적으로 불가능에 가까운 것이며 이런 상황에서 도덕과의 성격과 목표를 살릴 수 있는 도덕과의 수업을 기대하기는 어렵다. 이런 외부적인 어려운 상황에 적극적으로 대처하기 위해서는 중복된 내용을 피하고 다른 교과와의 차별성을 갖는 도덕과의 정체성을 부각하는 내용들로 정련할 필요가 있으며 이를 위한 새로운 도덕과 교육과정 개발의 필요성이 대두된다(조난심, 2010, 24).

5. 2015 개정 도덕과 교육과정

1) 2015 개정 도덕과 교육과정의 기본 방향과 중점

2015 개정 교육과정에서 우리나라의 교육은 홍익인간의 이념 아래 모든 국민이 인격을 도야하고, 자주적 생활 능력과 민주 시민으로서 필요한 자질을 갖추게 함으로써 인간다운 삶을 영위하게 하고, 민주 국가의 발전과 인류 공영의 이상을 실현하는 데에 이바지하게 함을 목적으로 하고 있다.

이러한 교육이념과 교육 목적을 바탕으로, 이 교육과정이 추구하는 인간상은 다음과 같다(교육부, 2017, 37-39). 전인적 성장을 바탕으로 자아정체성을 확립하고 자신의 진로와 삶을 개척하는 자주적인 사람. 기초 능력의 바탕 위에 다양한 발상과 도전으로 새로운 것을 창출하는 창의적인 사람. 문화적 소양과 다원적 가치에 대한 이해를 바탕으로 인류 문화를 향유하고 발전시키는 교양 있는 사람. 공동체 의식을 가지고 세계와 소통하는 민주 시민으로서 배려와 나눔을 실천하는 더불어 사는 사람 등이다. 2015 개정 교육과정에서 추구하는 인간상은 2009 개정 교육과정의 인간상과 거의 유사하다. 하지만 이 교육과정이 추구하는 인간상을 구현하기 위해 교과 교육을 포함한 학교 교육 전 과정을 통해 중점적으로 기르고자 하는 핵심 역량을 다음과 같이 추가하고 있다(교육부, 2017, 39-42). 그 핵심 역량은 자기관리 역량, 지식정보 처리 역량, 창의적 사고 역량, 심미적 감성 역량, 의사소통 역량, 공동체 역량 등이다.

2015 개정 교육과정은 '인성을 갖춘 창의 융합형 인재 양성'이라는

목표를 가지고 학교 현장의 실효성 있는 인성교육의 추구라는 과제에 초점을 맞추고 있다. 특히 인성교육의 중심 교과로서의 위상을 유지해 온 도덕 교과가 좀 더 적극적이고 체계적인 학교 인성교육을 이끌어 갈 중심축이 될 수 있도록 한 것이 2015 개정 도덕과 교육과정 개정의 기본 방향이라 할 수 있다(교육부, 2019, 36). 이와 관련해서 2015 개정 도덕과 교육과정의 기본 방향과 중점 사항을 살펴보면 다음과 같다. 첫째, '도덕함'이라는 개념을 도입하여 도덕 현상에 대한 탐구와 내면에 대한 윤리적 성찰을 기반으로 학생들의 생활세계에서 그 결과를 구체적인 실천으로 연결할 수 있는 도덕 수업을 구현하였다. 둘째, 학습량을 적정화하기 위해 학생 참여 수업으로 전환할 수 있는 교육과정 개발을 위해 2009 개정 교육과정의 성취 기준 수 및 내용의 80%까지 핵심 내용을 구성하고 생활 속 실천을 통해 시민의식 함양이 가능한 교육과정을 개발하였다. 셋째, 도덕과 교육 내용을 적정화하기 위해 도덕과의 핵심 가치를 중심으로 내용을 선정하였다. 도덕과의 핵심 가치는 성실, 배려, 정의, 책임 4개로 구성되어 있고 이와 관련한 영역은 가치 관계 확장법에 따라 4개의 영역, 즉 자신과의 관계, 타인과의 관계, 사회・공동체와의 관계, 자연・초월적 존재와의 관계로 구성하였다.

2) 도덕과 성격

도덕과의 의의와 목적, 과제 등과 관련해서 다음과 같이 규정하고 있다(교육부, 2019, 38). "도덕 교과는 학교 인성교육의 핵심 교과이다. 도덕과는 도덕적인 인간과 정의로운 시민이라는 인간성을 지향하며 21세기 한국인으로서 갖추고 있어야 할 인성의 기본 요소인 핵심 가치를 확고하게 내면화하고 학생의 경험 세계에서 출발하여 자신을 둘러싼 도덕 현상을 탐구하고 내면의 도덕성을 성찰함과 동시에 자신의 삶 속에서 실천하는 과정을 추구하는 '도덕함'의 시간과 공간을 제공하는 교과이다."

위의 도덕과의 성격을 바탕으로 도덕과의 핵심 역량을 중점으로 기르는 것을 다음과 같이 제시하고 있다(교육부, 2019, 38). 첫째, 자신을 존중하고 사랑하는 토대 위에서 자주적인 삶을 살고 자신의 욕구나 감정을 조절하며 이겨낼 수 있는 자기 존중 및 관리 능력. 둘째, 일상의 문제를 도덕적으로 인식하고 도덕적 판단 및 추론의 탐구과정을 거쳐 타당한 근거로 옳고 그름을 분별할 수 있는 도덕적 사고 능력. 셋째, 의사소통 과정에서 타인의 도덕적 요구를 인식·수용하고 이상적인 의사소통 공동체를 지향하면서 타인과 더불어 살아갈 수 있는 도덕적 대인 관계 능력. 넷째, 도덕성을 전제로 자신과 타인의 감정을 인식하고 배려할 수 있는 도덕적 정서 능력. 다섯째, 도덕규범과 정서 및 유대감을 근간으로 자신이 속한 다양한 공동체의 구성원으로서 소속감을 느끼고 살아갈 수 있는 도덕적 공동체 의식. 여섯째, 일상 세계에서 자신의 삶을 윤리적으로 성찰하는 토대 위에서 도덕적 가치와 규범을 지속적으로 실천할 수 있는 윤리적 성찰 및 실천 성향 등이다.

도덕과의 성격과 도덕과 교과 핵심 역량을 통해서 도덕과의 성격의 구체적인 특성을 살펴보면 다음과 같다. 첫째, 도덕과는 성실, 배려, 정의, 책임의 4가지 핵심 가치를 내면화함으로써 인성의 기본 요소를 갖추게 함과 동시에 도덕적인 삶을 자율적으로 살아갈 수 있는 자율성과 책임성을 길러주고자 하는 실천적 성격의 교과이다. 특히 '도덕함' 개념을 도입함으로써 실천적인 교과임을 강조하고 있다. 둘째, 도덕과는 인성교육의 핵심 교과이면서 주관 교과로서의 중심축 역할을 강조하고 있다. 도덕과는 바람직한 인성의 핵심인 도덕성 발달뿐만 아니라 학생들의 정서적·사회적 건강을 높임으로써 인성교육의 핵심 교과의 임무를 수행하는데, 특히 인문학적 사유와 성찰을 바탕으로 삶의 의미를 탐색하도록 하고 타 교과와 학교생활 전반의 인성교육을 통합하는 역할을 한다. 셋째, 도덕과는 자율적이고 통합적인 인격 형성을 위해 윤리학적 접근을 중심으로 하되, 다루는 주제의 성격에 따라 도덕 심리학, 정치철학 등 연관된 여러 학문의 접근 방법을 학제적으로 활용한다. 학제적 접근은 도덕함과 연관을 가지는데, 도덕함이 학문적 탐구로서의 윤리학이나 윤리 사상사에 관한 지적 이해를 넘어서서 한 사회에서 작동하고 있는 도덕 현상에 대한 민감성에 기반을 둔 관심과 분석, 그 도덕 현상과의 상호작용을 통해 개인 내면에서 작동하는 도덕성에 관한 성찰과 실천 과정을 의미하기 때문에 도덕함과 학제적 접근의 연관성을 강조하고 있다.

3) 도덕과 목표

도덕과 교과의 총괄 목표를 살펴보면 다음과 같다. "도덕과는 기본적으로 성실, 배려, 정의, 책임 등 21세기 한국인으로서 갖추고 있어야 하는 인성의 기본 요소를 핵심 가치로 설정하여 내면화하는 것을 일차적 목표로 삼는다. 이를 토대로 자기 삶의 의미를 자율적으로 찾아갈 수 있는 도덕적 탐구 및 윤리적 성찰, 실천 과정으로 이어지는 도덕함의 능력을 길러 도덕적인 인간과 정의로운 시민으로 살아갈 수 있도록 돕는 것을 목표로 삼는다."(교육부, 2019, 39) 그리고 초등학교 단계에서의 목표는 다음과 같다. "초등학교 단계에서는 '바른 생활'과에서 형성된 인성을 바탕으로 자신, 타인, 사회・공동체, 자연・초월 관계에서 자신의 생활을 반성하고 다양한 도덕적 문제를 탐구하며, 더불어 살아가는 데 필요한 기본적인 가치・덕목과 규범을 이해하고 도덕적 기능과 실천 능력을 함양한다."(교육부, 2019, 40)

이상의 도덕과 총괄 목표와 초등학교 목표를 구체적으로 분석하면 다음과 같다(교육부, 2019, 40-41). 첫째, 교육 목표를 진술하는 데 있어서 학습자 중심의 성취기준형 방식을 취하고 있다. 이는 2009 개정 도덕과 교육과정 목표 진술과 일치한다. 둘째, 초등학교 단계에서는 도덕성이나 인격을 구성하는 모든 측면에 따라 배우며 익혀야 할 도덕적 요소들을 제시하고 이러한 것들을 추구함으로써 궁극적으로 도덕과 교육을 통해 최종적으로 기르고자 하는 자율적이고 통합적인 인격과 인성의 토대를 마련하고자 하는데 목표를 두고 있다. 이를 위해 인지적 측면과 정의적 측면 그리고 행동적 측면을 조화롭게 그리고 통합적으로 접근함으로써 유덕한 인격을 함양하는데 그 토대를 마련하고자 한다.

이상에서 살펴본 도덕과의 성격과 목표는 2009 개정 도덕과 개정과 비교할 때 새롭게 변화된 것은 거의 찾아볼 수 없고 '도덕함'이라는 개념을 도입하여 실천 교과로서 역할을 강조한 점이 특이하다 할 것이다. 그러나 '도덕함'이라는 개념이 실천 교과로서의 도덕과를 강조하고 있다는 점은 수긍이 되지만 그 구체적인 의미를 설명하기에는 부족함이 있을 수밖에 없다.

III. 결론

6차 개정 도덕과 교육과정부터 2015 개정 도덕과 교육과정까지의 각 교육과정에서의 총론에서 제시하고 있는 인간상을 토대로 해서 도덕과의 성격과 목표에 대해 살펴보았다. 교육과정이란 학교 교육의 목적을 달성하기 위해 학생들이 배우며 익혀야 할 것들을 교육적 관점에서 편성하고, 그 학습 활동이 언제, 어디서, 어떻게 행해져야 하는지를 종합적으로 묶어서 내놓은 교육의 전체 계획이라 할 수 있다. 이런 관점에서 본다면 도덕과 교육과정은 교과로서의 도덕교육을 위해 계획, 조직된 학습 내용 내지 학습 경험의 총체를 말하는 것으로 국가적 수준에서 문서로 공식화된 교육 계획의 큰 얼개를 뜻한다(교육부, 2019, 32)고 할 수 있다. 특히 도덕과가 어떤 성격을 가지고 어떤 목표를 두고 있는지를 살펴보는 것은 도덕과 교육과정의 근간을 이루는 중요한 부분이다. 또한 교육과정 총론에서 밝히고 있는 인간상은 각 교과의 성격과 목표를 설정하는 데 매우 중요한 요소가 될 수밖에 없다. 교육과정에서 추구하는 인간상과 그것을 바탕으로 각 교과의 성격과 목표를 체계적으로 살펴보는 것은 매우 중요하며 추후 개정될 교육과정을 위해서도 매우 적절한 준비과정이라 할 수 있다.

앞에서 언급된 교육과정의 인간상과 성격 그리고 목표가 각 교육과정의 근간을 이루고 있음은 분명한 사실이고 이러한 교육과정을 교육 주체들이 제대로 이해해야 각 교과 특히 도덕과 수업을 원활하게 수행할 수 있다. 그러나 아무리 좋은 도덕과의 성격과 목표를 제시하더라도 현장에서 그것을 제대로 구현하지 못했을 경우는 현실성이 결여

된 추상적인 교육과정에 불과할 것이다. 알찬 도덕과 교육과정이 현장에서 구현되는 방안을 제시하기 위해서 비판적 관점에서 교육과정의 방향을 제시하고자 한다.

첫째, 도덕과 교육과정의 성격과 목표를 통해서 도덕과의 정체성을 알 수 있다. 도덕과의 정체성을 분명하게 제시하기 위해서는 도덕과 교육이 교과로서의 자기 정체성을 분명히 할 필요가 있다. 여기서 도덕과 교과로서의 자기 정체성, 즉 도덕과 교육이 교과로서의 특색과 자기 역할에 충실 하려면 도덕교육의 학습원리 혹은 도덕교육 이론이 강조되어야 한다. 도덕과 교육과정을 통해 학생 스스로 도덕적 원리를 탐구하고 학습할 줄 아는 힘(power) 혹은 능력(ability)을 길러야 한다는 것이 도덕과 교육이 존재하는 목적이고 존재인데(길병휘, 2013, 268) 이런 관점을 부각하지 않았기 때문에 도덕과 교육에 대한 정체성이 혼란에 빠질 수밖에 없다. 도덕적 원리를 탐구하고 학습하는 힘과 능력을 기르는 것을 도덕과 성격과 목표에 명시해 두어야 도덕과의 정체성이 명확하게 드러나게 될 것이다.

둘째, 아무리 좋은 도덕과 교육과정을 제시하더라도 현장 교사들이 이를 제대로 이해하지 못했을 경우 교육과정은 거의 무용지물에 가깝다. 교사는 도덕과 교육과정에 대한 이해를 바탕으로 이를 잘 구현할 수 있는 안목과 능력을 갖춰야 하고 동시에 현장에 맞게 그리고 학생들 수준에 맞게 교육과정을 재해석하고 구체화하도록 노력해야 한다(길병휘, 2013, 268). 교육과정이 제 역할을 하려면 무엇보다 교사들의 노력과 역량이 중요하다. 교사들의 역량 제고를 위한 재교육으로서의 직중 교육과 예비교사들을 위한 직전 교육(pre-service education)이 강화되어야 할 것이다.

셋째, 도덕과 교육과 인성교육의 연관성 문제이다. 학교 교육 전반에 사회적 논란이 되는 학폭 등의 문제에 대한 사회적 요구를 대변하는 것이 바로 인성교육이다. 교육과정을 개정할 때마다 인성교육의 필요성과 중요성이 대두되었다. 그러나 인성교육의 지나친 강조가 오히려 도덕과 교육의 정체성을 훼손하고 나아가 도덕과의 존립 자체를 뒤흔드는 경우가 있다는 점을 유의해야 한다. 6차 교육과정 개정부터 도덕과 수업이 주당 2시간에서 1시간으로 축소됨에 따라 인성교육의 외연이 타 교과로 확대된 것이 오히려 도덕과의 위상을 축소한 결과를 가져올 수 있다는 점이다. 타 교과에서의 인성교육이 도덕과처럼 체계적이고 논리적으로 다루어질 수 없다는 문제점이 제기되고 따라서 도덕교육의 위상이 흔들릴 수 있다는 위험성이 내재한다. 타 교과 혹은 모든 교과를 통한 인성교육이 가능하다는 주장이 오히려 도덕과의 정체성과 존재 자체를 위협하는 계기를 마련해 주었다. 또한 2007 개정 시 인성교육과 도덕교육을 구분 짓는 과정에서 도덕교육뿐 아니라 인성교육도 소홀히 하는 결과를 가져왔다는 점도 유의해야 할 것이다. 도덕과 교육과 인성교육의 연관성을 분명하게 명시하는 것이 중요하다. 도덕과 교육과 인성교육의 성격과 목표가 궁극적으로는 인간을 위한 교육이고 인간을 위한 인간적 교육이라는 점을 분명히 향후 교육과정 성격이나 목표에서 제시해야 할 것이다.

마지막으로, 도덕과의 성격과 목표를 규정함에 있어서 사용되는 용어나 문구 자체가 애매하거나 모호한 측면이 적지 않다. 이 문제를 해결하기 위해서는 이러한 문구가 사용된 그 근거, 특히 도덕적인 이론적인 배경을 설명해 주어야 할 필요가 있다. 도덕과의 목표라고 할 수 있는 '궁극적으로 자율적이고 통합적인 인격을 함양한다'는 표현에서도 단순히 사전적인 의미를 드러내는 것에서 벗어나서 자율적, 통합적, 인격 등의 이론적 근거에 대해서 명확한 입장을 밝히는 것이 목표의 의미를 명확하게 이해할 수 있게 할 것이다. 자율적, 통합적이란 용어를 사용하게 된 도덕교육 이론적 근거를 제시하는 시도, 즉 자유주의적 도덕교육 이론과 공동체주의적 도덕교육 이론을 제시하는 시도가 필요하다. 또한 '한국적인 맥락을 고려해서 보편적 윤리를 추구한다'는 의미를 정확하게 파악하기 어렵다. 한국적인 맥락과 보편적 윤리가 전제하는 윤리학의 근거를 명확하게 제시해 줄 필요가 있다. 이와 관련해서 상대주의 윤리설과 객관주의 윤리설에 대한 기본적인 입장이 제시되어야 한다. '도덕적인 문제에 접근하는 방식으로 윤리학적 접근을 중심으로 하되 연관된 여러 학문의 접근 방법을 활용한다', '인문학적 사유와 성찰을 바탕으로 삶의 의미를 탐색하도록 하고'라는 문구 역시 보다 명료한 윤리적 근거 및 철학적 혹은 인문학적 근거를 제시해 줄 필요가 있다. 이처럼 도덕과 교육의 성격과 목표의 분명한 윤리적 혹은 이론적 근거를 제시하는 것이 도덕과 교육과 그 이론적 근거를 탐구하는 데 중요한 계기를 제공해 줄 것으로 보인다.

참고문헌

교육과학기술부(2009), 『교육과학기술부 고시 2009-41호에 따른 초등학교 교육과정 해설』, 교육과학기술부.

교육과학기술부(2011), 『초등학교 도덕 5 교사용 지도서』, (주)지학사.

교육과학기술부(2012), 『교육과학기술부 고시 제2012-14호 도덕과 교육과정』, 교육부.

교육부(1996), 『초등학교 교사용 지도서 도덕 3-2』, 국정교과서 주식회사.

교육부(1997), 『교육부 고시 제1997-15호』, 교육부.

교육부(1998), 『초등학교 교육과정 해설(1)』. 서울특별시 인쇄공업협동조합.

교육부(2001), 『초등학교 교사용 지도서 도덕 3-1』, 대한교과서 주식회사.

교육부(2014), 『도덕 3 교사용 지도서』, 천재교육.

교육부(2017), 『2015 개정 교육과정 총론 해설(초등학교)』, 교육부.

교육인적자원부(2007), 『교육과학기술부 고시 제2007-79호에 따른 초등학교 교육과정 해설(Ⅰ)』, 교육인적자원부.

길병휘(2013), 『도덕교육의 비판적 성찰』, 교육과학사.

서강식(2001), 『초등 도덕과 교육과정의 이해』, 양서원.

신현우(2002), 현행 초등학교 도덕과 교육의 운영 실태 및 개선 방안. 초・중등학교 도덕과 교육 실태 파악과 새로운 교육 목표 및 내용 체계의 정립. 연구자료 ORM 2002-7.

조난심(2010), 창의・인성 교육의 방향과 과제: 초등도덕과 교육을 중심으로, 2010년 한국초등도덕교육학회 하계 연차 학술대회 주제 강연 발표문.

조석환, 이언주(2010), 도덕과 교육의 입장에서 본 2009 개정 교육과정의 문제점 및 개선 방향, 『도덕윤리과교육』 제30호, 한국도덕윤리과 교육학회.

조석환, 이언주(2017), 인성 교육을 위한 초등도덕과 교육과정 분석과 향후 개선 방향, 『초등도덕교육』 제55집, 한국초등도덕교육학회.

최신일(2012), 2007 개정과 2009 개정에 따른 도덕과 교육과정 비교분석, 『초등교육연구논총』 제28권 2호, 대구교육대학교 초등교육연구소.

제 8 장 도덕과 수업모형과 일반적 절차에 대한 비판적 고찰*

Ⅰ. 서론

도덕과 교육과정의 성격, 목표, 내용, 교수・학습 방법, 평가를 이해하기가 쉽지 않다. 특히 교사에게는 어떻게 하면 수업을 잘 할 수 있을 것인가 하는 것이 최대의 관심사이기는 하지만 실제 수업에 있어서는 어떻게 해야 할지 막연할 수밖에 없다. 이에 교사들이 수업을 알차게 할 수 있는 방법을 제시해 주는 것이 교수・학습 방법이라 할 수 있다. 물론 교수・학습 방법은 교육과정의 성격이나 목표, 내용 그리고 평가와 밀접하게 상호적 연관성을 가져야 가장 효율적으로 실행될 수 있다.

본 연구는 도덕과 교수・학습 방법이 교육과정의 다른 요소들과의 조화를 이루고 동시에 바람직한 수업이 이루어지도록 하는 방안을 도덕과 수업의 기본적 과정・절차, 도덕과 수업의 주요 모형을 중심으로 살펴봄으로써 도덕과 수업의 질을 제고할 뿐 아니라 현장에서의 교사의 수업 연구에 도움이 되는 방법을 모색하고자 한다.

---

* 이 글은 현장중심 초등교육연구 제2권(대구교육대학교 초등교육연구소, 2020)에 실린 논문을 수정・보완한 것임.

이에 6차, 7차, 2007, 2009, 2015 도덕과 교육과정에서 도덕과 수업의 일반적인 절차와 수업모형을 역사적으로 천착하는 작업을 먼저 수행하고 각 교육과정이 어떤 차이가 있는지 살펴보게 된다. 그리고 도덕과 수업의 일반적 절차와 도덕과 주요 수업모형이 어떤 관계가 있으며 수업에 어떻게 활용되는지 살펴보게 된다. 이러한 작업을 위해 각 교육과정상의 교사용 지도서를 중심으로 살펴보았다. 마지막으로 이러한 수업모형을 교육과정별로 살펴보고 이를 바탕으로 바람직한 도덕과 수업모형의 방향 제시를 위해 수업모형과 일반적 절차를 비판적으로 검토하고자 한다.

Ⅱ. 도덕과 수업모형의 교육과정 역사

1. 6차 도덕과 교육과정

6차 도덕과 교육과정의 도덕과의 수업모형은 특히 학생들의 일상생활을 도덕과 수업과 관련해서 어떻게 파악하느냐 하는 것이 도덕과 수업의 모형을 결정하는 데 매우 중요한 요인으로 작용하기 때문에 이러한 일상생활이 중심 소재가 되고 초등학교 도덕 수업은 아이들의 일상생활과 연계되는(교육부, 1996, 38) 수업모형을 중심으로 제시하고 있다. 도덕과 수업모형을 제시하기에 앞서 도덕과 교수-학습 지도의 일반적 측면(교육부, 1996, 36-38)을 제시하고 있다. 도덕과 교수-학습 지도의 일반적 측면을 살펴보면 다음 그림과 같다.

도덕적 문제 사태의 제시 (문제 상황) → 문제 사태와 관련된 규범 찾아보기 → 규범의 의미와 타당성 찾아보기 → 도덕적 판단의 연습 → 실천 동기 부여

그러나 6차 개정 도덕과 교육과정에서의 도덕과 수업의 일반적 절차는 다음과 같은 문제점을 가지고 있다. 교사들이 수업을 이끌어 가는 데 있어 추상적인 측면이 없지 않아, 교과서의 내용을 요약 제시하는 데 그치고 마는 문제점을 가지고 있다. 또한 도덕교육의 통합적인 측면을 고려한다면, 정의적 측면의 접근에서 해야 할 것들이 무엇인지가 구체적으로 제시되지 못한 점과 동시에 행동적 측면에 대한 접근이 현저하게 약하다는 단점을 가지고 있다(이택휘 · 유병열, 2000, 521). 따라서 도덕과 수업의 일반적 절차만으로는 문제점이 드러나기 때문에 도덕과 수업모형과 상호 보완적으로 활용해야 그 단점을 해소할 수 있을 것이다. 도덕과 수업은 일반적 절차를 따르면서도 각 단계 혹은 전반적으로 그것을 효과적으로 이끌고 가기 위해서는 도덕과 수업모형들이 필요하고 그럴 때 보다 효과적인 수업을 할 수 있다. 6차 도덕과 교육과정에서 소개된 6개의 모형은 다음과 같다(교육부, 1996, 38-47).

1) 역할 놀이 수업모형

역할 놀이 상황의 설정 → 역할 놀이 준비 → 역할 놀이 참가자 선정 → 청중의 준비 자세 확인 → 역할 놀이의 시연 → 역할 놀이의 토론과 평가

역할 놀이 모형은 샤프텔 부부(Fannie Shaftel and George Shaftel)에 의해 개발되었고, 뱅크스가 그 이론적 근거를 다음과 같이 제공하고 있다(교육부, 1996, 40). 첫째, 학생들은 인간의 상호작용에서 일어나는 공통적인 문제가 무엇인지를 이해함으로써, 문제에 직면해서 효과적으로 대처해 나갈 수 있는 능력을 기를 수 있다. 둘째, 학생들은 역할 놀이를 통해 얻은 통찰력을 실제 생활에 적용할 수 있게 된다. 셋째, 학생들은 자신의 행동과 타인의 행동에 영향을 미치는 개인의 가치, 충동, 공포 또는 다른 외적 영향력이 무엇인지 깨닫게 된다. 넷째, 모의 상황에서 학생들은 자신의 이상이나 의견을 행동으로 시험해 볼 수 있다. 다섯째, 역할 놀이의 방법을 배움으로써 인간 상호작용의 기술을 배우고 자신과 타인의 행동 동기를 좀 더 잘 깨닫게 된다.

이상의 이론적 근거를 바탕으로 도덕과 수업에 적용되는 역할 놀이 수업모형을 통해 학생들은 일상생활에서 스스로가 어떤 행동을 선택함으로써 어떤 결과가 나올 것인가에 대한 이해가 생겨나고 또 일의 결과란 자신의 행동뿐 아니라 타인의 의견이나 행동에 영향을 받는다는 것을 깨닫게 된다.

2) 개념 분석 수업모형

개념 분석 수업의 이론적, 철학적 근거는 소크라테스의 대화법에서 찾을 수 있다. 소크라테스의 대화법은 플라톤의 대화론에서 언급된다. 소크라테스는 사람들이 이미 알고 있다고 생각하는 도덕적 개념들의 의미를 묻고 그에 대한 답변을 유도한 뒤 그 답변이 충분하지 못함을 반박을 통해 보여줌으로써 결국에는 대화의 상대자가 자신의 무지함을 깨닫고, 이제까지 자신의 삶을 반성해 보도록 추구하는 방법으로 그 자신의 독특한 대화법을 사용하고 있다(교육부, 1996, 40). 그리고 이러한 개념 분석의 기본 정신을 바탕으로 그 분석 기법을 보다 발전시킨 윌슨(J. Wilson)의 개념 분석 전략을 응용하여 도덕과 수업을 전개한 것이 개념 분석 수업모형이고, 그 구체적인 단계는 다음과 같다(교육부, 1996, 41).

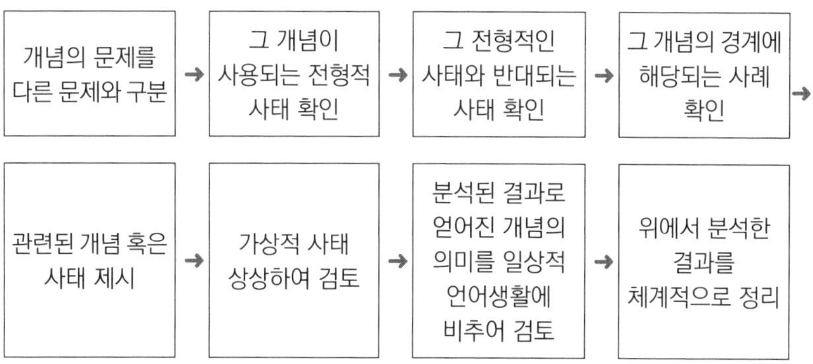

첫 번째 단계의 개념의 문제를 다른 문제와 구분한다는 의미는 개념적 문제와 규범적 문제를 구분한다는 것이고 규범의 문제는 그 개념을 바탕으로 무엇을 해야 마땅한가 하는 것을 확인하는 것이다. 즉 개념적 질문이 답해지지 않고는 규범적인 질문이 제대로 답해지지 않기 때문에 규범적 문제에 앞서 개념적인 문제가 해결되어야 하고 따라서 개념적인 의미를 명확하게 하는 것이 중요하다.

그렇다면 개념의 의미를 명확하게 파악하기 위해서는 어떤 절차들이 필요한가? 먼저 그 개념이 사용되는 전형적인 사례를 확인해 보는 단계이다. 이 단계에서의 개념의 의미는 논리학에서 다음과 같이 설명하고 있다. 고전논리학에서 개념은 인간 정신활동의 소산이고, 인간의 언어와 불가분의 관계를 맺고 있으며, 일반화의 수단으로 "언어로 표현되는 사고의 기본 형태로서 객관적 세계, 즉 여러 가지 대상과 그것들 사이의 여러 가지 연관에 있어서 공통적인 여러 요소를 일반화하여 추출하고 그것들을 총괄하여 만든 인간 정신활동의 산물"(하영석, 1985, 54)이라 정의하고 있다.

또한 우리는 일상생활에서의 언어 사용에 있어 그 언어들이 어떻게 적용하는지 이해하기 위해서는 언어와 개념의 두 가지 요소에 대해서 살펴볼 필요가 있다. 개념을 구성하는 기본 요소에는 내포와 외연이 있다(김지연 외, 2013, 41-48). 내포는 개념의 일반적 속성으로서 그 개념이 포괄하는 모든 대상에 공통으로 들어있는 성질을 가리킨다. 그리고 외연은 그 개념이 적용되는 모든 대상, 즉 개념이 포함하거나 포괄하는 모든 대상 또는 그 집합을 의미한다. 다시 말하면 개념이 의미하는 특성이 내포이고, 개념이 지시하는 대상을 외연이라 한다.

개념의 내포와 외연의 관계를 통해서, 위의 개념 분석 수업모형의 단계 중 그 전형적인 사례와 반대되는 사례를 확인하는 것은 개념의 내포와 연관이 있다. 개념의 의미를 밝히는 것, 즉 개념의 본질적인 의미를 밝히는 것이 개념의 내포이고 그 개념의 전형적인 사례나 사태를 가리킨다. 하지만 개념의 반대되는 사례는 개념의 본질적 의미와는 거리가 멀기 때문에 그 개념의 내포와는 거리가 멀다. 따라서 그 개념의 내포를 보다 분명히 하고 명확하게 하는 것은 그 개념의 전형적인 사례와 밀접한 관계가 있다.

한편 그 개념의 경계에 해당하는 사례를 확인하는 단계는 개념의 외연과 밀접한 관계가 있다. 특히 개념의 경계와 관련되는 것은 그

경계가 분명하지 않다는 의미이다. 따라서 개념의 경계가 불분명하다는 것은 개념의 모호함(vague)과 연관이 있다. 개념의 모호함은 언어를 부정확하게 사용하는 대표적인 방식으로 한 낱말의 의미가 적용되는 대상의 경계가 흐릿하고 불분명하거나 부정확함을 말한다(김지연 외, 2013, 44). 그렇지만 모호성의 부정적인 의미보다는 오히려 개념의 모호함을 파악하고 분석함으로써 개념의 의미 이해를 세련되고 명확하게 하는 데 많은 도움을 줄 수 있는 긍정적이고 적극적인 의미에 초점을 맞출 필요가 있다. 예를 들면, 우정의 경우 그냥 인사나 하고 만나면 즐거운 대화를 나누며 지내는 정도도 우정이라고 할 수 있는가, 의리로 맺어지고 깊은 신의를 나눈 친구가 멀리 떨어져 있어 지금은 별 왕래가 없지만 그렇다고 우정이 아니라고 말할 수 있겠는가 하는 등의 탐색(이택휘 · 유병열, 2000, 540)을 하는 것은 우정의 의미를 명확하게 하는 데 도움이 된다.

3) 가치 갈등 수업모형

가치 갈등 수업모형은 올리버(Oliver, D. W.)와 셰이버(Shaver, J. P.)의 법리적 모형(Jurisprudential Frame)에 근거를 두고 있다. 올리버와 셰이버는 어떤 구체적인 가치 갈등 사태를 분석하는 활동으로서 8가지 전략을 제시하고 있는데, 이 전략들은 가치(value)의 문제, 정의(definition)의 문제, 사실(fact)의 문제들에 대한 해답을 찾는 활동들로 구성되어 있다. 그들이 제시하는 전략 8가지는 구체적 사태에서 일반적 가치를 추출하기, 일반적 가치개념을 차원화하기, 가치 간의 갈등을 확인하기, 가치 갈등을 유형화하기, 당면한 사태와 비슷한 다른 사태를 열거하기, 자기의 가치 입장을 결정하기, 가치 입장을 지지하는 사실적 가정의 타당성 점검하기, 진술의 적합성을 점검하기 등이다(서강식, 1999, 245-249). 가치 갈등 해결 수업모형의 구체적인 단계는 다음과 같다.

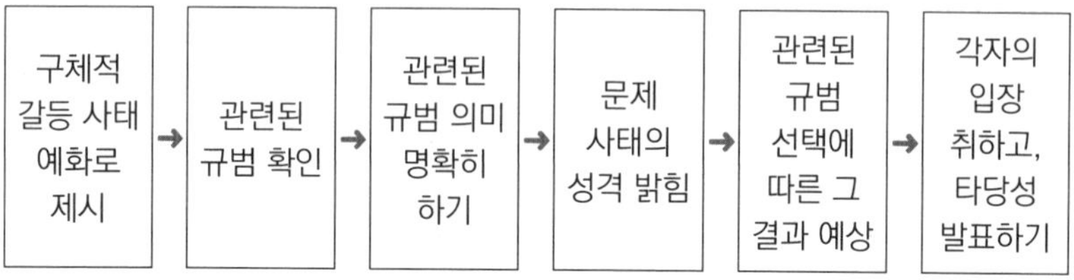

4) 집단 탐구 수업모형

수업모형은 두 집단의 교육학자들로부터 도출되었는데, 시카고 대학의 텔렌(Thelen, H. A.)과 미시간 대학의 리피트(Lippit, R.)가 개발하였다.[1] 집단 탐구 수업모형은 탐구의 과정에서 개인의 탐구를 위주로 하느냐, 집단의 탐구를 위주로 하느냐에 따라 크게 두 개의 수업모형으로 분류될 수 있는데 여기서는 집단 탐구 수업모형을 중심으로 살펴본다. 보다 구체적으로 집단과정과 탐구과정의 수업 과정을 구분하면 다음과 같이 정리할 수 있고 단계를 제시하면 다음과 같다(교육부, 1996, 43-44).

집단 탐구 수업모형의 수업 적용의 전제 조건은 다음과 같다(서강식, 1999, 124). 첫째, 집단 탐구에 필요한 자료의 출처와 자료의 이용

1) 텔렌은 집단 탐구를 해나가는 과정에서의 집단과정의 교육적 가능성을 강조하고 있으며, 리피트 등은 사회과학 탐구 방법의 교육적 가능성을 강조하고 있다(서강식, 1999, 108).

방법을 이해하고, 둘째, 집단 탐구 집단을 조직하고 이를 운영하고, 셋째, 집단 탐구 조력자의 역할을 이해하고, 넷째, 집단 탐구에 시간을 할당하는 방법을 이해한다 등이다. 이러한 조건들을 바탕으로 학생들이 지식이나 정보를 획득하고 조직하는 방법을 가르쳐 주고, 훨씬 복잡한 주제를 집단의 형태로 문제 상황을 파악하여 이를 해결하려는 목적으로 활용된다.

〈집단 탐구에 포함된 수업 과정〉

집단과정	탐구과정
1) 아이디어와 지각의 상호 교환 2) 집단 조직, 과업 결정, 작업 분담 3) 의견 교환, 갈등의 해결, 책임 분담, 지도자, 기록자, 요약자로서 역할 분담 4) 각 집단이 발견한 것을 상호 교환하는 방법 결정 및 준비 5) 역할, 의견 교환 등을 포함한 집단 과정의 평가	1) 중요한 질문 또는 가설의 설정 2) 질문에 대한 답을 추구하는 데 필요한 정보와 그 정보를 획득하는 방법의 결정 3) 정보를 수집하고 기록하기 4) 정보 분석, 결론의 도출 5) 새로 발견한 것에 비추어 질문을 재구성하고 탐구의 강점과 약점을 토의

상황의 제시 및 탐구 문제 설정 → 탐구의 계획 → 탐구의 실시 → 발견 결과 발표 → 탐구에 대한 평가

그 외 수업모형으로는 가치명료화 수업모형과 콜버그의 토론 수업모형이 있다.

5) 가치명료화 수업모형

선택하기		긍지 갖기		행동하기
① 자유롭게 선택하기 ② 대안들 중에서 선택하기 ③ 결과를 고려한 후 선택하기	→	④ 자랑하고 소중히 여기기 ⑤ 확인하기	→	⑥ 선택한 바대로 행동하기 ⑦ 반복하기

6) 콜버그의 토론 수업모형

〈도입 단계의 질문 전략〉		〈심화 단계의 질문 전략〉
① 도덕적 문제 부각시키기 ② '왜'라는 질문하기 ③ 상황을 복잡하게 제시하기	→	① 다듬기 질문들 ② 인접한 단계(+1단계)의 논의 부각시키기 ③ 명료화와 요약하기 ④ 역할 채택을 위한 질문

2. 7차 도덕과 교육과정

1) 도덕과 교수 · 학습의 일반적 절차

7차 도덕과 교육과정에서는 학생들의 도덕적 덕과 인격 형성을 지향하면서, 도덕성의 인지적, 정의적 및 행동적 측면을 조화롭게 육성하는 일에 주목한다. 따라서 인지적 접근과 정의적 접근, 그리고 행동적 접근을 통합적으로 추구하는 인격 교육적 접근 혹은 덕 교육적 접근의 관점에 입각하여 도덕교육이 이루어지도록 하는 데 중점을 두고 있다(교육인적자원부, 2007, 25). 특히 7차 도덕과 교육과정은 1차시에는 인지적 측면, 2차시에는 정의적 측면, 3차시에는 행동적 측면의 교수 · 학습이 각각 활용된다.

〈도덕과 교수 · 학습의 일반적 절차〉

인지 영역 중심(1차시)		정의 영역 중심(2차시)		행동 영역 중심(3차시)
도덕적 문제 사태와 관련된 규범의 의미를 파악하고 도덕적 판단을 연습하기	→	도덕적 감정을 표현하고, 자신과 관련지어 반성하고 평가하기	→	도덕적 실천을 확인하기(도덕적 행동 및 습관화)

1차시-인지적 측면 중심의 교수 · 학습

도덕적 문제 사태 제시/상황 파악하기	→	문제 사태와 관련된 규범의 의미 파악하기	→	규범의 필요성과 타당성 찾기(도덕적 판단 연습하기)

2차시-정의적 측면 중심의 교수 · 학습

도덕적 관련 사례 제시/관련된 경험 환기하기	→	도덕적 감정을 표현하고 공유하기	→	본받을 점을 찾고, 자신을 반성하기

3차시-행동적 측면 중심의 교수 · 학습

도덕적 실천 상황이나 모범적 행동 제시하기	→	도덕적 실천 다짐과 실천 계획 세우기	→	도덕적으로 행동하고 습관화하기

2) 도덕과 교수 · 학습 모형

7차 도덕과 교육과정에서는 도덕과 교수·학습의 일반적 절차와 교수·학습 모형은 상호 보완적인 관계가 있다. 특정 수업모형을 택하여 도덕과 교수·학습의 일반적 절차에 따라 교수·학습을 할 수 있고, 또 차시별 특성을 고려해서 해당 차시에 더욱 적합한 교수·학습 모형을 부분적으로 활용할 수도 있다. 7차 교육과정에서 제시한 수업모형은 타 교육과정과는 다른 수업모형을 제시하고 있다. 이는 7차 교육과정의 이론적 근거가 인격교육 이론과 밀접한 관계가 있고, 인격교육 이론이 실천, 봉사 등을 중요시하는 것과 연관됨을 알 수 있다. 이와 관련해서 7차 도덕과 교육과정에서 제시한 교수·학습 모형(교육인적자원부, 2007, 28-33)은 다음과 같다.

(1) 배려 모형

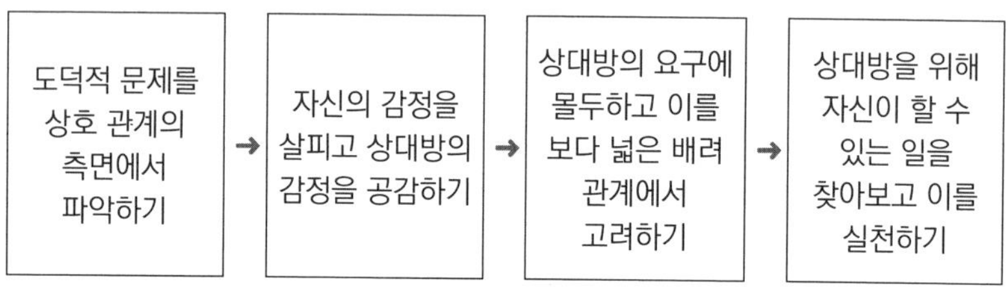

배려 모형은 배려 윤리에 기초한 도덕과 교수·학습 모형으로 특히 2차시 정의적 영역 중심의 교수·학습 모형으로 적합하다. 배려 윤리는 칸트(I. Kant)에서 롤스로 이어지는 자유주의적 전통의 윤리학에 문제를 제기하면서 길리건(C. Gilligan)에 의해 처음으로 제기되었다. 길리건에 의해 윤리학적 논의에 구체적으로 언급된 후 나딩스에 의해 도덕교육에 적용되었다(교육인적자원부, 2007, 28).

(2) 가정 연계 모형

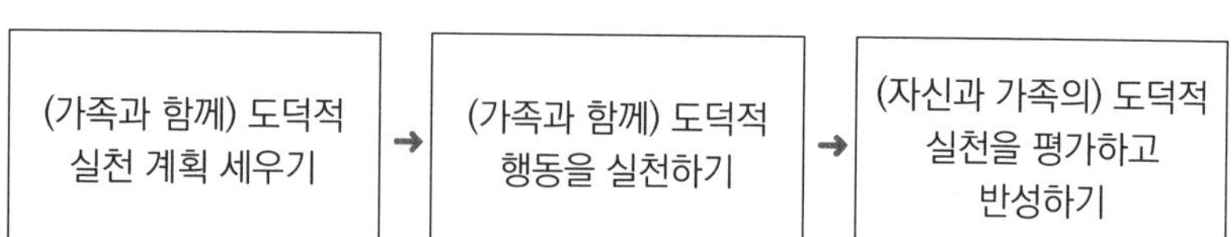

가정 연계 모형은 도덕성이 교과를 통한 도덕과 교수·학습만으로는 많은 한계를 가지고 있음을 지적하면서, 교과를 통한 도덕과 교수·학습을 보완하고 그 효과를 배가하는 방법으로 제시되었다. 그 이론적 배경에는, 호프만(M. L. Hoffmann)에 따르면 부모에 의해 제공되는 사회화가 자녀들의 감정 이입적 반응을 발달시키고 이기적 욕구와 열망들을 극복하는 데 있어서 매우 중요한 역할을 차지한다고 주장하며, 통합적 인격교육 이론을 주장하고 있는 리코나(T. Lickona)에 의해서는 학교와 가정의 파트너십을 강조하고 있다(교육인적자원부, 2007, 28-29).

(3) 봉사 학습 모형

봉사 활동 계획을 세우고 이를 사전에 준비하기	→	봉사 활동을 실시하고 그 결과를 작성하기	→	봉사 활동 결과를 평가하고 반성하기

봉사 학습 모형은 봉사 활동이 학생들의 도덕성 발달에 매우 유용한 방법 중 하나라는 것을 강조하고 있는 것으로 리코나의 인격교육 이론에 영향을 받았다.

(4) 가상 체험 모형

가상의 상황 제시 및 상황의 구체적 이해	→	활동 선택과 체험의 실시	→	체험 결과 정리

가상 체험 모형은 교실에서 주로 이루어지는 교과 교수·학습의 한계를 극복하고 학생이 충분한 간접 체험을 통해 실제 도덕적 상황에서 도덕적 문제 해결 능력을 발휘할 수 있도록 기회를 제공하는 모형이다. 대표적인 기법이 시뮬레이션이다. 시뮬레이션은 실제로 어떤 현상들을 직접 체험할 수는 없지만 그 현상 속에서 경험할 수 있는 무수한 행동들을 모의 상황으로 설명할 수 있는 특징을 가지고 있다(교육인적자원부, 2007, 29-30). 그 외 수업모형은 6차 교육과정에서 언급되었기 때문에 각 수업모형의 단계만 언급하면 다음과 같다.

(5) 집단 탐구 모형

문제 상황의 제시와 탐구 문제의 확인 → 탐구 문제의 세분화 및 탐구 계획의 수립 → 탐구의 실시 → 탐구 결과의 발표 및 탐구에 대한 평가

(6) 가치 갈등 모형

구체적인 가치 갈등 사례의 제시와 관련된 규범의 확인 → 문제 사태의 성격 규명과 관련 규범의 선택 결과에 대한 예상 → 자신의 입장 선택과 이에 대한 정당화

(7) 가치명료화 모형

자신의 의지와 소망에 따라 자유롭게, 여러 대안의 결과를 사려 깊게 생각한 후에 선택하기 → 자신이 선택한 가치를 소중히 하고 다른 사람 앞에서도 기꺼이 공언하기 → 선택한 가치를 행동으로 옮기고 생활 속에서 반복하여 행동하기

(8) 역할 놀이 모형/역할극 모형

역할 놀이 상황의 설정과 준비 → 역할 놀이 참가자 선정 및 청중의 준비 자세 확인 → 역할 놀이 시연 → 역할 놀이 토론 및 평가

3. 2007 개정 도덕과 교육과정

1) 초등 도덕과 수업의 기본적 과정 · 절차

2007 개정 도덕과 교육과정에서는 도덕과 교육은 학생들의 덕과 인격을 형성, 발달시켜 가도록 돕는 데 그 본질이 있는데 이를 위해서는 그 접근법이 지 · 정 · 행 세 측면의 통합으로 추구되어야 함을 강조하고 있다. 이러한 통합적 접근을 도덕과 수업에 적용한 도덕과 수업의 기본적 과정 · 절차를 살펴보면 다음과 같다(교육과학기술부, 2011, 34).

〈도덕과 수업의 기본적 과정 · 절차〉

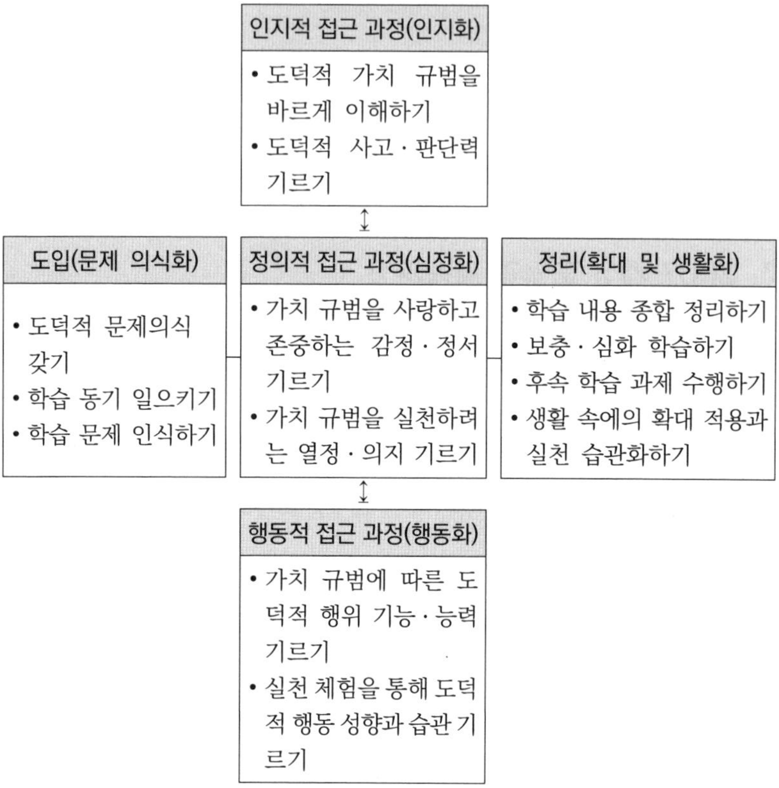

위의 도덕과 수업의 기본적 과정 · 절차를 중심으로 도덕 교과서를 구성하는 차시별로 중점을 둔 수업을 전개하도록 구안한 수업 과정과 절차는 다음과 같다(교육과학기술부, 2011, 35-42).

(1) 지식이해 중심의 과정 · 절차

지식이해 중심의 과정 · 절차는 학생들이 덕과 인격을 발달시켜 가도록 그와 관련된 도덕적 가치 규범과 바람직한 삶의 모습에 대해

지적으로 깊이 깨우쳐 합리적 내면화를 이루도록 하는 데 중점을 둔다(교육과학기술부, 2011, 36). 그 단계를 살펴보면 다음과 같다.

도덕적 문제의 제시 → 가치규범의 탐구 및 이해의 심화 → 도덕적 정서 및 의지의 강화 → 정리 및 실천 생활화

첫째, 도덕적 문제의 제시 단계는 도덕적 문제를 제시하고 관련 규범을 인식하면서 문제 의식을 갖고 학습 동기를 불러일으키며 그 시간의 학습 목표 혹은 학습 문제·과제를 바르게 파악하도록 한다.

둘째, 가치 규범의 탐구 및 이해의 심화 단계는 이 단계에서 다루는 해당 도덕적 가치 규범, 바람직한 삶의 모습에 대해 그것이 의미하는 바를 바르고 명확하게 이해하게 하는 일이 중요하고, 그 가치 규범의 중요성, 도덕적 명령의 타당한 근거 등에 대한 정확하고도 합리적인 이해를 도모하는 것이 중요하게 대두되는 단계로서 이러한 가치 규범의 명확한 이해를 위한 활동으로 연역법과 귀납법을 적절하게 활용한다.

셋째, 도덕적 정서 및 의지의 강화 단계는 정의적 접근의 차원에서 도덕적 심정을 강화하는 단계이다. 이 단계는 옳고 좋은 삶과 관련해서 단순히 지적으로 아는 정도를 넘어 그것을 심정적으로 좋아하고 소중히 하며 실천하고자 의욕하는 차원으로까지 나아가도록 최대한 노력하는 것이다(교육과학기술부, 2011, 37).

넷째, 정리 및 실천 생활화 단계는 위의 과정을 거친 후에 수업을 정리하는 단계로써 일상생활에의 확대 적용 및 실천 체험 및 습관 형성을 하고 수업을 마무리하는 단계다.

(2) 가치판단 중심의 과정 · 절차

가치판단 중심의 과정 · 절차는 구체적인 문제 사태에서 합리적으로 사고하면서 올바른 도덕 판단과 결정을 할 수 있는 능력을 기르는 데 중점을 둔다(교육과학기술부, 2011, 38). 그 단계를 살펴보면 다음과 같다.

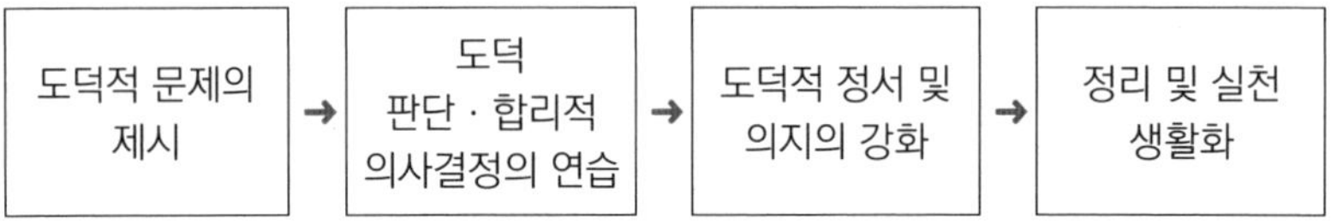

첫째, 셋째, 넷째 단계는 지식이해 중심의 과정 · 절차에서의 단계 과정과 마찬가지다. 다만 차이가 있는 둘째 단계를 중심으로 살펴보면 이 단계의 구체적인 단계는 다음과 같다.

도덕 판단 · 합리적 의사결정의 연습 단계는 본격적인 도덕 판단 내지 의사결정을 도모해 보는 것을 중점적으로 다룬다. 이 단계에서는 학생들의 반성적 사고, 비판적 사고, 창의적 사고 및 여타 고등사고 기능을 기르고자 하는 도덕적 사고력을 분명히 인식하고 그것을 추구해 갈 수 있는 수업 활동을 구안 · 실행하는 것이 중요하다는 것과 해당 문제 사태에 대한 견해와 주장에 대한 근거를 제시하도록 함으로써 도덕적 사고 · 판단력 및 도덕적 추론 능력을 증진할 수 있도록 하는 것이 중요하다는 것을 강조하는 단계다. 또한 이러한 과정을 통해서 합리적으로 의사결정을 이끌어 갈 수 있도록 하는 데 도움을 준다(교육과학기술부, 2011, 39).

(3) 가치 심화 중심의 과정 · 절차

가치 심화 중심의 과정 · 절차는 다양한 가치 추구 활동을 통해 도덕적 가치 규범과 옳고 좋은 삶에 관한 성찰과 자각을 깊게 하고 그것을 존중하고 실현하려는 심정을 강화하며, 도덕적 행위 기능 및 능력과 실천 성향을 기르는 데 중점을 두고 있다(교육과학기술부, 2011, 40). 그 단계를 살펴보면 다음과 같다.

도덕적 문제의 제시	➜	가치 규범의 추구 및 심화	➜	도덕적 정서 및 의지의 강화	➜	정리 및 실천 생활화

가치 심화 중심의 과정 · 절차에서의 두 번째 가치 규범의 추구 및 심화 단계는 가치를 심층적으로 추구하고 심화하는 과정이다. 이 단계에서는 도덕적 사고 · 판단력을 깊고 넓게 다루게 된다. 도덕적 사고 · 판단력뿐 아니라 가치 규범과 관련된 감정적, 의지적 차원에서도 더 깊이 의욕할 수 있는 경험을 제공하고 가치 규범을 실제 생활 속에서 실천 체험과 연관 지으면서 학습하게 함으로써 실천 성향 및 도덕적 행위 기능 및 능력을 기르고 실천 성향 및 도덕적 습관 형성의 증진에 도움을 줄 수 있도록 하는 단계이다(교육과학기술부, 2011, 41).

2) 도덕과 수업모형

2007 개정 도덕과 교육과정에서는 가치분석 수업모형, 합리적 의사결정 수업모형, 도덕 이야기 수업모형, 모범감화 수업모형, 실습 실연

수업모형, 실천 체험 수업모형 등이 추가되어 총 12개의 수업모형이 제시되고 있다.

(1) 역할 놀이 수업모형

역할 놀이 준비 → 역할 놀이 참가자 선정 → 무대 설치 → 참여적 관찰자로서의 청중의 준비 →

역할 놀이 시연 → 토론 및 평가 → 재연 → 경험의 공유와 일반화

(2) 개념 분석 수업모형

분석될 가치개념의 확인 → 개념의 전형적인 사례 및 반대되는 사례 탐구 → 개념의 경계에 해당되는 사례 확인 →

그 개념과 관련된 개념의 분석 → 가상적 사태에의 적용 → 분석된 의미의 수용 여부 검토와 정리

(3) 가치분석 수업모형

도덕적 문제 사태의 제시 → 가치문제의 확인과 명료화 → 자기 입장의 설정 및 사실적 타당성 탐색 →

잠정적 가치 결정 및 가치 원리의 검사 → 입장의 수정 및 의사결정 → 실천 동기 강화 및 일상생활에의 확대 적용

(4) 가치 갈등 해결 수업모형

도덕적 문제 사태의 제시 → 관련 규범 확인 및 의미 파악 → 문제 사태의 성격 분석 → 자기 입장의 선택과 정당화 → 자기 입장의 수정 및 대안 숙고

(5) 가치명료화 수업모형

도덕적 문제 사태의 제시 → 선택 → 존중 → 행동

(6) 합리적 의사결정 수업모형

민주 사회에서는 개인이나 집단 수준에서 여러 가지 갈등이 일어날 수 있다. 갈등이 부정적인 면을 가지고 있기는 하지만 새로운 발전과 도약의 밑바탕이 되는 긍정적인 측면도 있다. 문제는 이러한 갈등을 어떻게 해결하느냐 하는 것인데 이에 대한 대답의 하나로 제시될 수 있는 것이 바로 합리적이고 도덕적인 문제 해결 혹은 의사결정이다. 이 수업모형은 프랭켈(J. R. Frankel), 엥글(S. H. Engle) 등이 제시하고 있는데 선택을 요하는 갈등의 문제 사태에서 반성적으로 숙고한 지식과 가치를 바탕으로 최선의 해결 방안을 도출해 내는 능력과 품성을 기르는 데 주안점을 두고 있다.

도덕적 문제 사태의 제시와 분석 → 관련 규범의 확인 및 그 의미의 타당성 파악 → 여러 대안의 설정과 각 대안의 결과 검토 → 자기 입장의 설정 및 정당화 → 자기 입장의 수정 및 잠정적 의사 결정

(7) 집단 탐구 수업모형

탐구 문제의 설정 → 탐구 계획의 수립 → 탐구의 실시 → 탐구 결과 발표 및 논의 → 종합 정리 및 평가

(8) 도덕적 토론 수업모형

도덕적 문제 사태의 제시 → 도덕적 토론의 도입 → 도덕적 토론의 심화 → 실천 동기 강화 및 생활에의 확대 적용

(9) 도덕 이야기 수업모형

도덕 이야기 수업모형은 도덕적인 이야기를 듣고 논의하면서 옳고 좋은 삶에 관해 탐구하는 것을 핵심으로 하고 있다. 이 수업모형은 인격교육 이론이 주안점을 두고 있는 내러티브 접근법을 그 이론적인 기반으로 하여 지 · 정 · 행의 통합적인 접근을 강조하는 수업모형이다. 덕 윤리학자인 매킨타이어(A. MacIntyre)가 주장하는 이야기의 인간 본질과 인간 존재 양식 간의 연관성을 강조하기 때문에 이야기가 인간 삶의 본질임을 통해 언어적이며 대화적 존재로서의 인간 존재로서의 의사소통을 강조하고 있다.

학습 문제 인식과 동기 유발 → 도덕 이야기의 제시와 주요 내용 파악 → 도덕 이야기의 탐구 및 자신의 도덕적 경험 발표와 공유 → 자신의 도덕 이야기 또는 유사한 상상의 이야기 구성 → 정리 및 확대 적용과 실천 생활화

(10) 모범감화 수업모형

모범감화 수업모형은 덕을 구성하고 있는 정의적 측면의 요소 중 도덕적 감정·정서, 도덕적 열정·의지의 형성을 도모하고자 하는 모형이라 할 수 있다. 이 수업모형은 수업 시간에 가르치고자 하는 가치 규범과 관련하여 바람직한 도덕적 모범을 제시하고 논의하는 가운데 감동과 감화를 얻고 바람직한 삶의 모습을 본받으며 자기반성과 실천 의지를 다지게 하는 데 중점을 두고 접근하는 특징을 가지고 있다. 이 모형은 전통적으로 내려오는 이른바 '본보기로써 가르치라' 는 사회 학습 이론의 모델링 이론에 입각한 이론으로, 사람은 다른 사람이 하는 말보다도 그의 행동을 보고 더욱더 잘 배운다는 것이다. 이 원리는 현대 심리학에 의해서도 뒷받침되는데 아동 심리학자인 콜스(R. Coles)와 같은 학자는 초등학교 시절을 이른바 '양심의 시기'로 규정하면서 도덕지능은 바로 아동기를 거치면서 대부분 목격(witness)에 의해 형성됨을 논증하기도 한다. 그리고 이 모형은 감동 감화의 원리를 또 하나의 기반으로 하는데 이는 도덕적 가치 규범을 학습함에 있어 마음속에 깊은 감동과 감화받음으로써 그 가치 규범을 신념화, 내면화하게 하고자 하는 것이다.

학습 문제 인식과 동기 유발 → 도덕적 모범의 제시와 주요 내용의 파악 → 도덕적 모범의 탐구 및 감동 감화 → 도덕적 정서와 의지의 강화 → 정리 및 확대 적용과 실천 생활화

(11) 실습 실연 수업모형

실습 실연 수업모형은 다루는 도덕적 가치 규범과 관련된 구체적인 도덕적 행위 기능과 실천 행동을 직접 해보면서 익히도록 하는 데 주안점을 두고 있다. 이 수업모형은 아리스토텔레스의 덕 형성의 양상과 원리를 설명하는 덕 이론에 영향을 받고 있는데, 여기서는 악기를 잘 연주하거나 집 잘 짓는 사람이 되려면 직접 그 일들을 해야 하는 것을 강조하고 있다. 예컨대 근면의 덕을 발달시키려면 근면한 생활의 구체적인 방식과 기능 등을 익히고 그러한 행동들을 반복하는 가운데 습관을 형성하도록 하는 입장과 맥을 같이 하고 있다.

학습 문제 인식과 동기 유발 → 도덕적 모범행동의 제시 및 이해 → 모범행동의 실습 실연 → 도덕적 정서와 의지의 강화 → 종합 정리와 확대 적용 및 실천 생활화

(12) 실천 체험 수업모형

실천 체험 학습이란 학생들이 배우며 익혀야 할 것에 대해 읽거나 말하거나 듣고 쓰는 정도에 그치지 않고 그것과 직접 접하면서 체험을 통해 배우는 학습 형태를 말한다. 어떤 도덕 이론이나 가치 규범·덕목, 행위 원리·법칙 등에 관해 이해를 도모하고자 한다면 그것들을 직·간접적으로 실천하거나 체험해 보면서 배우는 경우 등이 이에 해당한다. 이는 아리스토텔레스가 무엇보다도 덕은 행동과 관련됨을 지적하면서, 심지어 행동이 도덕적 성품으로서의 덕의 생성과 완성 모두를 결정한다고 말한 데서 찾아볼 수 있다. 이 모형은 인간은 그의 환경과의 접촉, 교류, 체험을 바탕으로 학습하고 성장, 변화한다고

보는 상호작용 및 경험 학습 이론에 기초하고 있다. 또한 이 모형은 도덕과 가치를 다루는 교육은 다양한 행동 경험을 통해 스스로 그 의미와 가치를 파악하고 이를 내면화하여 하나의 일관성 있는 행동 양식을 형성해 가도록 하는 것이 바람직하다는 가치관 교육 이론에 바탕을 두는 것이기도 하다.

실천 체험 학습의 주제 설정	➜	실천 체험 학습의 계획 수립	➜	실천 체험 학습의 실행	➜	실천 체험 결과의 발표와 논의 및 공유	➜	종합 정리와 평가 및 실천 생활화

4. 2009 개정 도덕과 교육과정

1) 도덕과 수업의 기본적 과정 · 절차

2009 개정 도덕과 수업의 기본적 과정・절차는 2007 개정 도덕과 수업의 기본적 과정・절차와 거의 같다. 따라서 여기서는 언급하지 않기로 한다.

2) 4단계 심층화 모델과 수업 과정 · 절차

2009 개정 도덕과 교육과정은 4단계 심층화 모델과 수업 과정・절차를 새롭게 제시하고 있다. 2009 교육과정에서는 한 단원에 4차시로 수업이 진행되기 때문에 시간의 흐름 속에 4개 차시가 어떻게 전개되는지에 대한 체계적인 틀이 필요하게 된 것이다. 이런 필요에 따라 4단계 심층화 모델과 6 수업 과정・절차의 융・복합적 적용이 가능하게

되었다. 여기서 4단계 심층화 모델은 기본 학습 → 발전학습 1 → 발전학습 2 → 심화학습의 구조화된 틀을 가지고 전개하면서 심화·발전시킨다. 여기에는 두 가지 이유가 작용한다. 하나는 도덕 심리학적 고려를 한 것이다. 즉 가치 내면화의 과정과 덕성 형성의 심리학적 메커니즘에서 볼 때, 인간의 도덕 학습이 알고 사고하고 판단하는 것에서 출발해서 점차 그것을 도덕적 심정과 마음의 자세로 깊이 자리잡게 하면서 궁극적으로는 도덕적 행위 능력을 기르고 생활 속에서 행동으로 실천하는 성향으로 심화시켜 가는 것을 강조한 것이다. 다른 하나는 현실적인 학교 수업 상황을 고려한 것이다. 초등학교 도덕과 수업이 학년당 8개의 단원과 그에 따른 8개의 주제를 4시간을 투입해서 실시하기 때문에 매달 그 단원의 중심 또는 관련 가치·덕목을 집중적으로 추구할 수 있는 객관적 여건이 조성된 것을 고려한 것이다(교육부, 2014, 37).

<table>
<tr><td rowspan="7">도
입</td><td colspan="7">전 개</td><td rowspan="7">정
리</td></tr>
<tr><td>1차시
기본학습</td><td>—</td><td>2차시
발전학습 1</td><td>—</td><td>3차시
발전학습 2</td><td>—</td><td>4차시
심화학습</td></tr>
<tr><td colspan="2">인지적 접근
(도덕 이성)</td><td>↔</td><td>정의적 접근</td><td>↔</td><td colspan="2">행동적 접근
(도덕 행동)</td></tr>
<tr><td colspan="7"></td></tr>
<tr><td colspan="2">지식이해
수업 과정·절차</td><td></td><td>모범감화
수업 과정·절차</td><td></td><td colspan="2">실습실연
수업 과정·절차</td></tr>
<tr><td colspan="7"></td></tr>
<tr><td colspan="2">가치판단
수업 과정·절차</td><td></td><td>가치심화
수업 과정·절차</td><td></td><td colspan="2">실천체험
수업 과정·절차</td></tr>
</table>

3) 6 수업 과정 · 절차

4단계 심층화 모델과 함께 융 · 복합적으로 수업에 활용되어 덕과 인격을 구성하는 3 측면 6요소[2]를 통합적으로 그리고 3 측면 6요소에 각각 대응하여 집중적으로 접근하고자 하는 것이 6 수업 과정 · 절차다. 6 수업 과정 · 절차는 한 차시의 도덕과 수업을 운영할 때 이 절차 중 하나 혹은 둘, 그 이상을 결합해서 활용할 수 있고, 종래의 도덕과 수업모형을 적절하게 활용할 수 있다.

6차의 도덕과 교수-학습 지도의 일반적 측면은, 7차와 2007 교육과정에서의 도덕과 수업의 과정 · 일반적 절차가 차시별로 3개 정도로 소개되었지만, 2009 개정 도덕과 교육과정에서 제시된 수업 과정 · 절차는 이전 수업의 과정 · 일반적 절차를 보완해 6개의 수업 과정 · 절차를 새롭게 소개하고 있다. 6개의 수업 과정 · 절차를 살펴보면 다음과 같다(교육부, 2014, 38-45).

(1) 지식이해 중심의 수업 과정 · 절차

학습 문제 인식 및 동기 유발 → 가치사례 제시 및 규범 파악 → 가치 규범 탐구 및 이해의 심화 → 도덕적 정서 및 의지의 강화 → 정리 및 확대 적용과 실천 생활화

첫째 학습 문제 인식 및 동기 유발 단계는 수업에서 다루고자 하는 도덕적 가치 규범의 생활과의 관련성을 파악하여 학습 의욕 및 학습 방향 인식 등의 활동을 하게 된다. 이러한 학습 동기를 일으키기 위해

2) 3 측면 6요소는 도덕과 수업의 기본적 과정 · 절차에서 제시하고 있는 3가지 측면과 각 측변에 속하는 2가지 요소들, 총 6개의 요소를 가리킨다.

서는 생활 속의 도덕적 측면 인지와 문제 의식을 가지는 것이 중요하다.

둘째 가치 사례 제시 및 규범 파악 단계는 도덕적 가치 사례를 다양한 소재를 바탕으로 제시하고 그것이 어떤 도덕적 가치 규범과 관련이 있는지 살펴볼 수 있다.

셋째 가치 규범 탐구 및 이해의 심화 단계는 관련된 가치 규범을 본격적으로 탐구하는데 특히 인지적 측면의 도덕적 지식·이해와 관련이 있다. 이 단계에서는 이 시간에 다루는 해당 가치 규범의 의미를 명확하게 이해하는 데 중점을 두고 탐구함으로써 그 가치 규범의 중요성, 타당한 근거 등을 정확하고 합리적으로 이해하는 것을 강조하고 있다.

넷째 도덕적 정서 및 의지의 강화 단계는 해당 가치 규범과 관련해서 자신의 삶을 반성하고 성찰함으로써 실천 동기를 강화할 수 있다.

다섯째 정리 및 확대 적용과 실천 생활화 단계는 해당 가치 규범을 일상생활 속에서 확대 적용하고 지속적인 실천이 이루어지도록 노력하는 것을 중점으로 다룬다.

(2) 가치판단 중심의 수업 과정·절차

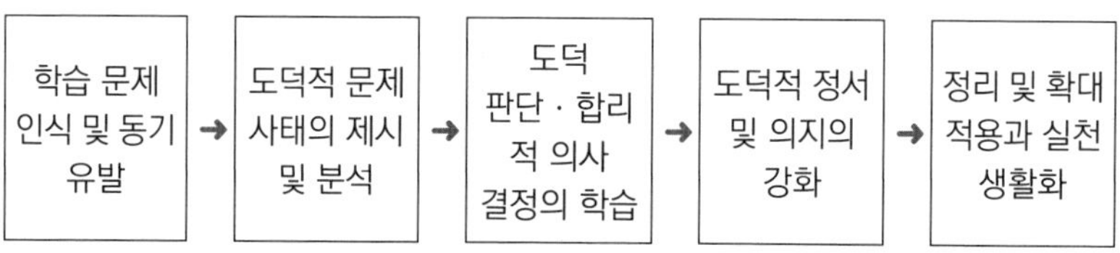

첫째, 넷째, 다섯째 단계는 지식이해 중심의 수업 과정·절차와 유사하기 때문에 생략하기로 한다. 둘째와 셋째 단계를 중심으로 살펴

보면 다음과 같다.

둘째 도덕적 문제 사태 제시 및 분석 단계는 도덕적 문제 사태를 제시하는데 이는 주로 학생들의 지적·도덕적 발달 단계를 고려해서 해당 가치 규범과 관련된 선악의 부딪힘이 분명하거나 큰 선과 작은 선 사이의 위계화 등을 제시한다. 도덕적 사태 제시 후에는 그 사태의 성격을 분석하고 어떤 가치 규범과 관련되어 있는지를 파악하는 것이 이 단계에 속한다.

셋째 도덕 판단·합리적 의사결정 학습 단계는 가치판단, 특히 도덕 판단의 진위 문제와 관련해서 그 사고와 판단의 타당한 이유와 근거를 제시함으로써 도덕적 사고력과 판단력을 증진시키고 나아가 합리적 의사결정의 능력을 증진하는 역할을 한다. 이를 위해 연역적, 귀납적 추론의 방식들이 적절하게 활용될 수 있다.

(3) 모범감화 중심의 수업 과정·절차

학습 문제 인식 및 동기 유발 → 도덕적 모범의 제시와 관련 내용 파악 → 도덕적 모범의 탐구 및 감동 감화 → 도덕적 정서 및 의지의 강화 → 정리 및 확대 적용과 실천 생활화

둘째 도덕적 모범의 제시와 관련 내용 파악 단계는 학생들이 해당 가치 규범과 관련하여 바람직한 모범을 접하고 내용의 개요를 파악하면서 해당 도덕적 모범과 자기 자신 및 여타 것들에 대해서 성찰하면서 마음을 움직이도록 하는데 주안점을 두는데 여기서는 학생들에게 도덕적 모범을 제시해 주는 것이 중요하다. 본보기로서 가르친다는

모델링 이론[3]을 제시하는 것이 도움이 된다.

셋째 도덕적 모범의 탐구 및 감동 감화 단계는 도덕적 모범을 탐구하면서 이를 정의적 차원에서 내면에 깊이 받아들이도록 한다. 학생들은 이러한 도덕적 모범을 접함으로써 옳고 바람직한 삶에 대한 도덕적 감정을 표현하고 서로 교류하면서 공유하게 된다.

(4) 가치 심화 중심의 수업 과정 · 절차

학습 문제 인식 및 동기 유발 → 가치사례의 제시 및 성찰 → 가치 규범의 추구 및 심화 → 도덕적 정서 및 의지의 강화 → 정리 및 확대 적용과 실천 생활화

둘째 가치사례의 제시 및 성찰 단계는 해당 가치 규범과 관련된 문제나 사례 또는 생각할 거리를 제시하고 문제의식을 갖게 하는 동시에 바람직한 삶의 자세에 대한 주체적인 자각을 가지게 된다.

셋째 가치 규범의 추구 및 심화 단계는 지적으로 정련된 가치 규범에 대하여 다양한 교수 · 학습 활동을 통해 감정적, 정서적 차원에서 이를 보다 깊숙이 받아들이고 사랑할 수 있는 경험을 제공함으로써 내면의 심정화를 도모한다. 이러한 내면화를 통해 그런 삶을 실천하고자 하는 의지를 다지게 된다.

3) 모델링 이론은 사회 학습 이론에 근거를 두고 있다. 사회 학습 이론은 반두라(A. Bandura), 시어스(R. Sears) 등이 대표적 학자들인데 이들은 인간의 행동 변화와 학습은 모범행동을 관찰하고 모방함으로써 이루어진다고 주장한다(교육부, 2014, 10 참조).

(5) 실습 실연 중심의 수업 과정 · 절차

학습 문제 인식 및 동기 유발	➜	모범행동의 제시 및 이해	➜	모범행동의 실습 실연	➜	도덕적 정서 및 의지의 강화	➜	정리 및 확대 적용과 실천 생활화

둘째 모범행동의 제시 및 이해 단계는 도덕 행동을 제시하고 이의 실천 방식이나 행위 기술 등을 지적으로 이해하도록 한다. 이 단계에서의 도덕적 행동의 제시는 모범적 행동을 다양한 매체를 활용하거나 실제 인물의 실연을 통해 보여주는 것이 적절하다.

셋째 모범행동의 실습 실연 단계는 학생들이 지적으로 이해한 구체적인 행동 방식이나 행위 기술을 직접 실행하면서 몸소 익히는데 실습과 실연을 통해 구체적으로 터득할 수 있다.

(6) 실천 체험 중심의 수업 과정 · 절차

학습 문제 인식 및 동기 유발	➜	실천 체험 주제 설정 및 계획	➜	실천 체험 학습 활동의 실행	➜	실천 체험 결과 발표 및 도덕적 정서 및 의지의 강화	➜	정리 및 확대 적용과 실천 생활화

둘째 실천 체험 주제 설정 및 계획 단계는 주제가 단순한 것에서부터 복잡한 것까지 개인 활동에 해당하는 것에서 소집단 또는 대집단 수준의 활동에 이르기까지 다양하게 설정될 수 있고 주제 설정 이후에는 체험해야 할 활동을 준비하고 계획을 수립할 수 있다.

셋째 실천 체험 학습 활동의 실행 단계는 학생들이 실제로 실행하고 체험하면서 구체적인 도덕적 행동을 몸에 익히고 실천 성향을 높이도록 수업을 구상하고 실제 활동이 이루어지는 동안 교사의 적극적인 관심과 지도가 필요하다.

4) 도덕과의 주요 교수 · 수업모형

2009 개정 도덕과 교육과정에서 소개하는 교수·수업모형은 역할놀이 수업, 개념 분석 수업, 가치분석 수업, 가치 갈등 해결 수업, 가치 명료화 수업, 합리적 의사결정 수업, 도덕적 토론 수업, 도덕 이야기 수업, 집단 탐구 수업, 경험 학습 수업모형 등 총 10개의 모형을 제시하고 있다. 이는 2007 개정 도덕과 교육과정에서 제시한 12개의 수업모형 중 모범감화 수업모형과 실습 실연 수업모형 그리고 실천 체험 수업모형 대신에 경험 학습 수업모형으로 대체하고 있다. 이는 모범감화 수업모형과 실습 실연 수업모형 그리고 실천 체험 수업모형 등이 실제 활동을 통한 경험을 중시한다는 점에서 경험 학습 수업모형에 포함될 수 있을 것으로 본다. 따라서 여기서는 경험 학습 수업모형에 대해서만 살펴보도록 한다.

5) 경험 학습 수업모형

경험 학습은 학생들이 실재에 대해서 직접 접하면서 체험을 통해 배우는 학습 형태를 말한다. 이 수업모형은 학생들에게 적절한 도덕적 경험을 제공함으로써 그들의 도덕적 자각과 의식을 깊게 하고 사고와 판단 능력 및 행동 실천력을 높이고자 하는 데 그 기본적인 관점이 있다. 이러한 모형은 인간이 그의 환경과의 상호작용을 바탕으로 학습하고 성장, 변화한다는 피아제의 이론에 근거를 두고 있다(교육부, 2014, 56-57). 구체적인 단계를 살펴보면 다음과 같다(교육부, 2014, 57).

경험 학습의 주제 설정하기 → 경험 학습 계획 세우기 → 경험 학습 실시하기 → 경험의 교류와 논의를 통해 경험을 공유하고 일반화하기 → 종합 정리 및 평가하기

첫째 경험 학습의 주제 설정하기 단계는 학생들의 수준에 맞는 문제 사태를 제시하고 경험을 통해 학습할 문제를 설정한다. 둘째 경험 학습 계획 세우기 단계는 학생들이 창의적인 생활 자세와 관련한 경험 학습의 계획을 수립하도록 하는데 학생들과의 협의를 통해 결정하도록 한다. 셋째 경험 학습 실시하기 단계는 다양한 활동, 즉 관찰, 행동, 인터뷰, 실습, 실연 등의 활동을 통해 실제로 활동하는 것이다. 넷째 경험의 교류와 논의를 통해 경험을 공유하고 일반화하기 단계는 학생들이 자신의 경험과 다른 학생의 경험을 공유하고 이러한 과정을 통해 학생들의 개별 경험이 정련, 심화되고 동시에 의미 있는 경험의 일반화가 이루어진다. 여기서 중요한 것은 경험의 교류와 논의가 반드시 관련 도덕적 가치 규범과 연관되어야 한다는 점이다. 마지막 종합 정리 및 평가하기는 학습 과정과 활동에 대한 반성을 통해 발전적인 경험 학습이 이루어지는 기반을 다진다.

5. 2015 개정 도덕과 교육과정

2015 개정 도덕과 교육과정에서의 도덕과 수업의 기본적 과정・절차, 4단계 심층화 모델과 6 하위 수업 과정・절차 등은 2009 개정 도덕과 교육과정에서 언급한 것과 일치하고, 도덕과의 주요 교수・학습 모형은 2007 개정 도덕과 교육과정의 수업모형과 일치한다. 즉 경험 학습 수업모형을 없애고 다시 모범감화 수업, 실습 실연 수업, 실천 체험 수업모형을 추가하였다.

III. 결론: 도덕과 수업모형의 비판적 검토

도덕과 수업모형에 대해서 6차부터 2015 개정 도덕과 교육과정까지 살펴보았다. 교육과정별로 약간의 차이를 보여 주지만, 대략 인지적 접근 중심의 수업모형 중 지적 이해에 활용 가능한 수업모형으로는 개념 분석 수업모형, 집단 탐구 수업모형, 그리고 가치판단에 활용할 수 있는 수업모형으로는 가치명료화 수업모형, 도덕적 토론 수업모형, 가치분석 수업모형, 합리적 의사결정 수업모형, 가치 갈등 해결 수업모형 등이 있고, 정의적 접근 중심의 수업모형으로는 모범감화 수업모형과 7차의 배려 모형이 대표적이며, 행동적 접근 중심의 수업모형으로는 실습 실연 수업모형, 실천 체험 수업모형, 경험 학습 수업모형 등으로 정리할 수 있다.

이상에서 교육과정별로 도덕과 수업의 일반적 절차・과정, 주요 교수・학습 모형, 4단계 심층화 모델 등에 대해서 살펴보았다. 각 교육과정을 거쳐 오면서 실행된 수업모형들은 큰 틀의 변함없이 교육과정의 역사와 더불어 변화해 왔다. 그러나 이들 세 영역의 연관성 및 각각의 영역에서의 문제점 등을 비판적으로 검토하는 과정이 필요할 것으로 보이며 이를 통해 보다 나은 도덕과 수업모형의 개발 및 적용에 관한 새로운 시도가 가능할 것이다.

첫째, 도덕과 수업의 일반적 절차·과정, 주요 교수·학습 모형, 4단계 심층화 모델 등의 적응 가능성 여부이다. 현장 교사들이 도덕 수업을 할 경우, 아무런 준비 없이 막연하게 수업을 진행하기보다는 하나의 체계적인 틀을 제공하는 것은 수업에 많은 도움을 줄 것이다. 그러나 문제는 현장 교사들이 이러한 틀을 제대로 이해하고 수업에 적절하게 활용할 수 있을지가 의문이다. 매번 교육과정을 개정하면서도 우려되는바, 교육과정의 성격이나 본질을 현장 교사들이 제대로 인식하지 못하는 경우가 있음을 인정하지 않을 수 없다. 이와 마찬가지로 기본적으로 제공하고 있는 도덕과 수업의 일반적 절차·과정, 주요 교수·학습 모형, 4단계 심층화 모델을 제대로 이해하고 수업에 활용하는 것이 쉽지 않을 것이다. 특히 도덕과 수업의 일반적 절차·과정, 주요 교수·학습 모형, 4단계 심층화 모델 등의 세 가지 틀을 제공하고 이들을 적절하게 융·복합적으로 활용하라고 주문하고 있지만 이것 역시 막연한 제공으로는 현장 교사에게는 더 큰 혼란만 야기할 수 있기 때문이다. 이러한 혼란을 막기 위해서는 예비교사들을 대상으로 하는 직전교육(直前教育, pre-service teacher training)에 좀 더 심도 있게 이 부분들을 다루어야 할 것이다. 또한 현장 교사들을 대상으로 하는 재교육 형태의 직중교육 혹은 현직교육(現職教育, in-service teacher training)이 병행되어야 할 것이다.

둘째, 도덕과 수업의 기본적이고 일반적 절차·과정을 하나로 제시하는 것에 주의할 필요가 있다. 앞에서 살펴본 바와 같이 6차부터 2015 개정 교육과정까지 도덕과 수업에 있어서 일반적인 절차를 제시하고 있다. 6차에서는 5단계를 제시하고 있는데 인지적인 측면이 강조되고 있다. 7차에서는 종래의 인지적 접근 중심의 교수-학습에서 탈피해 하나의 절차를 인지 영역, 정의 영역, 행동 영역으로 나누어 3개의 차시별로 다루기 때문에 수업의 일반적 절차·과정의 변화를 가져왔다고 할 수 있다. 그리고 2007, 2009, 2015 교육과정은 덕과 인격의 통합적인 측면을 강조하기 시작하면서 수업에 있어서 세 가지 영역을 통합적으로 추구한다.

그러나 이러한 일반적 절차를 만들어 시행하는 것이 상황마다 최적의 방법을 찾기 위해 노력을 할 경우, 소모되는 엄청난 시간과 노력을 절약할 수 있는 장점도 있겠지만 단점도 있을 수 있다는 점을 간과할 수 없다. 대표적인 단점으로는 일반화를 위주로 할 경우, 사안의 개별적 특성이 무시된다는 점인데 일반적 절차로 묶어 놓으니 도덕과에서 다루는 가치의 개별적 선택을 무시하게 되고 따라서 가치의 주입 혹은 강요라는 비판을 피하기가 어렵다. 무엇보다 이러한 절차가 지나치게 도식적이다 보니 도덕 교과가 다루어야 하는 인간의 도덕적 삶을 제대로 담아 내지 못한다는 점이다(길병휘, 2013, 341-343).

셋째, 도덕과 수업모형과 수업 과정·절차 중에 유사한 모형들이 많다. 가치 갈등 해결 수업모형과 합리적 의사결정 수업모형, 실습 실연 수업모형과 실천 체험 수업모형은 거의 모든 단계가 유사하다. 모범감화 수업모형과 모범감화 중심의 수업 과정·절차도 그 차이점을 찾아보기 쉽지 않다. 이는 수업을 진행할 때 혼란을 가중할 뿐 아니라 오히려 도덕과 수업의 흥미를 떨어뜨리는 역할을 할 수도 있다. 이러한 유사한 수업모형과 수업 과정·절차들은 어느 한쪽으로 통합하는 것도 하나의 대안이 될 수 있다.

마지막으로, 도덕과 수업의 기본적 과정·절차와 주요 수업모형, 4단계 심층화 모델을 수업에 융·복합적으로 적절하게 활용하라고 제시하고 있지만, 구체적으로 어떻게 어떤 형식으로 해야 할지 그 구체적인 방안을 제시하는 것이 필요하다. 이는 특정인에게는 수업모형으로 분류된 것이, 다른 사람에게는 수업 과정·절차 등으로 분류되는 등 상당한 개념상의 혼란(추병완, 2013, 460)이 그 원인이라 할 수 있다. 이는 지식을 전달하는 교수자의 입장에서 수업모형 등을 제시한 것이기 때문에 학습자들이 지식을 구성할 수 있고 수업에 기대감을 주는 방법으로 전환할 필요가 있을 것으로 보인다.

참고문헌

교육과학기술부(2011), 『초등학교 도덕 5 교사용 지도서』, (주)지학사.

교육부(1996), 『교사용 지도서 도덕 4-1』, 국정교과서 주식회사.

교육부(2014), 『도덕 3 교사용 지도서』, 천재교육.

교육인적자원부(2007), 『초등학교 교사용 지도서 도덕 4-1』, 대한교과서 주식회사.

길병휘(2013), 『도덕교육의 비판적 성찰』, 교육과학사.

김지연 외(2013), 『논리와 비판적 사고』, 도서 출판 글고운.

서강식(1999), 『도덕・윤리과 수업 모형』, 양서원.

이택휘・유병열(2000), 『도덕교육론』, 양서원.

추병완(2013), "도덕과 교수-학습 방법론", 한국도덕윤리과교육학회 엮음, 『도덕윤리과교육학 개론』, 교육과학사.

하영석(1985), 『논리학 입문』, 형설출판사.

한국도덕윤리과교육학회 엮음(2013), 『도덕윤리과교육학 개론』, 교육과학사.

제 9 장 참 평가로서의 도덕과 평가*

Ⅰ. 서론

교육 현장에서 평가의 어려움은 모든 교과에 적용된다. 특히 도덕과의 평가가 쉽지 않다는 것이 현장의 대체적인 목소리이다. 도덕과 교육은 다른 교과와는 달리 답을 쉽게 찾을 수 없는 교과이다. 다시 말해 평가할 수 없는 것을 평가하려고 하니 도덕과의 평가가 어려울 수밖에 없고, 불가능할지도 모른다. 도달 불가능한 교육 목표를 도덕과의 목표 혹은 목적으로 삼고 있는 도덕과는 애초부터 평가가 불가능한 것(길병휘, 2012, 35)이라는 주장이 설득력이 있게 보인다.[1] 결국 도덕과 교육의 정체성을 새롭게 확립해야 그에 따른 평가도 제대

---

* 이 글은 초등도덕교육 제41집(한국초등도덕교육학회, 2013)에 실린 논문을 수정・보완한 것임.

1) 그의 주장에 따르면, 지금까지의 도덕과 교육과정에서의 도덕과 목표 혹은 목적을 '유덕한 인격 형성 혹은 완성', 혹은 '도덕성 발달' 등에 두고 있는데, 이 도덕교육의 목적 혹은 목표 자체가 잘못되었기 때문에 그에 따른 평가도 잘못될 수밖에 없다는 것이다. 이 문제를 해결하기 위해서는 도덕과 교육과정의 틀을 새롭게 짜나가야 하고 그에 따라 도덕과 교육의 목적 혹은 목표를 제시하고 이러한 목표를 달성하기 위한 평가가 이루어져야 한다는 것이다. 이 부분에 대해서는 길병휘(2012), "도덕과 교육의 정체성에 대한 비판적 검토", 「초등도덕교육」 제40집, 한국초등도덕교육학회, 35-37쪽을 참고하기 바람.

로 실행될 수 있는 것이다.

그렇다면 지금까지의 도덕과 교육과정의 틀을 완전히 바꾸어야 하는가? 이것 역시 쉽지 않다. 기존의 교육과정을 어느 정도 유지하면서 도덕과 평가의 새로운 방향을 모색하는 방안은 없을까? 새로운 시각에서 평가의 진정한 의미를 찾아보면서 현행 도덕과 교육과정에서의 평가를 분석 비판하면서 대안을 찾아보고, 교실에서 실행할 수 있는 도덕 일기 쓰기를 통한 활용 방안을 찾아보는 것이 본 연구의 목적이라 할 수 있다. 여기서 말하는 평가의 새로운 대안이 참 평가이고, 참 평가의 의미를 찾으면서 도덕과 평가를 새롭게 정립하고자 하는 것이다.

Ⅱ. 도덕과 평가의 현실

1. 이분법적 평가

평가에는 철학이 있다(조용기, 2005, 159)는 말이 설득력 있게 들린다. 수행평가 혹은 대안적 평가가 나오기 이전에는 우리나라 교육계 전반에 퍼져있는 철학적 바탕이 모더니즘(modernism) 성격을 가지고 있는 인식론적 객관주의[2]라 할 수 있다. 인식론적 객관주의에 바

2) 교육의 이론적 근거로서의 인식론적 객관주의로서의 모더니즘은 주체와 객체가 분리되어서 모든 사물을 이분법적으로 파악한다. 인식의 문제에 있어서 유일한 진리와 그 진리에 이르는 길 역시 하나밖에 없다. 이러한 철학적 이론에 근거한 평가라면 당연히 객관적 인식론은 주체/객체, 정답/오답, 평가자/피평가자 등의 이분법적 태도가 일반적이다(최신일(2001). "도덕과 서술식 수행평가 문항 개발을 위한 이론 연구" 「초등교육연구논총」, 제17권 3호, 대구

탕을 둔 평가와 그 이후의 철학적 이론[3]에 바탕을 둔 평가는 다르다. 그러나 객관적 인식론에 바탕을 두고 있는 전통적 평가 방법은 다음과 같은 문제점을 가지고 있다(최신일, 2001, 3-4). 첫째, 출제자 혹은 평가자와 학습자 혹은 피평가자가 분리되기 때문에 상호 간의 의사소통이 불가능하고, 일방적인 평가가 이루어질 수밖에 없으며, 따라서 평가 결과에 따라 피평가자들을 비교하고 서열화하는 등의 제대로 된 평가를 할 수 없다. 둘째, 비교하고 서열화하는 평가를 하기 위한 가장 손쉬운 평가 방법인 지필 평가 위주의 상대 기준 평가 혹은 규준 기준 평가(norm-referenced-evaluation)에 의존할 수밖에 없다. 셋째, 피평가자는 평가자의 의도를 잘 파악해야 좋은 평가를 받기 때문에 학습자는 학습에 있어서 수동적일 수밖에 없다. 따라서 학생들이 학습을 구성적이며 주도적으로 이끌어 갈 필요를 느끼지 못한다. 시대가 변화되었고 그 시대를 이루고 있는 정신이 있고 그 시대 정신에 맞게 평가가 바뀌어야 하는데 그렇지 않기 때문에 객관주의 인식론에 바탕을 둔 전통적인 평가의 문제가 발생하는 것이다.

2. 열린 교육과 수행평가

이원론적 입장에 바탕을 둔 평가는 새로운 시대 정신에 바탕을 둔 수행평가라는 대안적 평가가 도입되면서부터 새로운 전기를 맞이하

교육대학교 초등교육연구원, 3쪽)

3) 논의 전개의 편의상, 객관적 인식론을 모더니즘(modernism)이라고 하고 그 이후의 철학적 이론은 상대주의, 탈구조주의, 해체주의, 포스트모던 등으로 표현되지만, 포스트모더니즘(postmodernism)이라고 통칭한다.

게 되었다. 수행평가는 1990년대 중반, 우리나라 교육 현장에 상당한 바람을 일으킨 포스트모던적 열린 교육 및 수업 등 새로운 개방 바람의 영향을 받고 있었다. 이러한 교육 현상은 우리나라 7차 교육과정의 개정 배경을 살펴보면 구체적으로 나타난다. 1995년 5월 31일 대통령 자문기구인 교육개혁위원회에서는 정보화 · 세계화 시대에 대비하여 신교육 체제 수립을 위한 교육 개혁 방안을 발표하였는데, 신교육 체제는 '열린 교육 사회', '평생 학습 사회'의 건설을 비전으로 삼았으며, 학생의 적성과 능력에 따른 다양한 학습 활동을 할 수 있도록 하였다(교육과학기술부, 2008, 75-76).[4] 그 당시 분위기로는 우리나라 교육이 새로운 전환점을 맞이하여, 새로운 구도로 탈바꿈하여 전통적인 수업방식에 길들어져 있는 학교 수업 현장에서 대변혁을 예고할 것 같았다. 그러나 열린 교육의 바람은 바람으로 끝나버렸다. 그 원인을 여러 곳에서 찾아볼 수 있겠지만 두 가지 정도 언급하면 다음과 같다. 첫째, 우리나라의 교육적 기반이 열린 교육을 받아들일 토양이 형성되지 못했다는 점이다. 전통적 교육 방식에 익숙해져 있는 교육 현장에 어느 날 외국에서 도입한 낯선 열린 교육이 들어오게 되고 그 교육을 우리 땅에 파종하자 우리의 토양이 이상한 반응을 일으키는 것은 당연하다. 서구에서는 이미 새로운 시대정신에 관한 이론적 작업을 거친 상태지만, 우리나라에서는 그렇지 못했기 때문에 혼란만 가중되었다.

---

4) 신교육 체제는 ① 필수 과목 축소 및 선택 과목 확대 ② 정보화 · 세계화 교육 강화 ③ 수준별 교육과정의 편성 · 운영을 교육과정 개선의 원칙으로 설정하고 7차 교육과정 개정을 추진하였다. 교육과학기술부(2008a), 「교육인적자원부 고시 제2007-79에 따른 초등학교교육과정 해설❶ 총론, 재량활동」, 서울: 대한교과서 주식회사, 76쪽.

둘째, 열린 교육의 척박한 철학적 혹은 이론적 근거라 할 수 있다. 교육의 방식이나 현상이 특정한 시간과 공간에서는 적극적으로 활용될 수 있으나, 그 이론적 근거를 함께 제대로 제시하지 못하면 교육 현상은 결국 열매를 맺지 못하고 시들고 만다. 물론 열린 교육도 그 이론적인 정신이 있겠지만 우리나라에 소개될 때는 그 이론적 이념이나 철학이 함께 소개되기보다는 외국의 성공적인 결과만을 보고 우리나라 교육 현장에 성급하게 적용하여 그 성과를 창출해야 한다는 성급함 때문에 제대로 정착할 수 없었다. 열린 교육의 정신은 "삶으로서의 학습이고, 학습의 삶화이다"(조용기, 2005, 21, 23).[5] 이렇듯 열린 교육의 본래 정신은 학습이 아니고 삶이 더 근본적인데, 삶의 문제는 간과한 채 여전히 학습에만 집착하고 있는 학습의 형태만이 우리나라에 수입되어 정착하려니 제대로 그 생명을 유지할 수 없었다.

열린 교육은 자취를 감추었지만 그것에 맞물려 있는 대안적 평가인 수행평가가 열린 교육의 전철을 밟지 않고 지금까지 우리나라 교육 현장에서 뿌리를 내리고 활용되고 있는 것은 수행평가에 대한 이론적 토대[6]를 세워가면서 교육 현장에 적용하려는 노력이 있었기 때문이

5) 열린 교육이 삶으로서의 학습에 있다는 것은 우선 열린 교육이 삶에 관심을 보이고 있다는 것이다. 즉 전통적인 지식교육이 삶에 대한 관심을 소홀히 했던 것에 대해 열린 교육은 학습 과정이 지니는 삶의 질적 측면을 강조하고 있다. 그리고 전통교육과는 달리 열린 교육은 아이들의 능동성과 자발성을 강조하고 있다. 이를 종합해보면, 열린 교육은 학습이 학습이기 이전에 혹은 동시에 이상적 삶의 한 구현이 되어야 하고 이 학습은 외재적인 요인에 의해서가 아니라 학습의 내재적 요인인 자발성과 능동성을 가지고 있을 때 가능한 것이고 이때 비로소 열린 교육이 가능한 것이다(조용기, 2005, 21-24 참조).

6) 수행평가가 학교 현장에 적용되기 전 수행평가에 대한 이론적 혹은 실천적 작업을 선구적으로 연구한 것이 다음의 책이다. 석문주 외(1997), 「학습을 위한 수행평가」, 서울: 교육과학사.

다. 전통적 객관식 평가의 대안적 평가(alternative assessment)들은 선다형 검사(test)와는 달리 평가하고자 하는 능력들을 학생들의 삶이나 학습에서 실제로 행하는 것을 평가하기 때문에 실행평가 혹은 수행평가(performance assessment) 등으로 불린다.[7)]

3. 수행평가와 참 평가

실행평가 혹은 수행평가는 대리적인 무엇을 평가한다는 의미에서 사용되지만, 이와는 달리 참 평가(authentic assessment)라는 용어는 진짜 무엇을 평가한다는 의미에서 사용한다(석문주 외, 1997, iii). 수행평가라는 용어와 참 평가라는 용어를 혼용해서 사용하는 것에서 발생하는 오해가 있기에, 양자의 의미를 구분하는 것이 필요할 것이고 그에 따라 수행평가와 참 평가의 관계를 정립하는 것도 필요할 것으로 보인다.

수행평가는 조사된 학생 반응 유형이고, 참 평가는 평가 맥락이다. 참 평가는 참된(authentic) 맥락에서 수행되는 평가이다. 즉 구체적인 과제의 평가라기보다는 교실에서 정규적인 일의 부분으로서 행해지는 것이다. 참 평가라는 용어는 표준화 검사, 선다형 검사에서 벗어나

---

7) 수행평가는 다음의 장점들을 가지고 있다. 첫째, 새로운 평가, 즉 수행평가는 간단한 선다형의 질문을 넘어서 학생이 실제 생활이나 더욱 복잡한 상황에서 고을 요구한다. 그래서 과정과 결과가 조사되고 학생들이 이해하는 것과 이해하지 못하는 것에 대한 훨씬 더 풍부한 정보를 제공해 준다. 둘째, 평가가 수업 상황과 매우 유사하기에 평가 결과는 교사들에게 더욱 가치 있는 것이 된다. 평가 결과는 다시 수업에 환류되어 수업 개선에 활용할 수 있다. 셋째, 판단된 결과가 더욱 가치가 있기에 수업 프로그램 개선에 더욱 큰 영향을 미친다(Frechtling, 1991, 이명숙, 1997, 50 재인용).

평가 과제가 요구되는 수행과 가깝게 맞아떨어지며, 그리고 실제 상황, 교실, 맥락에서 일어나는 평가를 설계하려는 의도에서 사용되었다(Gipps, 1993. 이명숙, 1997, 51, 재인용). 이처럼 참 평가와 수행평가가 서로 다른 의미로 받아들여지기도 하지만, 참 평가가 단순히 수행평가와는 완전히 대치되는 용어라기보다는 그것과는 다른 측면을 가리키는 용어로 받아들여져야 한다는 입장도 설득력이 있다.

대체로 우리나라에서는 수행평가가 본래 학습 과정의 일환으로 등장했기보다는 성취검사의 한 방안인 지필 검사를 대신하는 평가 방법으로 등장하였다. 수행평가는 학습의 과정을 평가하기는 하지만 그 성취 결과의 비교를 목적으로 하지만, 참 평가는 학습의 과정을 평가하고 비교가 아닌 학습의 발달을 목적으로 한다. 따라서 이런 의미에서 본다면, 실행평가는 참 평가가 될 수도 있고 안 될 수도 있다(조용기, 2005, 159). 다시 말하면 수행평가, 즉 학습의 과정을 평가하지만 그 학습의 성취 결과를 비교한다면 참 평가가 될 수 없다. 반면에 학습의 수행과정을 평가하고 동시에 이러한 평가를 통해 아이들의 학습 발달에 목적을 둔 수행평가 혹은 실행평가라면 그것은 참 평가가 될 수 있다. 수행평가의 대표적 기법이라 할 수 있는 포트폴리오(portfolio)[8]가 곧 참 평가가 될 수 있는 것은 아니다. 이렇게 잘 설계된 포트폴리오라 하더라도 학습의 과정을 평가하지만, 그 결과를 비

8) 잘 설계된 포트폴리오는 다음의 네 가지 목적을 제공해 준다. 첫째, 교사가 학생들의 성장과 발전을 평가하는 것을 가능하게 하고, 둘째, 교사와 부모가 학생들의 활동에 더 효과적으로 소통하도록 하며, 셋째, 교사가 수업 프로그램을 평가하는 데 도움을 주며, 마지막으로, 학생이 평가 과정에서 교사와 파트너가 되도록 하는 데 도움을 준다(Diane Hart (1994), *Authentic Assessment: A Handbook for Educators*, California: Addison-Wesley Publishing Company. 24-25).

교와 선발에 활용한다면 참 평가가 될 수 없다.

따라서 참 평가는 수행평가일 수 있지만 수행평가가 반드시 참 평가일 수는 없다. 수행 혹은 실행평가라 할지라도 평가의 목적을 비교와 선발에 두고 있다면 아무리 과정을 수행 혹은 실행했더라도 참 평가는 될 수 없다. 그러나 참 평가가 되기 위한 조건 중의 하나가 학습 과정에서 평가가 일어나기 때문에 참 평가는 수행평가 혹은 실행평가일 수 있는 것이다.

III. 참 평가와 도덕과 평가

참 평가란 구체적으로 무엇인가? 참 평가의 의미(조용기, 2005, 160-162)를 제대로 파악해야 수행평가, 전통적 객관식 선다형 평가 등과 비교가 가능할 것이다.[9] 참 평가의 의미를 파악하게 되면 도덕과의 평가와의 관계도 분명해질 것이다. 도덕과의 성격상 도덕과 평가는 성취 결과를 비교하는 것을 평가할 수 없다. 그렇다면 어떠한 평가가 도덕과 평가에 가장 적합한 평가인가? 그 답을 참 평가의 의미에서 찾을 수 있을 것이다. 이를 위해 참 평가가 되기 위한 조건을 살펴보고 참 평가와 도덕과 평가의 연관성에 대해서도 살펴보고자 한다.

---

9) 앞에서 살펴본, 객관식 선다형 평가와도 다르고, 우리가 익히 알고 있는 수행평가라는 것과는 차이가 있는 참 평가의 의미를 파악하기 위해서 조용기 교수가 정리해 놓은 참 평가의 의미를 살펴보는 것이 가장 적절하다고 판단한다. 다음의 책들을 참고하시기 바람(조용기, 2005, 159-175, 석문주 외, 1997, 3-18).

1. 참 평가와 학습

참 평가는 학습을 위한 평가이다(조용기, 2005, 160). 참 평가는 학습의 결과를 비교하고 선발하여 그에 따라 등급을 매기는 것이 아니라 학생들의 학습 과정을 평가하여 학습의 발달에 그 목적을 두고 있다. 참 평가는 성취 검사(achievement test)라기보다는 학습 평가(learning assessment)이다. 진정한 평가가 되기 위해서는 비교하고 선발하여 배치를 목적으로 하는 것이 되어서는 안 되고 학습의 성장을 도와주는 평가가 되어야 한다. 또한 참 평가는 성취 목표(performance goals)와 관련이 있다기보다는 학습 목표(learning goals)와 관련이 있다(조용기, 2005, 160). 학습 목표는 학생들이 학교를 자신의 능력이 드러나는 경우 그에 따른 보상을 해주는 곳으로 보기보다 자신들의 능력을 발휘하고 기능을 연마하는 기회를 주는 곳으로 생각하는 것이다. 따라서 평가는 학습 혹은 수업과 무관할 수 없고 제대로 된 평가가 되기 위해서는 학습, 즉 학생의 학습 성장을 도와주는 것이 되어야 한다. 참 평가가 학습과 무관하지 않다면, 학습과 긴밀한 관계가 있는 교육과정과도 무관하지 않다. 평가에 따른 교육과정의 목표, 성격, 내용, 교수・학습 방법도 매우 중요하다. 즉 도덕과 평가는 교육과정 전반에 걸쳐 시행되어야 한다. 이 말은 도덕과 교육과정의 목적이나 목표의 설정은 합당한가, 목표에 도달하기 위한 교과 내용의 설정은 적절한가, 교과 내용을 가르치는 방법은 효율적인가, 이들 전체 교육과정 운영과 학업에 대한 평가는 타당성이 있는가 등이 평가의 중요한 항목이 되어야 한다(길병휘, 2012, 21)는 것이기에 평가와 교육과정은 매우 밀접한 관계가 있다.

참 평가가 학습을 위한 평가가 된다는 것은 도덕과 평가에서도 적용될 수 있다. 도덕과 평가는 성취 결과를 비교한다든지 선발을 위한 자료로 활용하기가 어렵다. 아니 불가능한지 모른다. 그러나 전통적인 객관식 선다형 방식으로 이루어진 평가에 대해서는 새로운 대안을 찾아야 할 것이다. 더구나 도덕과 교육과정에서의 유덕한 인격 함양 혹은 도덕성 발달에 도덕과 교육의 목적 혹은 목표를 둔 입장에서는 도덕과 평가를 특히 선다형 평가 결과의 비교나 등급화에 두는 것은 도덕과 목표에도 전혀 맞지 않는 평가이다.

또한 도덕성 혹은 인격은 외부적 자극에 혹은 외재적인 보상 때문에 이루어지는 것이 아니라 자율적으로 혹은 내재적인 동기 부여 때문에 얻어지는 것으로 본다면 도덕적 탐구를 학습과 연관된 것으로 평가하는 것은 참 평가의 의미를 살릴 수 있을 것이다.

도덕과의 평가와 참 평가는 내재적 동기 부여 때문에 학습을 도와주고 증진한다는 의미에서 밀접한 관련이 있다.

2. 참 평가와 학습 과정

참 평가는 학습 과정의 평가이다(조용기, 2005, 161). 학습과 관련 있는 평가는 학습 과정 중 일어나고 학습 과정을 평가해야 한다. 참 평가는 학습 과정을 평가하되 학습 과정 중 실시하는 평가이다. 학습의 과정을 평가해야만 학습 과정에서 학생들의 학습에 임하는 태도 등을 평가할 수 있고 학생들의 장단점을 파악하여 장점은 그대로 살려 나가고 단점은 보완해 나감으로써 학생들의 성장을 도와주게 된다. 그렇기 때문에 참 평가는 일회적인 평가보다는 수시 평가가 되어야 한다.

그리고 학생들의 학습 과정을 평가해야만 한다. 참 평가는 학생들이 얼마나 알고 있는가가 아니라, 어떻게 그리고 왜 알려고 하느냐가 관심의 대상이 된다. 앞에서 말한 바와 같이 이것은 성취 목표에 관련되기보다는 학습 목표와 관련이 있기 때문이다. 성취 목표, 즉 얼마나 알고 있는가를 알려고 하면 그 결과를 평가할 것이고 그 결과의 평가는 결국 학생들을 비교하고 선발하는 데 평가를 활용하게 되는 결과를 가져오게 된다. 반면에 학습 목표, 즉 왜 그리고 어떻게 알려고 하는가에 관심을 가지는 평가는 학습에 어떻게 임하는지에 대한 학습 과정 평가를 할 수 있기 때문이다.

도덕과의 평가에서도 진정한 평가가 이루어지기 위해서는, 첫째, 도덕 수업 중에 평가가 일어나야 할 것이다. 도덕 수업에 있어서 학생들이 수업에 임하는 태도에 관한 평가를 한다면 도덕과 평가에서도 참 평가가 이루어진다고 할 수 있다. 예를 들면, 어떤 도덕적 사태에 대해서 학생들이 어떠한 도덕적인 열정성과 도덕적 합리성을 가지고 임하는지를 살펴보는 것도 하나의 방법이 될 수 있을 것이다(교육부, 2001, 37). 도덕적 열정에 대한 평가 기준을 도덕적 사태에 대한 민감성과 사태 해결을 위한 적극성으로 삼고, 도덕적 합리성에 대해서는 도덕적 사태를 얼마나 정확하게 파악하고 있는지, 그에 따른 도덕적 규범을 정확하게 이해하고 있는지, 도덕적 사태의 원인 분석 범위의 포괄성 정도가 어느 정도인지를 평가 기준으로 해서 평가하는 과정이 수업 혹은 학습 과정 중 일어나고 그 결과를 서열화하지 않는다면 참 평가의 의미를 살리는 평가라 할 수 있다.

둘째, 도덕과 평가가 참 평가가 되기 위해서는 도덕과 수업 혹은 학습 과정을 평가해야 한다. 앞의 예에서 살펴본 바와 같이, 도덕 수업에 임하는 태도 중 도덕적 열정성이 예민하거나 둔감하거나, 적극적이거나 소극적이거나, 도덕적 합리성이 정확하거나 부정확하거나의 문제는 관찰 결과에 따라 평가하고 그 평가 결과를 다시 수업에 활용함으로써 학생 각자의 도덕적 열정성 혹은 합리성 등을 통한 도덕성 발달이나 인격 함양을 꾀할 수 있다. 물론 도덕과 수업 과정을 평가함에 있어서도 그 결과가 학생들을 비교하고 선발하는 데 활용되어서는 안 된다.

3. 참 평가와 평가 주체

참 평가가 되기 위한 세 번째 충분조건은 평가에 참여한 사람이 학습 과정에 직접 혹은 간접적으로 참여한 사람들[10)]이고 이들에 의해서 평가가 일어나야 한다(조용기, 2005, 161). 전통적인 객관적 선다형 평가의 문제점 중의 하나가 학생들의 수업 혹은 학습과는 무관한 사람들에 의해서 평가가 일어나는 것이다. 참 평가가 되기 위해서는 학습과 관련이 있어야 하고 그 학습 과정 중에 그리고 그 학습 과정을 평가해야 한다면, 당연히 평가의 주체도 학습 과정에 관계된 사람들에 의해서 이루어져야 할 것이다. 그러나 전통적 객관식 평가에서는,

10) 여기서 수업에 직접 참여한 사람들은 교사, 학생, 그리고 또래들이고 이들에 의한 평가가 내부적 평가라 할 수 있다. 그러면 간접적으로 참여한 사람에 의한 평가란 무엇을 의미하는가? 이것은 수업의 경우, 수업이 학교 혹은 교실에 한정되기보다는 가정과 연계된 수업을 염두에 두고 있기 때문에 학부모도 내부적 평가의 한 주체로 생각해 볼 수 있다는 의미이다. 다시 말하면, 학교와 가정, 교사와 학부모의 연계를 염두에 둔 것이다.

수업 혹은 학습과는 전혀 관련 없는 사람이나 기관이 평가하는 경우가 대부분이다. 즉 외부적 평가가 주류를 이루어 왔다. 이런 경우, 앞의 참 평가의 두 가지 조건을 충족시키더라도 참 평가가 될 수 없다.

수업과 관련이 없는 사람들에 의한 평가는 결과 평가가 될 가능성이 매우 높다. 직접 수업과 관련 없는 사람에 의한 외부 평가는 학습이 주목적이 아니기 때문이다(조용기, 2005, 163). 외부 평가는 학생들의 성장과 발달에는 관심이 없고 오직 그 결과를 비교하는 데 관심이 있다. 더구나 외부 평가를 객관식 선다형 평가로 실행했을 경우는 그 문제점은 더 심각해지고 참 평가가 될 확률은 거의 없다.

도덕과 평가의 경우는 어떠한가? 말할 것도 없이 도덕과 평가는 도덕 수업에 직접 참여한 사람들에 의해서 이루어져야 한다. 학생들의 인격 함양과 도덕성 발달을 도덕과의 목표로 한다면 이 목표를 달성하는 것은 한순간이 아니라 긴 시간 동안 계속적 노력으로 이루어지는 것이다. 짧은 학교 수업 시간 특히 도덕 수업 시간 동안 이러한 목표를 달성하는 것은 거의 불가능한 것에 가깝다. 그러나 도덕 수업이 인격을 함양하고 도덕성을 발달시키는 우리 일생의 과제 중 하나의 중요한 계기를 제공해 준다면 도덕과 목표에 맞는 평가를 수업을 통해서 하는 것도 의미 있는 활동이라 할 수 있을 것이다.

인격 함양이나 도덕성 발달과정은 학생 자신이 더 잘 알 수 있다. 다만 지금까지 우리는 객관성 혹은 신뢰성이라는 도덕과 평가의 기준에 얽매여 학생들이 평가의 주체가 된다는 점에서는 매우 부정적이었다. 평가를 학생들의 주관에 맡길 수 없으며, 그럴 수 있다 하더라도 객관성을 도저히 보장해 줄 수 없다는 입장이었다. 전통적으로 사태를 이분법적으로 보는 객관주의적 입장, 즉 평가자와 피평가자가 뚜렷하게 구분된 입장에는 피평가자, 즉 학생들이 평가의 주체가 된다는 것은 있을 수 없는 것이다. 그렇다면 도덕과 평가에서는 이러한 이분법의 문제를 극복할 수 없는가? 그렇지 않다. 2007 교육과정과 2009 교육과정에서 언급되고 있는 상호주관성[11]이라는 개념에 주목해 보면 이 문제를 어느 정도 극복할 수 있을 것이다. 도덕과 교육과정에서의 상호주관성 혹은 상호주관성 확보라는 표현은 도덕과 교육과정의 내용을 성취 기준으로 삼고 그것을 도덕과 평가의 실질적인 기준으로 활용하고, 채점 기준표를 활동 전 학생들에게 제시하여 학생들과 교사 간의 상호 협의를 통해 도덕과 특성 및 평가의 목적에 맞는 기준 등을 만들자는 의미이다.

여기서 말하는 '상호주관성'의 의미는, 참 평가가 학습 과정과 관련된 사람에 의해서 평가가 일어난다는 것과 매우 밀접한 관계를 가진다. 도덕과 평가에 있어 타당도, 신뢰도, 객관도를 제고하기 위하여 평가 주체와 대상, 평가 주체 간의 진정한 의사소통을 통해 평가에 대한 공유된 관점, 즉 객관성을 가지자는 것이다(교육과학기술부, 2008, 284). 다시 말하면, 도덕과 평가는 수업과 전혀 관련이 없는 외부 기관이나 사람, 즉 교과부 등에서 실시하는 진단 평가 등에 의한 객관식 평가 방법에 따른 평가에 의해 객관성 등이 보장되는 것이 아니라, 학습 과정에 직·간접적으로 관련된 사람들 간의 상호 주관적인 의사

11) 도덕과 교육과정에서의 평가에서는, 2007 교육과정은 "상호주관성을 확보하기 위해서 성취기준형으로 제시된 학년별 교육 내용을 도덕적 평가의 실질적 기준으로 적극 활용하도록 한다."(교육과학기술부(2008b), 「초등학교 교육과정 해설❸」, 서울: 대한교과서 주식회사, 284쪽)고 하고, 2009 개정 교육과정에서는 "성취 기준을 평가의 실질적인 기준으로 활용하여 상호 주관성이 확보된 가운데 평가가 이루어지도록 한다."(교육과학기술부(2012.7.9.), 교육과학부 고시 제2012-14호)고 함

소통을 통해서 객관성을 확보하면서 평가를 수행하는 것이다.

이처럼, 도덕과 평가에 있어 교사와 학습자, 학습자 상호 간의 상호 주관적인 소통을 통해 평가 기준이나 평가 방법 그리고 평가 활용 방안 등을 모색해 가고, 이들을 통한 평가가 이루어진다면 객관성도 보장된 참 평가로서의 도덕과 평가의 진면목을 찾아볼 수 있을 것이다.

4. 참 평가의 통합적 관점

도덕과 평가는 통합적이어야 한다는 표현은 자연스럽다. 인지적·정의적·행동적으로 통합된 도덕적 인간 형성이 도덕과 교육의 목표인 동시에 그러한 목표와 관련된 평가도 통합적으로 이루어져야 한다. 그렇다면 여기서 말하는 도덕성과 통합적이란 무엇을 말하는가? 우리가 이미 도덕교육 혹은 도덕과 수업의 주제를 도덕성 혹은 인격에 두고 있다면, 도덕성과 관련된 도덕교육의 두 가지 접근 방법(남궁달화, 2000, 15)에서 그 의미를 찾아보자.

첫째, 도덕성의 내용적 접근이다. 여기서는 도덕성을 도덕이 내면화된 상태로 본다. 도덕은 도덕의 원리, 규칙 등 도덕규범을 가리키는 것으로 개인과는 별도로 사회에 존재하는 것으로서 이것이 교육 또는 사회화 과정을 통해 개인화된, 즉 내면화된 상태가 곧 도덕성이다. 따라서 내면화된 도덕은 개인과는 별도로 사회에만 존재하는 사회적 규범이 아니라 개인 안에 존재하면서 도덕성으로 작용한다.

둘째, 형식적 접근의 도덕교육은 도덕적 문제를 해결할 수 있는 능력으로 본다. 도덕적 문제 해결은 하나의 과정이고 이 과정은 일련의 절차로 구성된다. 형식적 접근의 도덕교육이 관심을 가지는 것은 학생들의 도덕적 문제 해결 능력이다. 즉 도덕성은 도덕적 문제 해결 능력이다. 결국 도덕교육은 도덕성을 개인이 내면화하는 것으로 보든지 학생들의 문제 해결 능력으로 보든지 간에 도덕성의 발달 혹은 인격 함양을 목적 혹은 목표로 한다.

그렇다면 도덕성이란 구체적으로 무엇인가? 이것은 도덕성을 구성하고 있는 요소들이 무엇인가에 의해 답을 구할 수 있다. 대부분 도덕교육학자는 구성 요소들이 인지적, 정의적, 행동적 요소로 구성되어 있다고 보고 이 세 요소는 통합적으로 이루어져 있다고 본다.[12)]

통합적이라고 하는 말은 두 가지 의미가 있다. 하나는, 평가의 대상인 학생의 도덕적 성취를 어느 한 측면만을 중심으로 파악할 것이 아니라, 여러 측면을 동시에 고려해야 한다는 것이며, 다른 하나는 동일한 도덕성의 영역에 따라 다른 도구가 사용될 것이 아니라 통합적인 하나의 도구가 사용되어야 한다는 의미이다(교육부, 2001, 36). 따라서 통합적 도덕성이란, 인지적 · 정의적 · 행동적 영역이 잘 조화된 전체로서의 '인격적 통합'을 의미하는 것이지, 도덕성을 구성하는 각 영역이 독립적 내지는 개별적으로 존재하고 각각의 영역을 병렬적으로 합치는 식의 통합을 의미하는 것은 아니다(교육과학기술부, 2008, 283).

12) 학자들에 따라서는 세 구성요소 중 어느 요소에 비중을 두고 있는가에 따라 차이가 있다. 프로이트를 비롯한 정신분석학자들은 도덕성의 요소 중 정서적인 부분을 강조하고 있고, 발달이론에 행동주의의 학습이론을 적용시킨 사회학습이론가들은 주로 행동적 요소를 강조하고 있으며, 인지적 도덕발달 이론가들은 인지적 요소를 중심으로 도덕성의 문제를 다루고 있다. 이에 비해 뒤르켐, 레스트, 리코나, 윌슨 등은 정도의 차이는 있으나 통합적 접근을 주장하고 있다(남궁달화, 2000, 『윌슨의 도덕성 요소에 기초한 도덕교육과 수행평가』, 교육과학사, 16).

이와 같이 도덕성 혹은 인격이 통합적이라고 한다면, 도덕성 발달과 인격 함양을 목표로 하는 도덕과 평가 역시 통합적인 관점에서 이루어져야 한다. 도덕성의 세 영역을 따로 떼어놓고 각각의 영역을 별개의 평가 방법과 준거로 측정한 후 그 결과를 합산하는 식의 평가를 지향하는 환원주의 평가와는 상당한 거리가 있다.[13] 그렇다면 각 영역에서는 구체적으로 어떤 부분들을 평가하는가? 인지적 측면에서는 도덕적 가치·덕목의 의미에 대한 이해, 도덕적 사고력과 판단력, 가치판단의 합리성 등을 평가한다. 정의적 측면에서는 도덕적 민감성과 열정, 도덕적 가치·덕목의 내면화 정도 등을 평가한다. 행동적 측면에서는 도덕적 가치·덕목에 따른 행동 능력과 실천 습관화 정도 등을 평가한다.

이상에서 살펴본 바와 같이, 도덕과에서 참 평가가 일어나기 위해서는 도덕성의 구성 요소들이 통합적으로 구성되어야 하고, 동시에 도덕과 수업을 통해 학생들의 '도덕성'을 통합적으로 평가해야 한다. 따라서 도덕과 평가가 참 평가가 되기 위해서는 학생들의 도덕성을 통합적으로 평가해야 할 것이다.

---

13) 도덕과 평가에 있어서 환원주의의 문제점은 다음과 같다. 첫째, 인지적 영역, 정의적 영역, 행동적 영역의 세 가지는 서로 떼어 놓을 수 없는 요소로 이루어져 있기 때문에 이들은 통합적으로 접근해야만 한다. 둘째, 한 학생의 도덕적 인격 발달이 지적 영역에서는 어느 정도이고, 신념 영역에서는 어느 정도이며, 행동은 어느 수준이라는 것이 만약 별개의 방법과 준거에 의해 평가된다고 할 때, 통합된 전체로서의 도덕성이나 인격의 의미와는 상당히 다른 어떤 것을 평가할 가능성이 있다(교육부, 2001, 「초등학교 교사용 지도서 도덕 3-1」, 대한교과서 주식회사, 34).

Ⅳ. 도덕과 교육과정과 도덕과 평가

앞에서 도덕과의 평가가 참 평가가 되기 위한 조건들을 살펴보았다. 참 평가로서의 도덕과 평가가 되기 위해서는 참 평가의 세 가지 조건과 통합적 평가가 병행될 때 완벽한 도덕과의 참 평가의 면면을 가지게 된다. 그렇다면, 도덕과 교육과정에서는 도덕과 평가에 대해서 어떤 모습을 가지고 있는가? 7차 교육과정, 2007 교육과정, 2009 교육과정을 통해서 도덕과의 평가의 특징을 살펴봄으로써 참 평가로서의 도덕과 평가와의 연관성을 살펴보고자 한다.

7차 교육과정 이전까지의 객관식 선다형 지필 검사에 의존했던 교육 현장에 새로운 대안적 평가들이 등장하게 된 것은 우리나라 교육계에 새로운 바람을 일으켰다. 이와 관련해서 도덕과 교육과정에서도 평가에 대한 새로운 대안을 제시하고 있다. 도덕과는 전통적 도덕과의 객관적 평가의 문제점을 다음과 같이 제시하고 있다(교육부, 2001, 33-34).

첫째, 선다형 위주의 평가가 학생들이 실제로 알고 있는 것, 또는 행할 수 있는 것을 제대로 보고해 주지 못한다. 둘째, 학생들에게 모든 질문에는 옳고 그른 답이 있다는 그릇된 인상을 심어 주게 되어, 다양한 가치들에 대한 합리적인 가치판단 및 자율적인 선택의 기회를 주기보다는 이분법적인 사고를 촉진할 수 있다. 셋째, 시험을 치르는 과정에서 학생들은 암기와 사실이나 개념의 회상에 의존하는 경향을 가지기 때문에, 학생들에게 도덕적 문제 해결력, 비판력 등의 고등적 사고 능력을 키워주는 데는 많은 한계를 가지고 있다. 넷째, 학생들이

'학습을 위하여 무엇이 중요한 것인가'라는 문제보다는 '출제자가 쉽게 출제할 만한 것이 무엇인가'라는 것에 더욱 초점을 맞추기 때문에, 도덕 시험에 정답을 찾는 것이 도덕과의 교육 목표와 무슨 상관이 있는가 하는 회의가 들기 쉽다. 다섯째, 교수·학습은 평가를 위한 수단 혹은 부수적인 것으로 생각하기 쉽다. 그 결과 학생들의 선택이 수동적인 것이 되기 쉽고, 학생들이 스스로 구성할 수 있는 능력을 갖추기 어렵게 한다.

전통적 도덕과 평가에 대한 비판을 시작으로 세 번에 걸친 교육과정에서 나타난 도덕과 평가의 특징을 〈표 1〉과 〈표 2〉(최신일, 2012, 16. 19)에서 요약해서 살펴볼 수 있다.[14)]

14) 편의상, 세 차례의 교육과정을 7차 교육과정, 2007 교육과정, 2009 교육과정으로 표기하였다(최신일(2012). "2007 개정과 2009 개정에 따른 도덕과 교육과정 비교분석", 「초등교육연구논총」 28권 2호, 대구교육대학교 초등교육연구소, 16. 19).

〈표 1〉 교육과정에 따른 도덕과 평가 비교

7차	2007 개정	2009 개정
• 도덕성의 인지적 · 정의적 · 행동적 측면에 대한 통합적 평가를 검토 • 인지적 영역의 평가로는 도덕적 가치 · 규범의 의미, 근거에 대한 이해 정도, 도덕적 사고력과 추론 능력, 가치판단의 합리성 정도 • 정의적 영역의 평가로는 도덕적 민감성과 열정성, 도덕적 가치 · 규범에 대한 내면화 정도를 언급 • 행동적 영역의 평가는 도덕적 가치 · 규범을 실천하고 습관화한 정도 • 수행평가 이론의 적극적 수용 • 목표에 맞게 다양한 평가 방법과 기법의 활용 강조 • 평가를 수업 개선과 학생 이해 및 학생의 도덕적 성장 촉진을 위한 자료로 활용 • 학생들의 학습 과정 및 결과 모두 평가	• 도덕성의 인지적 · 정의적 · 행동적 측면에 대한 통합적 평가를 검토 • 저학년과 고학년의 평가 초점 구분 제시 • 성취기준형 내용 진술을 평가 기준으로 활용할 것을 권장 • 목표에 맞는 다양한 평가 방법 활용 강조 • 목표에 맞게 수행평가를 포함한 다양한 평가 방법과 기법을 활용하되, 특히 논술식 및 서술식 평가 활용 강조 • 학생의 도덕적 성장 및 학습 진전 상황에 대한 기록 권장 • 도덕과 교육과정 평가를 실시하여 그 결과를 교육과정 편성 운영에 피드백 시킴 • 도덕과 수업의 내용과 방법에 대한 자기 장학 자료로 활용 • 학생들의 학습 과정 및 결과 모두 평가	• 평가내용과 방법이 교육내용과 일치(alignment) 되도록 유도 • 상호 주관성에 근거한 평가 • 평가의 방법과 기법의 장단점을 고려한 평가 • 도덕과 평가의 기준: 발달 단계를 고려한 평가 • 평가 결과를 도덕과 수업 개선과 교육을 위한 자료로 활용

〈표 2〉 2007 개정과 2009 개정 교육과정 평가 특징 비교

2007 개정	2009 개정
도덕과 평가의 본질	• 도덕과 평가의 본질
도덕과 평가의 관점	• 도덕과 평가의 관점
도덕과 평가의 다양성	• 다양한 평가방법의 활용
도덕과 평가에서 상호주관성 확보	• 상호주관성에 근거한 평가 - 성취 기준을 평가의 실질적인 기준으로 활용한다. 성취 기준은 도덕성의 인지적 · 정의적 · 행동적 측면을 고려하면서 설정한 것으로서 교육 내용의 범위와 수준, 성취 대상이 되는 능력과 특성, 평가의 목표와 초점, 문항 내용의 범위와 깊이를 정하는 준거가 된다. 따라서 평가 목표 구체적 문항 내용을 구성하고 문항 정답률 설정, 문항 배점 결정의 기준으로 활용하도록 한다.
도덕과 교육과정 및 수업 운영에 대한 평가	• 평가 결과를 도덕과 수업 개선과 교육을 위해 환류 - 평가 결과는 학생들의 도덕성 발달을 도모하고 교수 학습을 개선하는 데 필요한 자료로 활용. 교사의 자기 평가와 자율 장학에 쓰이도록 하는 동시에 궁극적으로는 학생들의 인격적 성장을 돕는 자료로 활용하도록 한다.
도덕과 평가의 절차 및 방법	• 평가의 방법과 기법의 장단점을 고려한 평가 - 평가 방법과 기법 및 도구를 사용할 때는 그것의 주된 용도와 장단점을 살펴 가장 적절히 활용하도록 한다. 문항을 제작하면서 동시에 채점 기준을 만들되, 도덕과의 특성을 반영하여 도덕적 지식, 도덕적 민감성, 도덕적 문제의 창의적 해결 방안을 모색하여 도덕적 실천 의지 등이 포함되도록 한다.
도덕과 평가의 기준	• 도덕과 평가의 기준(발달 단계를 고려한 평가) - 학교급이나 학년 특성에 적합한 평가 요소를 고려하여 평가하도록 한다. 초등학교와 중학교 저학년에서는 주로 도덕적 덕목 및 규범적 이해, 도덕적 문제 해결, 도덕적 정서 및 도덕적 실천 등의 요소를 고려하여 평가한다.

〈표 1〉과 〈표 2〉에서 살펴보는 바와 같이 도덕과 교육과정에서의 평가의 특징들과 이 특징들이 참 평가의 의미와 관련되는 단초를 찾아본다면 다음과 같다. 첫째, 도덕과 평가의 목적이 학생들의 도덕성 발달과 혹은 인격 함양을 돕는 것에 공통적인 특징이 있다. 이는 도덕과 평가는 도덕과 교육의 목표에서 제시한 바와 같이 학생들의 도덕성 발달에 도움이 되어야 한다는 것이다. 평가 결과를 비교하고 등급을 매기기보다는 도덕성의 발달에 관심을 두고 있는 것으로 보아 참 평가의 의미를 살리고 있다 할 수 있다.

둘째, 도덕과 평가의 관점으로서 도덕성의 통합적 평가에 대해서는 공통적으로 강조하고 있다. 도덕성의 인지적, 정의적, 행동적 측면이 조화된 통합적 도덕성에 관한 평가를 해야 한다는 것이다. 도덕과 평가에 있어서 통합적 도덕성을 파악하기는 쉽지 않지만 도덕과 수업 과정에서 학생들의 도덕성이 어떻게 성장하고 발달하고 있는지를 교사나 학생 스스로가 지속으로 관찰하고 평가하는 참 평가의 의미를 살린다면 도덕성의 통합적 평가를 할 수 있을 것이다.

셋째, 평가 결과를 수업에 적극적으로 활용하는 특징을 살펴볼 수 있다. 학생들의 도덕성 발달을 평가하고 그 결과를 수업에 활용할 수 있다면, 참 평가의 의미를 살릴 수 있을 것이다. 참 평가는 학습 과정 중 일어나야 하고 학습 과정을 평가하기 때문에, 평가 결과를 다시 수업에 피드백시켜 수업의 개선을 위해 활용해야 하고 또한 학생들의 도덕성 발달을 꾀하려는 도덕과 교육의 목적에도 부합된다 할 수 있다. 또한 도덕과 교육과정에서 평가는 독립적인 구성요소가 아니라 평가 결과를 학습에 환류시켜서 평가에 따라 도덕과의 교수-학습 방법과 내용 등을 새롭게 구성할 수 있도록 한다.

넷째, 상호주관성의 의미를 강조하고 있다. 2007 교육과정부터 언급된 내용의 성취 기준을 적절하게 활용하게 되면 도덕과 평가에도 상당한 도움이 된다. 즉 교육과정 내에서 내용과 평가 간의 상호주관성의 의미를 살릴 수 있다. 이러한 상호주관성의 특성뿐 아니라 평가 주체 간의 상호 소통이 전제된다면 이것 역시 참 평가의 의미를 되살릴 수 있을 것이다.

마지막, 다양한 평가 방법을 활용할 수 있는 특징을 가지고 있다. 그러나 여기서 주의해야 할 점은 다양한 평가 기법을 다양하게 활용하는 것이 중요한 것이 아니라 참 평가의 정확한 의미를 파악하고 그것에 맞는 평가 기법을 활용하는 것이 훨씬 중요하다. 예를 들면, 지필 평가의 경우에도 참 평가의 조건들을 충족시킨다면 다른 어떠한 평가 기법보다 도덕과 평가에서도 적절한 평가 방법이 될 수 있다.[15]

V. 참 평가로서의 도덕과 평가 활용 방안

참 평가의 의미를 파악하고, 그것을 도덕과 평가와 연관시켜 참 평가로서의 도덕과 평가의 단초를 찾아보았다. 물론 참 평가의 의미를

15) 지필 평가라고 해서 참 평가가 될 수 없는 것은 아니다. 지필 평가 방법을 사용하는 데 있어, 학습과 관련이 있고 학습 과정 중에 그리고 학습 과정을 평가하고, 학습과 관련된 사람들에 의해서 도덕성을 통합적으로 평가하고 이런 것들이 학생들의 도덕성 함양에 도움이 된다면, 참 평가로서의 도덕과 평가의 진면목을 보여주는 것이다. 반면에 수행평가의 대표적인 평가 방법이라 할 수 있는 포트폴리오 평가를 도덕과 평가로 활용, 즉 학습 과정 중에 학습 과정을 학습 과정과 관련된 사람들에 의해 평가했지만, 결과적으로 선발과 비교에 활용했다면 참 평가로서의 도덕과 평가라고 할 수 없을 것이다.

그대로 살리고, 참 평가의 조건을 충족시키는 도덕과 교육과정에서의 도덕과 평가를 찾기에는 어려움이 많다. 설령 이론적으로 도덕과 평가의 본질 및 특징 등을 정리하더라도, 특히 앞에서 살펴본 바와 같이 참 평가와 도덕과 평가의 연관성을 찾아보았다고 하더라도 이것을 도덕과 수업 시간에 실제로 활용할 수 있는지는 또 다른 어려운 문제다.

그렇지만 여기서는 참 평가로서의 도덕과 평가를 도덕과 수업 시간에 활용할 수 있는 활동을 제시하고자 한다. '도덕 일기 쓰기를 통한 도덕과 평가'라고 할 수 있다.[16] 도덕 일기 쓰기란 도덕적 가치 덕목을 주제로 한 일기 쓰기 활동을 통해 궁극적으로는 참 평가로서의 도덕과 평가의 의미를 찾고자 하는 것이다. 물론 도덕 일기 쓰기는 일반적인 일기와는 다르다. 그 구체적인 활동 과정을 제시하면 다음과 같다.

첫째, 교사는 학생과 학부모에게 이번 학기 동안의 도덕과 평가에 대한 구체적인 내용에 관한 안내를 한다(최신일, 2007, 68-69). 안내문에는 도덕과 평가의 목적, 방법, 유의점 등이 들어있다. 이것은 도덕과 평가에 대해서 상호 주관적 관점에서 평가자 간의 소통을 염두에 둔 것이다. 특히 학부모의 동의를 얻는 것은 도덕성을 함양하고 그것을 평가하는 데 가정과 학부모의 역할이 중요하며, 평가의 주체인 학부모의 참여를 유도하는 계기가 될 수 있다. 그리고 도덕 일기

16) 도덕 일기 쓰기로서의 도덕과 평가는 다음의 논문을 참고로 하기 바람. 최신일 · 배근범(2007), "도덕 일기 쓰기를 통한 도덕성 함양과 참 평가", 「초등교육연구논총」, 제23권 2호, 대구교육대학교 초등교육연구원, 51-72. 구체적인 내용은 앞선 논문에서 상세하게 소개되어 있으므로 참고하시고, 여기서는 그 내용을 수정 · 보완하여 간략하게 새롭게 제시하고자 한다. 그리고 최근 약 5년간 도덕 일기 쓰기와 관련해서 대학원 수업 시 활용하고 대학원생들과의 토론을 통해 새로운 부분들을 추가하였다.

쓰기 장의 이름을 학생들에게 공모 형식을 빌려 정하는 것도 소통의 계기를 마련해 줄 수 있을 것이다.

둘째, 도덕 일기 쓰기는 기존의 일기의 형식과 내용, 시기 등을 적절하게 고려하여 실시하는 것이 효과적이다. 매일 쓰는 일기가 학생들에게는 부담스러운데 거기에다 또 다른 부담을 가중하는 것이 오히려 역효과를 가져올 수 있기에, 일주일에 하루를 정해서 하루만 도덕 일기를 쓰도록 한다. 형식은 자유롭게 하도록 한다. 그림이나 만화, 동시 등 장르에 구애받지 않고 분량에도 신경 쓰이지 않도록 자유롭게 쓰도록 한다. 그리고 일기 내용은 도덕적 가치·규범 중 하나를 정하여 일정 기간 동안 동일 주제로 쓰도록 한다. 예를 들면, 도덕과 교육과정 내용 영역 중 3·4학년의 '성실'이라는 가치 덕목을 주제[17]로 하여 일주일에 하루 일기를 써나가는데, 처음부터 분량과 내용에 부담 줄 필요는 없고 '성실'에 관한 일기를 자유롭게 쓰도록 한다. 그리고 '성실'에 관한 일기는 '성실' 단원의 수업 시간에 적극적으로 활용될 수 있도록 한다면, 일기는 평가와 수업에 적절하게 활용될 수 있을 것이다. 일기 내용이 수업에 피드백되어 수업의 활성화에 도움을 줄 수 있다.

셋째, 일주일에 한 번 써 온 '성실'에 관한 일기를 학교에서는 교사가, 가정에서는 학부모가 읽어보고 각각 일기에 대해서 코멘트를 해준다. 코멘트를 통해서 학생 행동의 장단점을 평가할 수 있고 그것들을 학생들의 도덕성 발달에 적절하게 활용할 수 있는 장점도 있다.

17) 가치 덕목은 그 특성상 도덕성의 세 가지 요소가 통합적으로 들어있고 그 덕목을 통해 학생들이 도덕성의 통합적인 의미를 자연스럽게 알아가게 된다. 가치 덕목을 일기의 주제로 하는 것은, 나아가 가치·덕목과 관련된 주제 일기를 통해 도덕성을 발달시키는 데도 큰 도움이 된다.

코멘트의 내용은 가급적 긍정적으로 칭찬해 주는 것으로 하면 좋으며, 이러한 코멘트는 자연스럽게 학교와 가정, 교사와 학부모의 소통뿐 아니라 학부모와 교사 그리고 학생 간의 소통해 주는 중요한 통로가 된다. 이러한 활동은 가치 덕목과 관련된 도덕성 함양과 통합적 도덕성 평가에 큰 도움을 줄 수 있다.

넷째, 한 가지 덕목으로 일기를 쓰는 기간은 상황에 따라 한 학기, 혹은 분기별, 단원별로 적절하게 조절해서 실시하는 것이 좋다. 단지 첫 학기에는 준비하는 시간과 시행착오 등을 고려해서 한 학기 동안 한 가지 가치·덕목으로 일기 쓰기를 권장한다. 한 학기 동안 잘 훈련되면 다음 학기에는 시기에 따라 덕목을 바꾸어서 활용해도 별 어려움이 없을 것이다. 도덕성 발달과 참 평가는 일회적으로 끝나는 것이 아니라 지속적인 활동 가운데 이루어지는 것을 고려하면 도덕 일기의 주제와 그 시기도 장기적인 관점에서 살펴보아야 할 것이다. 도덕 일기를 지속으로 써나간다면 그에 따라 도덕성도 지속으로 발달할 것이고 도덕성 발달과정도 지속으로 평가할 수 있을 것이다.

마지막으로, 한 학기 동안 기록된 일기장은 하나의 포트폴리오가 된다. 포트폴리오로서의 일기장은 학습 과정이다. 이 학습 과정은 일기를 써나가는 학습 과정 중에 도덕성의 발달과정이 기록되는 바로 그 일기장이며 포트폴리오다. 일기장을 펼치면 그 학생의 도덕성의 발달과정이 한눈에 들어오게 되고, 그 과정을 요약해서 기술하기만 하면 서술식 도덕과 평가가 된다. 가능하다면, 학기 말에 일기장을 공개하는 학습전시회(learning fair)를 개최하는 것도 고려해 볼 만하다.

이상의 도덕 일기 쓰기는 참 평가의 세 가지 조건과 도덕과 평가의 통합적 도덕성 함양이라는 목적을 충분하게 충족시킨다. 도덕 일기 쓰기는 학습과 무관하지 않고, 학습 과정 중에 학습 과정을 평가하며, 학습 과정에 직·간접적으로 관련된 사람에 의해 평가가 이루어지며, 도덕성을 통합적으로 이루고 있는 도덕적 가치·덕목을 다루고 함양할 수 있기 때문이다.

그러나 학교 현장에서 이론적으로 제시한 도덕 일기 쓰기를 통한 참 평가가 효과적으로 활용될지의 문제는 아직 남아 있다. 단지 교사는 학생들의 인격 함양과 도덕성 발달을 위한 참 평가를 위해서라면 한 번쯤 시도해 보는 것이 바람직하다.

VI. 결론

우리는 앞에서 참 평가의 의미와 도덕과 평가와의 관계, 도덕과 교육과정에서의 도덕과 평가의 특징을 살펴보고, 마지막으로 참 평가로서의 도덕과 평가의 활용 방안에 대해서 살펴보았다. 참 평가로 평가의 방향을 전환한다면 교육 전반의 새로운 변화가 있을 것이다.

참 평가로의 평가의 변화는 교사의 교수하는 방법과 학생들이 학습하는 방법에 있어서는 새로운 변화가 되었다(Diane Hart, 1994, 11-13). 참 평가를 주장하는 학자들은 이러한 변화가 교육을 변화시킬 뿐 아니라 교사와 학생, 그리고 학부모들에게 도움이 될 것이라고 주장한다. 첫째, 학생들의 역할의 변화이다. 학생들은 수동적인 입장에서 검사(test)받는 것이 아니라 평가 활동에 적극적으로 참여하고, 나아가 시험에 대한 불안감을 감소하고 자신감을 증가하는 결과를 가져

다주었다. 둘째, 참 평가는 교사의 역할도 변화시킨다. 전통적인 검사(testing)가 교사 중심의 교실을 조성했다면, 참 평가는 학생 중심의 교실을 요구하고 이런 교실에서의 교사는 평가자로 군림하는 것이 아니라 학생들이 그들의 학습에 대해 책임지고, 자기 평가로 완성해가는 데 돕는 역할을 하는 보조자의 모습으로 변화되었다. 마지막으로, 참 평가는 학부모들이 좀 더 적극적인 역할을 하도록 한다. 평가자로 활동한 학부모들은 학생들의 성적표와 시험 점수 이상으로 평가를 살펴보는 기회가 된다. 이들은 더 이상 표준화 검사(test)와 등급을 이해할 필요가 없어졌고, 참 평가가 아이들의 성장과 발달에 관하여 분명하고 구체적인 정보를 제공해 준다는 것을 알게 되었다(Diane Hart, 1994, 11-13).

이러한 변화의 중심에 도덕과가 자리 잡아야 할 것이다. 참 평가의 의미를 제대로 파악하고 그것을 도덕과 교육과정과 평가 영역에 활용한다면 도덕과 교육과정의 틀을 새롭게 짜지 않더라도 새로운 변화의 바람이 학교와 교실, 교사와 학생 그리고 학부모에게 일어날 것이다.

참고문헌

교육과학기술부(2008a), 『교육인적자원부 고시 제2007-79에 따른 초등학교 교육과정해설❶ 총론, 재량 활동』, 대한교과서 주식회사.

교육과학기술부(2008b), 『초등학교교육과정해설❸』, 대한교과서 주식회사.

교육과학기술부(2012), 『교육과학부 고시 제2012-14호』.

교육부(2001), 『초등학교 교사용 지도서 도덕 3-1』, 대한교과서 주식회사.

길병휘(2012), "도덕과 교육의 정체성에 대한 비판적 검토", 『초등도덕교육』 제40집, 한국초등도덕교육학회.

남궁달화(2000), 『윌슨의 도덕성 요소에 기초한 도덕교육과 수행평가』, 교육과학사.

석문주 외(1997), 『학습을 위한 수행평가』, 교육과학사.

이명숙(1997), "새로운 평가 대안으로서의 포트폴리오", 『학습을 위한 수행평가』, 서울: 교육과학사.

조용기(2005), 『교육의 쓸모』, 교육과학사.

최신일(2001), "도덕과 서술식 수행평가 문항 개발을 위한 이론 연구", 『초등교육연구논총』 제17권 3호, 대구교육대학교 초등교육연구원.

최신일 · 배근범(2007), "도덕 일기 쓰기를 통한 도덕성 함양과 참 평가", 『초등교육연구논총』 제23권 2호, 대구교육대학교 초등교육연구원.

최신일(2012), "2007 개정과 2009 개정에 따른 도덕과 교육과정 비교분석", 『초등교육연구논총』 제28권 2호, 대구교육대학교 초등교육연구소.

Diane Hart(1994), *Authentic Assessment: A Handbook for Educators*, California: Addison-Wesley Publishing Company.

제10장 도덕과 평가의 대안적 연구*

Ⅰ. 서론

현재 도덕과 수업은 주당 1시간이다. 주당 1시간의 수업으로 완벽한 수업을 기대하는 것은 애초부터 무리다. 1시간의 수업으로는 도덕과의 성격, 목표, 내용, 교수-학습 방법, 거기에다 평가까지 각 요소를 정확하게 이해하기가 쉽지 않다. 아니 이런 요소들은 이해할 만한 여유가 없다. 도덕 교과서 내용을 다루기조차 버겁다. 교사들과 아동들이 도덕 수업에 관심과 흥미가 없다. 그저 따분한 수업일 수밖에 없다. 특히 도덕과 수업 중 가장 어렵고 꺼리는 부분이 평가이다. 교사는 평가하는 게 쉽지 않다. 간단하게 지필 평가를 해서 평가하려는 마음이 대부분일 것이다. 문제는 그렇게 객관식 평가를 시도하고 학생들의 도덕성을 점수화하더라도 더 큰 난제가 기다리고 있다. 도덕 점수는 높지만 도덕 생활이나 도덕적 품성이 그에 미치지 못하는 경우, 그리고 이와는 정반대의 경우, 즉 평소 학교생활이나 교우관계 그리고 개인적인 인성에는 전혀 문제가 없는데 시험을 치르면 성적이

* 이 글은 초등교육연구논총 제37권 4호(대구교육대학교 초등교육연구소, 2021)에 실린 논문을 수정·보완한 것임.

형편없다. 또한 도덕과 평가는 무엇을 어떻게 평가해야 할지 다른 교과에 비해서 비교적 어렵다. 평가하면 정답이 금방 그리고 명확하게 나오지 않아 평가 자체를 포기한 경우도 없지 않다. 이처럼 도덕과 평가를 어렵게 하는 그 문제점의 원인은 어디에 있는가? 대체로 다음의 원인에 기인한다. 도덕과 평가에서 객관주의 혹은 환원주의가 문제이다. 평가에 있어서 객관주의는 정답을 이미 정해 놓고 그 정답을 찾아가는 것을 위주로 평가가 이루어지는 것이다. 소위 객관식 선다형 평가라 할 수 있다. 정답은 학습자와는 상관없이 이미 정해져 있고 몇 개의 선택지 중에서 그 정답을 맞히는 것이다. 즉 하나의 정답도 주어져 있고 그 정답으로 가는 길 혹은 수단도 하나뿐인 이런 평가, 아니 검사를 객관주의 평가라 한다. 이런 평가에서는 도덕성이나 인성 등과 관련된 평가는 엄두도 내지 못한다.

환원주의 평가는 도덕성을 평가한다고 가정을 한다면, 도덕성이나 인성의 인지적 측면과 정의적 측면 그리고 행동적 측면에 따라 서로 다른 평가 방식을 적용하여 결과를 측정한 후 이를 병렬식으로 합하여 학생의 도덕성 혹은 인성의 정도를 평가해야 한다고 보는 관점이다(이택휘 · 유병열, 2000, 654). 환원주의 평가가 문제가 되는 것은 인간은 본래 도덕성 혹은 인성의 세 가지 측면이 구분되어 나타나는 것이 아니라는 점에 있다. 이러할 경우 환원주의 평가의 결과는 통합된 전체로서의 도덕성이나 인성의 의미와는 상당히 거리가 먼 평가가 될 가능성이 매우 높기 때문이다.

평가가 이원론적 관점에서 벗어나지 못한다는 문제점을 그대로 노정하고 있다. 전통적으로 평가자와 피평가자가 구분되어 평가자, 즉 교사는 평가만 하고 피평가자, 즉 학습자는 평가받는 입장에 있는 이러한 형태의 평가로서는 바람직한 평가의 방향을 잡기가 쉽지 않다. 평가자는 평가를 위한 평가에만 집중하게 되고 학습자의 도덕성이나 인성의 성장과 발달에는 관심이 없다. 학습자들의 학습 과정을 평가하고 그 결과를 통해 나타난 학생 개개인의 장점이나 단점 등을 파악하고 더 발전적인 방안을 찾기보다는 학기 말에 단 한 번의 평가를 통해 서열화하고 등급화하는 데에만 관심이 있다.

이상의 현 학교 현장에서 평가, 특히 도덕과 평가의 문제점을 해결할 수 있는 대안적인 연구가 필요하다. 따라서 도덕과 평가의 현주소를 도덕과 교육과정을 통해서 살펴보고 그 가운데 노정된 문제점들을 참 평가의 의미를 제시함으로써 그 대안을 찾고자 한다.

Ⅱ. 도덕과 교육과정과 평가

1. 6차 교육과정

6차 교육과정에서는 교육의 본질, 즉 전인적 인간, 인격적 통합, 아름다운 인간, 인간으로서의 최대한의 교육적 성장 등과 관련해서 교육 평가가 이루어져야 한다는 점을 전제로 하고 있다. 이러한 전제는 당시의 교육 현상이 교육의 본질과는 동떨어져 있는 것을 반증하고 있으며 교육에서의 평가 역시 이러한 교육의 본질과는 거리가 멀다는 것을 암시하는 것이다. 그렇기 때문에 향후 평가의 방향은 교육의 본질이 인간의 모든 능력과 인격을 골고루 발달시키는 데 그 목적이 있는 것처럼 평가도 그 목적에 도움이 될 수 있도록 교육적이고 인간적이어야 한다는 것이다.

교육의 본질에 따른 교육 평가의 목적과 의미를 바탕으로 도덕과 평가의 방향을 정립할 수 있다. 도덕과 평가는 학생의 도덕적 삶 자체인 학생의 도덕성에 대한 이해에서 출발해야 한다. 여기서 평가에 대한 교사의 역할을 살펴볼 수 있다. 교사는 먼저 도덕적인 지식의 성격과 그 체계를 알고 있어야 할 뿐 아니라 그러한 지식이 자리를 잡아서 살아 생동할 학생의 도덕적 삶의 양상과 그 가능성을 알고 있어야 한다(교육부, 1996, 48). 다시 말하면 교사는 교사로서의 전문성, 즉 도덕성에 관한 자신의 안목과 이해를 갖추어야 한다. 여기에서 그치는 것이 아니라 교사는 더 나아가 그가 가지고 있는 도덕성에 대한 안목과 이해를 현재 학교에서 생활하고 있는 학생들의 도덕적인 삶과 연결시켜야 한다. 이것이 곧 교육 및 평가의 본질적인 요소이다.

이러한 교육과 평가의 본질을 바탕으로 도덕과 평가의 특징을 살펴보면 다음과 같다(교육부, 1996, 22, 48).[1] 첫째, 도덕과 평가는 도덕적 행동, 도덕적 이해, 도덕적 정서를 종합적으로 평가하도록 한다. 둘째, 도덕과 평가는 그 내용과 대상의 특성을 고려하여 누적된 관찰 기록, 자기 보고, 면담, 지필 검사 등의 다양한 방법으로 이루어져야 한다. 셋째, 도덕과의 평가는 가급적 그 결과를 수량화하지 않고 행동의 변화를 종합적으로 기록하되 학생의 활동 상황과 진보의 정도, 특징 등을 문장으로 기술하도록 한다. 넷째, 도덕과 평가 결과는 주로 학생 개개인의 도덕적 성장과 교수-학습 개선을 위한 자료로 활용되어야 한다.

1) 6차 교육과정의 평가는 도덕과와 바른생활과는 거의 구분 없이 활용된다.

6차 도덕과 교육과정의 이론적 배경이라 할 수 있는 도덕 인지 발달론에 근거를 두고 있다면 인지적 측면의 평가, 즉 선다형 객관식 평가가 주류를 이룰 것으로 볼 수 있으나 6차 도덕과 교육과정에서의 평가는 도덕성의 세 측면을 골고루 평가하는 통합적인 평가가 되어야 한다는 점을 강조하고 있는 점이 특이한데 이는 지금까지의 평가가 인지적 측면을 강조하는 평가에 치중해 있는 것을 반증하고 있다.

2. 7차 교육과정

1) 도덕교육과 평가

7차 도덕과 교육과정 성격에서 도덕과는 학생이 인간으로서 마땅히 지키고 실천해야 할 보편적이고 이상적인 가치들과 우리 사회에서 바람직한 생활의 기준이 되는 도덕규범들을 내면화시켜 올바른 행동 습관을 기르는 동시에 다양한 도덕 문제를 합리적으로 해결할 수 있는 도덕적 사고력과 가치판단 능력을 길러주는 데 역점을 두는 교과(교육부, 2001, 33)[2]라는 점을 분명히 하고 있다. 이와 같은 성격을 가지고 있는 도덕 교과는 기존의 도덕 교과서에 나와 있는 도덕적 지식이나 덕목을 단순히 암기하는 것을 요구하는 단편적인 지식 평가를 지양하고 도덕과 성격이나 목표를 달성하기 위한 가장 효과적인 활동을 모든 평가 대상으로 삼고 다양하고 의미 있는 교수-학습 활동을 유도할 수 있도록 활용되어야 한다. 이와 관련해서 학교 현장에

2) 이는 도덕과가 윤리학을 가르치는 순수학문이 아니라 우리 사회에서 직면하고 있는 여러 가지 도덕 문제를 해결하려는 의지를 기르고 행동과 실천을 강조하는 교과임을 밝히고 있다.

서의 도덕과 평가의 문제점을 제시하면 다음과 같다. 먼저, 현장에서는 대부분 경우 객관식 중심의 평가, 즉 표준화 검사와 선다형 시험에 의존하기에 도덕과의 성격에 맞는 평가를 하기가 힘들다. 객관식 평가의 문제점을 살펴보면 다음과 같다(교육부, 2001, 33). 첫째, 선다형 위주의 평가가 학생들이 실제로 알고 있는 것, 또는 행할 수 있는 것을 제대로 평가할 수 없다. 객관식 선다형 평가를 할 경우 도덕 성적이 높은 학생이 낮은 도덕 행동 수준을 나타내는 평가 결과가 학생들의 지도에 필요한 정보를 제대로 제시해 줄 수 없는 문제점이 있다. 둘째, 학생들은 모든 물음에 대해서 옳고 그른 답이 있다는, 즉 정답과 오답이 있다는 이분법적인 태도에서 벗어날 수 없게 되어 다양한 가치들에 대한 합리적인 판단과 자율적인 선택의 기회를 제공할 수 없다는 문제점이 있다. 셋째, 도덕과 평가는 학생들의 도덕적 문제 해결력, 비판력 등의 고등사고 능력을 키워주는 데 도움을 주어야 하는데 객관식 평가는 학생들이 암기와 사실이나 개념의 회상에 의존하는 경향이 생긴다는 한계점이 있다. 넷째, 객관식 평가는 학생들이 학습을 위한 평가, 즉 평가를 통해서 학생의 학습 성장이나 발달에 도움이 되는 방향으로 생각하기보다는 출제자의 출제 의도나 정답에 초점을 맞추기 때문에 도덕과 목표와는 거리가 먼 평가가 되기 쉽다. 마지막으로, 객관식 평가는 교수-학습이 평가의 수단 혹은 부차적인 것으로 전락하기 쉽다. 선다형 시험은 학생들이 어떻게 하면 정답을 잘 추측할 수 있는지 그리고 어떤 문제를 포기해야 하는지를 알기 때문에 시험을 위한 요령만을 터득하는 교수-학습으로 전락할 가능성이 높다.

다음으로, 도덕과 평가는 인지적, 정의적, 행동적 측면을 골고루 평가하는 통합적 평가를 지향하는데 인지 중심적이고 환원주의적 평가로서는 도덕과 평가의 본질을 다 파악할 수 없다. 여기서 환원주의 평가의 문제점을 지적하면 다음과 같다(교육부, 2001, 34). 첫째, 인지적, 정의적, 행동적인 측면들이 본래부터 따로 떼어 놓을 수 없는 요소들인데 환원주의적 평가는 인위적으로 분리하는 오류를 범하고 있다. 둘째, 학생의 도덕적 인격 발달이 인지적, 정의적, 행동적 측면 각각에서 별개의 방법과 준거에 의해 평가된다면 통합된 전체로서의 인격이나 도덕성, 인성의 의미와는 상당한 거리가 있을 수밖에 없다. 도덕과에서 흔히 사용하는 용어들, 즉 인격, 도덕성, 인격, 덕(목), 가치 등의 개념을 거의 구분하지 않고 혼용해서 사용할 수 있는 것은 이러한 단어들이 인지적, 정의적, 행동적 측면이 통합적으로 구성되어 있다는 공통된 속성을 가지고 있기 때문이다.

2) 도덕 평가와 수행평가

7차 교육과정에서 도덕과 평가와 관련해서는 수행평가 혹은 실행평가(performance assessment)[3)]가 실질적인 도움을 주고 있다. 여기서 수행평가는 평가하고자 하는 내용을 실제로 행하게 함으로써 하는 평가라는 의미에서 실행평가라고도 한다. 수행평가의 등장 배경을 살펴보는 것이 우선적이다(최신일, 2001, 4-5). 수행평가는 미국에서 수입된 이론으로서 다음의 요인에 의해 발생되었다(차우규, 2000, 68-72). 첫째, 교육 목표에 대한 시각 변화이다. 1991년 미국 정부는 '미국

3) 수행평가에 대해서는 다음의 논문 참고 바람. 최신일(2001), 도덕과 서술식 수행평가 문항 개발을 위한 이론 연구, 초등교육연구논총 제17권 3호, 대구교육대학교 초등교육연구소.

2000' 선언을 통해 정교화된 교육 목표와 높은 성취 기준을 지향하는 쪽으로 교육 개혁을 추진하였고 이에 따라 단편적인 사실이나 정보보다는 창의적 사고, 의사결정, 문제 해결, 학습하는 방법의 학습, 협력, 자기관리 등과 같은 높은 수준의 기능을 요구하는 쪽으로 교육 목표가 수정되었다. 따라서 새로운 교육 목표에 부합하는 새로운 평가 방법의 도입이 절실히 요구되었는데 그것이 수행평가이다. 둘째, 평가와 교수-학습의 관련성에 대한 새로운 인식 변화이다. 행동주의 이론에서 구성주의나 인지 학습이론에 근거한 새로운 학습 및 교수 학습 개념에 자리를 내주었기 때문에 거기에 맞는 새로운 평가의 본질과 활용에 대한 중요한 시사점을 제공받게 되었다. 셋째, 학생들의 성취 데이터가 기록되고 보고되는 방식과 관련해서 기존의 표준화된 평가 방식으로는 학생들의 수행에 대한 의미 있는 피드백을 제공해 주지 못하고 있다. 넷째, 기존의 평가 체제에서는 학생들을 상이한 코스, 수준, 수업 프로그램에 참여하게 하는 능력별 학급 편성을 위한 하나의 도구로서 시험과 평가가 이용되기 때문에 학생들의 삶의 선택과 그들의 능력을 표현하기 위한 통로를 확대하거나 제한하는 결과를 초래하였고 따라서 일차원적 평가에서 다차원적 평가 체제로의 전환이 필요하게 되었다. 이러한 요인들에 의해 우리나라에서 수행평가가 등장하게 되었다.

수행평가는 표준화 선다형 검사와 비교해서 대안 평가(alternative assessment) 혹은 참 평가(authentic assessment)(조용기, 1997, 3)라고도 한다. 특히 7차 교육과정이 도입된 시기가 수행평가가 학교 현장에 적용되는 시기와 맞물려 있다 할 수 있다. 이에 도덕과 평가와 수행평가의 공통된 장점을 살펴보면 다음과 같다(교육부, 2001, 34-

35). 첫째, 학생 스스로 문제의 정답을 작성하거나 실제 행동으로 나타내 보이도록 함으로써 학생의 도덕적 사고력과 도덕적 실천력을 신장시킬 수 있다. 둘째, 교수-학습의 과정을 평가함으로써 교사의 학생에 관한 이해의 폭을 넓히고 교수-학습의 개선을 유도할 수 있다. 셋째, 지속적이고 누가적으로 학생 자신의 학업성취 변화 과정을 평가함으로써 학생들의 자기 지향적 평가가 가능하도록 도와준다. 넷째, 단편적이고 일회적인 평가라기보다는 학생 개개인의 변화와 발달 과정을 전체적이면서도 지속으로 평가하기 때문에 전인적인 인격의 평가를 할 수 있다. 다섯째, 개개인의 평가뿐 아니라 집단의 평가도 중시하기 때문에 경쟁과 협동의 원리에 따른 도덕과 교수-학습을 가능하게 한다. 그 외에도 학생의 자아 발견 및 개성 신장을 통해 정체성 확립에 도움이 되며, 다양한 평가 방법을 활용함으로써 교사에게 학습자 개인의 도덕의식 수준이나 도덕 문제의 실태와 원인에 대해서 깊이 생각할 수 있고, 도덕과 교수-학습 목표와 평가내용을 직접적으로 연관시킬 수 있는 장점 등이 있다.

그러나 수행평가가 도덕 평가와의 연관성 속에서 많은 장점을 가지고 있지만 그 한계점도 분명히 존재한다. 첫째, 수행평가는 말 그대로 학생들이 실제로 수행하고 경험한 것을 평가함으로 과정 평가의 중요성을 드러낼 수 있는 장점을 가지고 있지만 그 과정 평가를 충실히 한 후에 결과적으로 서열화 혹은 비교하게 될 경우는 수행평가의 본래 의미가 퇴색될 가능성이 높다. 둘째, 수행평가를 실시할 경우, 우선으로 전제되어야 할 것이 수행평가의 진정한 의미에 대한 이해가 있어야 한다. 그러나 교사, 학생, 학부모들이 수행평가의 본래 의미를 제대로 이해하지 못했을 경우는 혼란만 가중되는 결과를 낳을 수 있기에 수행평가에 대한 이론적 근거 및 과정, 방법 등에 대한 충분한 사전 지식이 필요하다. 셋째, 수행평가의 효율적인 운영을 위해서는 교사의 자율성과 책무성 그리고 전문성 확보가 먼저 요구된다. 교사가 수행평가를 할 때, 이에 대한 자율성을 확보해야 한다. 특히 도덕과에서 수행평가를 할 때 주당 1시간의 시수로는 감당하기가 쉽지 않지만, 자율적으로 교육과정을 재구성하고 수업에 적절하게 활용하기 위해서는 우선으로 교사의 자율성 보장이 되어야 하고 그에 따른 책임과 전문성을 함양해야 한다. 사전에 충분한 준비가 미비할 경우 그리고 자율성이 보장되지 않을 경우는 수행평가에 대한 전문성이 확보되기가 어렵다.

3) 7차 도덕과 교육과정 평가의 특징

앞에서 열거한 도덕과 교육과 수행평가의 공통적인 속성과 그에 따른 장점과 한계점 등을 논의한 결과를 바탕으로 다음과 같은 도덕과 평가의 특징을 제시할 수 있다(교육부, 2001, 35-36).

첫째, 도덕과 평가는 도덕성의 인지적, 정의적, 행동적 측면에 대한 통합적 평가가 되어야 한다. 이는 7차 도덕과 교육과정의 이론적 근거가 인격교육 이론에 있음과 맥을 같이한다. 6차 도덕과 교육과정의 이론적 근거가 도덕 인지 발달론에 근거하여 인지적 측면을 강조하였고 따라서 도덕과 평가 역시 인지적 측면의 평가를 중심으로 이루어졌기 때문에 객관적 선다형 평가가 주류를 이루었지만 7차 교육과정에서는 통합적 인격교육 이론에 근거하여 통합적 평가가 주류가 되었다.

둘째, 도덕과의 인지적 영역의 평가에서는 대체로 도덕적 가치 및 규범의 의미, 근거에 대한 이해 정도, 도덕적 사고력과 추론 능력 정도, 가치판단의 합리성 정도 등을, 정의적 영역에서는 도덕적 민감성과 열정성, 도덕적 가치 및 규범에 대한 내면화 정도 등을, 행동적 영역의 평가에서는 도덕적 가치 및 규범을 실천하고 습관화한 정도를 평가의 준거로 할 수 있다.

셋째, 도덕과의 평가는 도덕성의 세 측면에 대한 통합적 평가(교육부, 2001, 36)[4]를 추구하고 학생들의 학습 과정과 결과를 종합적으로 평가하는 것이 바람직함으로 평가 방법도 가능한 여러 가지 방법[5]을 활용해야 한다. 따라서 지필 평가, 행동 관찰, 자기 보고법, 면담법, 구술 평가, 포트폴리오(portfolio), 토론 과정 및 발표에 대한 관찰 평가, 학생 상호 평가 등의 다양한 평가 방법과 기법을 적용하여 객관적이고 합리적인 평가가 이루어지도록 해야 한다.

넷째, 평가 결과는 기록, 보고, 보관하는 데 그치지 말고 궁극적으로는 학생들의 계속적 도덕적 성장을 촉진하고 도덕과 수업의 목표, 방법, 내용 등을 개선하기 위한 자료와 수단으로 활용되도록 해야 한다.

다섯째, 도덕과 평가는 학생들을 등급화, 서열화, 비교하는 판정과 분류로서가 아니라, 학생들의 계속적 도덕적 성장과 도덕과 교수-학습의 개선을 지향하는 평가가 되도록 해야 한다.

---

4) 도덕과 평가가 통합적이라는 말에는 두 가지 의미가 있다. 하나는 평가 대상인 학생의 도덕적 성취를 어느 한 측면만을 중심으로 파악할 것이 아니라 여러 측면을 동시에 고려해야 한다는 것이며, 다른 하나는 평가 도구도 동일한 도덕성의 영역에 따라 다른 도구가 사용될 것이 아니라 통합적인 하나의 도구가 사용되어야 한다는 의미이다.

5) 도덕과 평가의 방법과 기법에 대한 구체적인 내용은 다음을 참고할 것(교육부, 2001, 39-41 참조).

3. 2007, 2009, 2015 개정 교육과정

2007, 2009, 2015 개정 도덕과 교육과정에서의 평가의 의미, 방향 그리고 원리 및 그 실제 과정 및 절차는 대체로 공통으로 사용되고 있고 그 구체적인 내용은 다음과 같다.

1) 도덕과 평가의 의미와 바람직한 평가관

이상의 3개의 교육과정에서 공통적인 도덕과 평가의 의미와 바람직한 평가관을 정리하면 다음과 같다(교육과학기술부, 2011, 61). 첫째, 도덕과 평가의 의미에 대해서 협의로 보면 도덕과 평가는 단순히 도덕과 학업성취를 측정하는 일에 그치는 것이라면 광의의 의미는 그것을 넘어 그 결과를 바탕으로 학생 및 교사 모두의 변화와 발전을 도모하는 것까지 고려한다. 특히 도덕과의 성격이나 목표와 평가를 연관시켜서 단순히 도덕과의 학업 성취의 측정을 뛰어넘어 학생들의 도덕성이나 인성의 발달에 도움이 되는 평가로 본다면, 도덕성이나 인성이 학교 교과 수업을 통해서도 가능하지만, 그 범위를 확장해서 학교와 가정에서 일관성 있게 성장하고 발달하기 위해서는 그 한계를 확장하는 것이 필요하다. 이러한 평가 결과를 통해서 학생은 그들의 생활 속에서의 도덕 학습 결과 이루어진 현재의 도덕성 발달 정도를 측정하여 그 분석된 자료를 바탕으로 학생의 나은 도덕적 성장과 변화를 도모하고 교사의 입장은 도덕과 학습 지도의 목표, 내용, 방법, 과정, 자료 등 제 요인들을 되돌아보고 이를 개선해 가는 과정의 활동으로 인식할 필요가 있다.

둘째, 이상의 도덕과 평가의 의미를 바탕으로 도덕과 평가의 바람직한 방향은, 학생들의 지속적 도덕성 혹은 인성의 변화와 발전 그리고 이를 위한 도덕과 교수-학습의 개선을 도덕과 평가의 본질과 목적으로 보는 입장으로 나갈 수 있다.

2) 도덕과 평가의 기본 방향

도덕과 평가의 의미와 추구해야 할 바람직한 평가관을 바탕으로 도덕과 평가가 나아가야 할 기본 방향은 다음과 같다(교육부, 2011, 61-62). 첫째, 도덕과의 평가는 목표 지향적 평가로서 도덕 학습의 성과를 높이기 위한 하나의 과정과 활동으로 되어야 한다. 도덕과 평가는 궁극적으로 학생들의 학습 성장과 발달에 도움이 될 수 있는 평가의 입장과 맥을 같이한다.

둘째, '무엇을 평가해야 하는가' 하는 문제와 관련해서는 도덕과 평가는 학생의 전인격을 평가의 대상과 내용으로 삼고 이를 평가해야 할 덕목들을 적절하게 선정하여 각 덕목의 제 측면에 대한 통합적 평가가 이루어지도록 해야 한다.

셋째, '어떻게 평가할 것인가'라는 문제와 관련해서는 도덕과 평가는 평가의 목적, 대상과 내용의 특성에 따라 그에 알맞은 평가 방법과 도구, 기법을 적절히 선택적으로 적용하여야 하고, 평가 방법과 장면은 객관성과 신뢰성을 최대한 확보하기 위해 요구되는 것이라 할 수 있다. 도덕적 지식이나 이해 그리고 도덕적 사고나 판단을 위해서는 지필 평가가 적절할 것이고, 도덕 심정과 행동을 중심으로 평가하기 위해서는 또 다른 평가 기법들이 활용될 수 있다.

넷째, 평가의 결과는 서열화나 등급화를 위해 사용하는 것을 가급적 피하고 학생의 도덕성이나 인성 발달과 성장에 기여하는 방향으로 실시되고 그 결과가 활용되도록 해야 한다.

다섯째, 도덕과 평가는 서열식 등급화나 수치에 의한 평정법을 지양하고 가급적 학생의 도덕 발달의 특성과 계속적 도덕적 성장을 안내하는 서술식 평가가 되도록 해야 한다.

여섯째, 도덕과 평가는 학생들의 도덕적 자아 개념과 자아 이해, 도덕적 자존감의 형성과 발달에 긍정적으로 기여하는 방법으로 실시되고 또 그렇게 결과가 활용되도록 한다.

일곱째, 도덕과 평가는 학생 평가 외에 가급적 학생들의 도덕적 성장과 변화에 영향을 미치는 여러 가지 평가까지 포함할 수 있도록 노력해야 한다. 즉 학생들의 도덕적 성취 여부뿐 아니라 교사, 교육과정, 지도 방법, 자료, 교육 시설, 수업 분위기, 학교의 도덕 교육적 풍토와 문화 등 다양한 요인들에 대한 평가까지 포함해야 한다.

3) 도덕과 평가의 원리와 그 실제 과정 · 절차

평가의 결과가 학생들의 도덕성이나 인성의 발달에 기여하고 교사에게는 교수-학습의 개선에 도움을 주기 위해서는 그 평가가 올바른 원리에 근거할 뿐 아니라 동시에 충실히 준비되고 계획적이고 합리적인 과정과 절차에 따라야 한다. 그 절차를 구체적으로 살펴보면 다음과 같다(교육부, 2019, 81-82).

(1) 성취 기준과 평가 기준의 설정

먼저 어떤 덕들을 평가할 것인가를 설정하는 것이 필요하다. 그 후에 설정한 덕들을 평가하는 데 필요한 성취 기준과 평가 기준을 마련해야 한다. 이때 성취 기준은 교과별 국가 교육과정에 진술된 성취 기준을 의미하는데 그것은 "학생들이 교과를 통해서 배워야 할 내용과 이를 통해 수업 후에 할 수 있거나 할 수 있기를 기대하는 능력을 결합하여 나타낸 수업 활동의 기준"으로 정의할 수 있다(김현수 외, 2016, 13). 이때 성취 기준을 설정하기 위해서는 도덕과 교육과정상 방향과 중점, 성격과 목표 및 내용 구성 등이 어떻게 되어 있는지, 다루고자 하는 주제와 가치·덕목 및 성취 기준, 단원·차시 수업 목표 지도 내용 등은 무엇인지 자세히 검토해서 체계적으로 정리하는 일이 필요하다. 구체적으로는 학생들이 덕과 인격을 구성하는 지·정·행 세 측면을 통합적으로 추구하는 가운데 그것을 달성하기 위한 도덕적 능력 또는 성향 특성을 담으면서 형식상으로는 최소한 '내용+행동'의 형태로 성취 기준이 나타나도록 한다. 구체적인 성취 기준 사례를 제시하면 다음과 같다(교육부, 2019, 128).[6)]

6) 2007, 2009 교육과정과는 달리 2015 교육과정에서는 위 사례에서 보는 바와 같이 단원의 교육과정 내용 요소와 성취 기준을 교사용 지도서에 명확하게 제시하고 있다.

- 영역: 자신과의 관계
- 내용 요소: 정직한 삶은 어떤 삶일까? (정직한 삶)
- 성취 기준: [6도01-03] 정직의 의미와 정직하게 살아가는 것의 중요성을 탐구하고, 정직과 관련된 갈등 상황에서 정직하게 판단하고 실천하는 방법을 익힌다.
  ① 정직의 의미와 정직하게 살아가는 것이 중요한 이유가 무엇이며, 어떻게 하면 올바른 의사결정을 할 수 있을까?
  ② 정직하게 살아가는 데 필요한 것은 무엇이고, 어떻게 하면 유혹을 이겨낼 수 있을까?

성취 기준 다음으로 평가 기준을 설정해야 한다. 평가 기준은 학생들이 성취 기준과 관련하여 어느 정도 수준에 도달했는지를 판단하는 데 실질적인 기준이 되는 것이다(김현수 외, 2016, 15). 평가 기준을 설정할 때는 도달 정도를 재기 위해 상, 중, 하로 등급화를 시도하는데 이는 채점 기준을 마련하는 일과 연관되는 것이기도 하다. 평가 기준은 성취 기준에 도달하는 정도를 측정하기 위한 실질적인 지침이 되는 것이며 마지막으로 평가 기준에 따른 등급화를 시도한다. 예를 들면, 높음(3점)－보통(2점)－낮음(1점), 매우 잘함(5점)－잘함(4점)－보통(3점)－못함(2점)－매우 못함(1점) 등이다. 이와 관련해서 성취 기준과 평가 기준 관계의 구체적인 사례를 자신과의 관계 영역에서 살펴보면 다음과 같다(교육부, 2019, 474).

교육과정 성취 기준	평가 기준	
[6도01-03] 정직의 의미와 정직하게 살아가는 것의 중요성을 탐구하고, 정직과 관련된 갈등 상황에서 정직하게 판단하고 실천하는 방법을 익힌다.	상	정직의 의미와 정직한 삶의 중요성을 탐구하고 정직과 관련된 갈등 상황에서 올바르게 판단하며, 실천 계획을 세워 정직한 생활을 자발적으로 실천한다.
	중	정직의 의미와 정직한 삶의 중요성을 분석하고 정직과 관련된 갈등 상황에서 올바른 판단이 무엇인지 알며, 실천 계획을 세워 정직한 생활을 실천한다.
	하	정직의 의미와 정직한 삶의 중요성을 발견하고 정직과 관련된 갈등 상황에서 올바르게 판단하려고 노력하며, 상황에 따라 정직한 생활을 실천하려 다짐한다.

(2) 평가 장면과 기회의 선정

무엇을 어떤 기준에서 평가할 것인가를 정한 다음에는 적절한 평가 장면과 기회를 선정하는 것이 필요하다. 평가 장면은 교실에서의 학습 시간, 실내 생활, 학교 내, 학교 행사, 작업 장면 등을 포함한 학교 내 생활 장면과 학교 외 생활 장면, 그리고 가정과 지역사회에서의 생활 장면 등이 있을 수 있다. 이는 평가가 단순히 교실 내 혹은 학교 안에서만 이루어지는 것이 아니라 교실 안팎, 학교 안팎 그리고 가정과 지역사회까지 광범위한 영역에서 이루어져야 한다는 것이다. 이것은 도덕과의 평가 대상이라 할 수 있는 학생들의 도덕성이나 인성 혹은 인격 등이 학교 안에서 다루어지는 것뿐 아니라 학교 밖, 즉 가정이나 지역사회까지 지속적이고 일관성 있게 확산해야 한다는 것과 결을 같이한다.

평가 장면 즉 평가가 이루어지는 공간을 살펴본다면 평가의 시기도 중요하다. 평가의 시기, 즉 평가의 기회도 특정 시간 또는 일정 기간, 수시, 계속적 평가 등 여러 가지로 시도할 수 있다. 구체적인 평가 대상과 내용에 따라 그것을 가장 잘 포착할 수 있는 장면(공간)과 기회(시간)를 선정하고 이에 맞추어서 효율적인 평가가 이루어지도록 해야 한다.

(3) 평가 방법 및 도구의 결정

앞의 과정을 거치게 되면 어떤 수단이나 도구가 가장 적절한 것인가를 결정해야 한다. 즉 평가하고자 하는 대상을 측정하는 데 가장 적절한 평가 방법과 기법을 결정하고 평가 도구를 마련하는 것이 필요하다. 도덕성 혹은 인성의 각 측면과 평가 방법 및 도구의 적용 관계가 엄격하게 고정되는 것은 아니기 때문에 평가 방법과 기법 및 도구는 평가하는 대상이나 내용의 특성에 따라 그에 걸맞은 것으로 선정해야 하며 각 평가 방법과 기법 및 도구의 장단점을 잘 헤아려 적용해야 한다.

4) 평가의 시행과 결과 처리

평가 방법과 기법이 결정되고 도구가 마련되면 구체적인 평가에 들어가게 되는 데 평가를 할 때는 평가의 목표, 종류와 방법, 실시 시기와 횟수, 소요 시간, 평가 대상자의 조건 등을 고려하여 가장 객관적이고 신뢰할 수 있는 자료를 얻을 수 있도록 세심한 주의를 기울여야 한다. 또한 학생들의 외형적인 표현이나 행동 이면에 있는 심층적인 요인, 신체적 또는 성격적 요인, 성장 과정이나 가정 배경 등의 환경적 요인 등을 광범위하게 진단 분석할 수 있는 자료들을 수집하도록 노력하고 평가한 후에는 그 결과를 의미 있게 정리하여 다음 단계에 유의미하게 활용될 수 있도록 해야 한다.

5) 평가 결과의 해석과 처리, 활용

도덕 평가의 최종 단계는 평가 결과를 해석하고 이를 처리, 활용하는 일을 중심으로 이루어진다. 목표 도달 여부를 확인하는 것만큼 중요한 것이 그 결과를 의미 있게 해석하여 그 이후의 판단과 의사결정을 하는 데 적절한 도움을 주는 것이다. 평가 결과의 해석은 학생 개개인의 덕성의 형성과 발달 정도에 따라 이루어질 수도 있고, 인격 발달을 전체적으로 종합 고찰하는 방식으로 이루어질 수도 있다. 그리고 결과뿐 아니라 원인의 진단적 해석까지 해 볼 수 있다.

6차 교육과정부터 2015 교육과정까지 도덕과 평가의 특징 및 내용을 살펴보았다. 이들 교육과정에서 공통으로 강조하고 있는 특징이 대부분이다. 다만 2015 도덕과 교육과정에서는 성취 기준, 평가 기준에 대한 명확한 용어 정의를 비롯해 실제 수업에 활용할 수 있는 사례들을 제시한 것이 차이점이라 할 수 있다.

III. 도덕과 평가와 참 평가

도덕과 평가가 가지는 문제점을 바탕으로 그 문제점을 해소하기 위한 노력을 도덕과 교육과정을 통해서 살펴보았다. 여전히 교육과정상 도덕과 평가의 문제점은 완전히 해소될 수 없다. 이에 도덕과 평가의 문제점을 해결하기 위한 대안으로 참 평가의 의미를 살펴보는 것은 의미 있는 작업이라 할 수 있다. 도덕과 교육과정에서 조건들을(조용기, 1997, 4-12) 제시하고 이러한 조건들이 충족될 때 도덕과 평가의 바람직한 방향을 설정할 수 있을 것이다.

1. 참 평가와 학습

참 평가는 학습을 위한 평가이다. 학습을 위한 평가는 학습 결과를 비교하기보다는 학습 과정의 발달과 성장에 관심이 있다. 이것은 성취 목표를 위한 성취검사라기보다는 학습 목표를 위한 학습 평가이다. 여기서 성취라는 개념은 검사(testing)라는 개념과 관련이 있기에 그것의 궁극적인 목적은 검사를 통해 성취를 이루는 것이며 결과적으로는 평가 결과를 비교하고 선발하며 등급을 매기고 서열을 매기는 데 있다. 반면에 학습 목표를 위한 학습 평가(assessment)는 학습의 발달과 성장에 목적을 두고 있기에 평가는 학습의 발달과 성장에 도움이 되는 데 관심이 있다. 따라서 참 평가는 성취보다는 학습에 관심이 있다.

참 평가가 가정하는 학습은 그 자체가 목적이고 이상적인 삶을 위한 준비인 동시에 삶 그 자체이다(조용기, 1997, 12-13). 즉 학습은 삶 그 자체이고 삶에 대한 준비 그 자체가 삶이다. 학습이 삶이 되기 위해서는 평가가 무엇을 위한 수단이나 도구가 아니라 목적이 되어야 한다. 따라서 참 평가가 되기 위해서는 평가를 위한 평가가 아니라 학습을 위한 평가가 되어야 한다. 평가는 학습자의 삶을 살아가는 데, 즉 학습자의 학습 성장과 발달에 도움이 되어야 한다.

도덕과 평가도 마찬가지이다. 도덕과 평가는 학습자들의 학습, 즉 도덕성, 인성 혹은 인격의 성장과 발달을 위한 평가가 되어야 한다. 도덕과 평가가 평가를 위한 평가가 될 경우, 학생들의 도덕성이나 인성의 성장과 발달에는 관심이 없고 검사를 통해서 선발하고 비교하는 것에 그치게 될 것이다. 여기에는 객관식 선다형 평가가 주로 활용될 것이고 이런 평가를 통해서는 학습에 충실할 수 없다. 따라서 학습을 위한 도덕과 평가는 학습에 충실할 수 있는 과정 중심의 평가가 될 가능성이 매우 높다.

2. 참 평가와 학습 과정 평가

참 평가는 학습 과정의 평가이다. 이것은 학습이 끝나고 난 후에 이루어지는 평가라기보다는 학습의 과정에 따라 이루어지는 평가이다(조용기, 1997, 5). 평가는 교수-학습 과정과 무관하지 않고 밀접하게 관련이 있다. 참 평가가 되려면 학습 과정의 평가가 되어야 하는데 이는 두 가지 의미의 평가와 관련이 있다. 우선 평가는 학습 과정 중 일어나야 한다. 그리고 학습 과정을 평가해야 한다. 즉 학습 과정을 평가의 주된 대상으로 삼아야 한다. 학습 과정의 평가는 무엇을 얼마나 알고 있느냐를 묻기보다는 누가 어떻게 아는가 혹은 앎에 대해서 어떻게 임하느냐가 중요하다. 무엇을 알고 있느냐가 관심의 대상이 되면 학기 말이나 모든 학습이 끝난 후 평가하면 될 것이고 이런 평가는 궁극적으로 학습자들을 서열화시키고 등급화시킬 가능성이 매우 높다.

학습 과정 중에 그리고 학습 과정을 주된 평가 대상으로 삼는 참 평가는 학습자들이 어떻게, 왜 알려 하느냐가 관심의 대상이 되기 때문에 단 일회적인 평가를 통해서는 학습자들의 관심을 충족시킬 수 없다. 학습 과정 중에 그리고 학습 과정을 주된 평가 대상으로 삼는 참 평가는 교수-학습 과정과 유리된 평가일 수가 없다. 학교나 교실 현장에서 이루어지는 수업과는 별도의 평가는 학습에 전혀 도움이 되지 않는다. 또한 학습 과정 중에 그리고 학습 과정을 주된 평가 대상으로 삼는 참 평가는 학습자들의 성장과 발달과정을 유심히 관찰할 수 있다. 학습자들의 학습 과정에서 수시 평가하고 그 결과를 분석하고 진단하여 학습자의 장단점을 파악하여 장점은 살리고 단점은 보완해 가는 과정에서 학습자는 성장하고 발달할 수 있다. 따라서 학습 과정의 평가는 수시 평가와 과정 평가가 될 때 그 완성도가 더욱 높아질 수 있다.

도덕과 평가도 마찬가지이다. 도덕과 교육에서 학습자들의 도덕성과 인성에 관심이 있다면, 도덕성과 인성이 단 한 번 혹은 단 하루만에 이루어질 수 있는 것은 아니다. 도덕성과 인성이 지속으로 그리고 일관성 있게 성장하고 발달하기 위해서는 그에 따른 평가 역시 지속적이고 일관성 있게 이루어져야 하기 때문에 일회적인 평가, 그것도 학기 말에 이루어지는 결과 평가로는 인성이나 도덕성의 함양을 기대하기는 어렵다. 이런 평가의 방법은 선다형 객관식 평가보다는 포트폴리오와 같은 수행평가의 형태를 취할 가능성이 매우 높다.

3. 참 평가와 평가의 주체

참 평가는 교수-학습 과정과 직·간접적으로 관련이 있는 사람에 의한 평가이다(조용기, 1997, 5). 평가에서 누가 평가하는가가 매우 중요하다. 앞에서 살펴본 바와 같이 학습을 위한 평가이어야 하고 학습 과정 중에 그리고 학습 과정을 평가하기 위해서 평가의 주체를 살펴보는 것은 매우 중요하다. 학습과 무관하고 학습 과정에 참여한 경험이 없는 사람에 의한 평가는, 제대로 된 평가가 될 수 없다. 그렇다면 학습과 관련이 있고 학습 과정과도 밀접한 연관이 있는 사람으로는 교사, 학습자 혹은 또래 학습자 그리고 학부모 정도일 것이다. 이들은 학습 과정과 직접 혹은 간접적으로 연루된 사람이고 이들에 의해 평가가 일어나면 평가는 무리 없이 수행될 수 있을 것이다. 전통적인 방식에 의하면 교사가 평가자이고 학습자는 피평가자라는 이원론적 관점에서 벗어날 수 없다.

교사뿐 아니라 학습자 자신이 자신을 평가할 수 있을 때 진정한 의미의 참 평가가 될 수 있고, 또래에 의한 평가 역시 의미가 있는 평가가 될 수도 있다. 또한 학부모에 의한 평가는 도덕과의 경우 도덕성이나 인성 등을 평가할 때 학교뿐 아니라 가정에서도 일관되게 이루어져야 하기 때문에 무엇보다 필요한 평가의 주체가 된다. 교수-학습과 연관된 사람들에 의한 평가, 내부 평가가 중요한 것은 이들 모두가 학습에 직접 혹은 간접적으로 참여하고 학습 과정을 그리고 학습 과정에서 평가하기 때문에 무엇보다 학습과 밀접한 관련이 있다. 만약 외부 평가 혹은 외부 기관에 의한 평가가 이루어진다면, 그런 평가는 참 평가가 되기 힘들다. 왜냐하면 평가가 수시로 이루어지지 않을뿐더러 학습의 발달과 성장을 일차적 목적으로 두지 않고 선발, 비교, 서열화하는 것에 목적을 두기 때문이다.

도덕과 평가도 마찬가지이다. 내부 평가가 아니라 외부 평가를 할 경우, 학습자들의 도덕성 혹은 인성이 지속으로 성장하고 발달하는 과정을 충분히 살펴보지 않는 채 평가가 이루어지기 때문에 진정한 도덕성 평가에 도움이 되지 않는다.

4. 참 평가와 통합적 평가

앞에서 참 평가가 되기 위한 세 가지 조건을 제시하였다. 이 조건들이 충족된다면 참 평가가 될 수 있을 것이다. 도덕과 평가의 경우 역시 이 세 가지 조건을 만족시킨다면 도덕과 평가의 목적을 충분히 달성할 수 있을 것이다. 그러나 여기서 통합적 평가가 이루어진다면 보다 더 완벽한 도덕과 평가가 될 수 있을 것이다. 각 교육과정에서도 필수적으로 강조한 인지적, 정의적, 행동적 측면의 통합적 평가가 이루어진다면 참 평가로서의 도덕과 평가를 만족시킬 수 있을 것이다.

Ⅳ. 결론

앞에서 도덕과 평가가 참 평가가 되기 위한 조건으로서 네 가지를 제시했다. 도덕과 평가에서 이 네 가지 조건을 충족한다면 더 완벽한 참 평가의 모습을 볼 수 있다. 네 가지 조건을 만족시키고 있는 도덕과 평가의 활동, 즉 도덕 일기 쓰기를 통한 참 평가로서의 도덕과 평가에 관해서는 본 연구자에 의해 연구 발표한 바 있다. 여기서는 구체적인 언급[7]은 생략하고자 한다. 여기서 교육과정에서 중요시되는 것과 관련해서 오해하지 말아야 할 것을 살펴보면 다음과 같다.

첫째로, 다양한 평가 방법과 기법을 사용할 것을 권장하고 있다. 단 하나의 방법보다는 다양한 평가 기법을 사용하는 것이 바람직하지만 여기서 짚고 넘어가야 할 부분이 있다. 다양한 평가 기법에 초점을 맞추기보다는 참 평가의 네 가지 조건을 먼저 확고하게 해야 할 필요가 있다. 다시 말하면 상황이나 조건에 맞는 적절한 평가 방법을 사용하는 것은 권장할 만하지만 먼저 어떤 관점을 가지는가가 더 중요하다. 참 평가의 의미를 정확하게 이해하고 있다면 어떠한 평가 방법을 사용하더라도 크게 문제없다. 다양한 평가하는 것 역시 중요하지만 우선적으로 참 평가의 의미를 제대로 파악하는 것이 중요하다.

둘째로, 수행평가와 객관식 선다형 평가라는 이원론적 태도에서 벗어나야 한다. 우리가 도덕과 평가를 통해서 대안적인 방법을 찾았다. 그 대안적 평가 방법이 보통 수행평가라 할 수 있다. 그런데 여기서 조심해야 할 것이 있다. 지필 평가 아니면 수행평가라는 이원론적 관점이 문제이다. 다시 말하면 지필 평가라고 해서 참 평가가 될 수 없다는 논리는 성립하지 않는다는 것이다. 예를 들면 지필 평가 방법을 활용하여 학습의 성장과 발달을 목적으로 학습 과정 중에 그리고 학습 과정을 평가하고 나아가 학습 과정과 연관된 사람에 의해 평가가 일어난다면 비록 방법이 객관식 선다형 형태를 띠고 있을지라도

7) 참 평가로서의 도덕과 평가의 구체적인 활용에 관한 것은 다음의 논문을 참고하길 바람. 최신일(2013), 참 평가로서의 도덕과 평가, 초등도덕교육 제41집, 한국초등도덕교육학회. 최신일(2007), 도덕 일기 쓰기를 통한 도덕성 함양과 참 평가, 초등교육연구 논총 제23권 2호, 대구교육대학교 초등교육연구소.

지필 평가도 참 평가가 될 수 있다는 점을 간과해서는 안 된다.

셋째로, 참 평가의 세 가지 조건의 관계를 잘 파악해야 한다. 참 평가의 세 가지 조건을 모두 충족한다면 가장 완벽한 평가가 될 것이다. 그러나 여기서 주의해야 할 사항은 세 가지 중 어느 한쪽이 충족되고 나머지 두 쪽이 충족되지 않는다든지 두 쪽이 충족되고 한쪽이 충족되지 못하더라도 참 평가가 아니라고 단정 지을 수 없다는 점이다. 따라서 참 평가는 가능성 혹은 확률의 문제이다. 세 가지 조건을 완벽하게 충족시킬 수 없을 경우는 참 평가가 될 확률, 즉 가능성이 다소 낮을 뿐이지 가능성이 전혀 없는 것이 아니다. 예를 들면 외부 평가이기는 하지만 실행평가 즉 학습 과정의 평가가 될 경우는 참 평가가 될 확률이 다소 낮다는 것이지 참 평가가 아닌 것은 아니다.

마지막으로, 교육과정상 성취 기준과 평가 기준을 통해서 궁극적으로는 도덕과 평가를 등급화하는 것이 아닌가 하는 것이다. 우리는 도덕과 평가에서 평가하고자 하는 가치 덕목과 성취 기준 및 평가 기준을 설정하고 그에 따라 평가가 이루어지도록 하고 있다. 교육과정상 성취 기준에 대해서 평가 기준을 서술식으로 진술하고 있지만 명시적으로는 상 중 하 3단계든지 5단계로 나눔으로써 평가 기준에 따라 서열화가 생긴다.

참고문헌

교육과학기술부(2011), 『초등학교 도덕 5 교사용 지도서』, 지학사.

교육부(1996), 『초등학교 교사용 지도서 3-2』, 국정교과서주식회사.

교육부(2001), 『초등학교 교사용 지도서 도덕 3-1』, 대한교과서 주식회사.

교육부(2019), 『초등학교 도덕5 교사용 지도서』, (주)지학사.

김현수 외(2016), 『2015 개정 교육과정에 따른 초・중학교 도덕과 평가 기준 개발 연구』, 한국교육과정 평가원.

석문주 외(1997), 『학습을 위한 수행평가』, 교육과학사.

이택휘, 유병열(2000), 『도덕교육론』, 양서원.

조용기(1997), '참 평가', 석문주 외, 『학습을 위한 수행평가』, 교육과학사.

조용기(2005), 『교육의 쓸모』, 교육과학사.

차우규(2000), 『도덕・윤리과 수행 평가』, 백의.

최신일(2001), 도덕과 서술식 수행평가 문항 개발을 위한 이론 연구, 『초등교육연구논총』 제17권 3호, 대구교육대학교 초등교육연구소.

최신일(2007), 도덕 일기 쓰기를 통한 도덕성 함양과 참 평가, 『초등교육연구논총』 제23권 2호, 대구교육대학교 초등교육연구소.

최신일(2013), 참 평가로서의 도덕과 평가, 『초등도덕교육』 제41집, 한국초등도덕교육학회.

제11장 역량 기반 교육의 도덕 교육적 함의*

Ⅰ. 서론

교육 개혁의 요구는 시대를 불문하고 계속되고 있다. 교육 개혁의 필요성에 대한 사회의 거시적 변화를 어떻게 읽어낼 것인가 하는 질문에 대해 설득력 있는 논거를 제시하는 것은 매우 중요하다. 우리나라의 교육 현실 역시 급속도로 변화되고 있으며 변화를 요구하고 있다. 디지털 전환, 기후환경 변화 및 학령인구 감소 등에 대응하여 미래 사회에 필요한 역량을 함양하고 학습자 맞춤형 교육을 강화할 수 있도록 미래 교육 비전의 정립과 수업 및 평가 개선을 포함한 새로운 교육과정체제 전환이 필요하게 되었다. 이러한 변화에 대응하기 위해 국가에서는 교육과정의 개정을 통해서 미래 교육을 대비하고 있다. 미래 교육에 적합하고 학교 현장 수용성 높은 교육과정 개발과 관련하여 교육 주체와 국민의 참여 확대 요구가 증가하고 있다. 또한 지역·학교 교육과정 분권화·자율화에 대한 요구가 증가함에 따라 다양한 교육 주체 간 협력적인 교육과정 개발 체제로의 개선이 필요하고, 고교

* 이 글은 동양예학 제46집(동양예학회, 2022)에 실린 논문을 수정·보완한 것임.

학점제 등 학습자의 특성 및 진로와 적성에 맞는 맞춤형 교육을 위한 교육과정 및 지원 체제 마련이 요구되고 있다.

이처럼 미래 교육 정책에 부합하는 교육과정 혁신의 필요가 제기되는 가운데 이러한 필요와 변화에 유연하게 대응할 수 있는 역량교육을 체계화해야 한다는 필요성이 증가하게 되었고 의무교육 단계인 초·중학교 교육과정에서 삶의 기본 역량 함양을 위한 기초소양 및 역량을 재구조화하는 경향이 대두되었다. 최근에 와서는 미래 교육을 위한 역량교육이 새로운 트렌드로 자리를 잡고 있다. 즉 역량 기반 교육이 교육과정 개정의 중요한 근거를 제시하고 있다. 이와 관련해서 우리나라 교육계에서도 OECD가 추진하고 있는 역량교육 프로젝트에 참여하여 미래 교육을 위한 새로운 교육과정 개발을 위한 연구를 진행하고 그 성과가 2015 개정 교육과정과 2022 개정 교육과정에서 구체적으로 나타나고 있다.

이러한 미래형 교육과정 추진의 기반 마련을 위해서는 OECD가 추진하고 있는 역량 개념과 역량 기반 교육의 성립 배경 등에 대해서 살펴보고, 역량교육 프로젝트, 즉 DeSeCo(Definition and Selection of Competencies) 프로젝트와 The Future of Education and Skills: The OECD Education 2030 프로젝트에서 강조하고 있는 핵심 역량(key competence)과 변혁적 역량(transformative competencies) 등을 살펴봄으로써 역량 기반 교육의 이론적·실제적 근거를 살펴보고자 한다. 이러한 역량 기반 교육이 우리나라 교육과정 개정에 어떠한 영향을 미치고 있는지를 살펴보고, 역량 기반 교육이 도덕과 교과에 어떤 의미를 제공하고 있는지도 살펴보게 될 것이다.

Ⅱ. 역량 개념과 역량 기반 교육

'역량[1]' 개념을 현대적 의미로 사용하게 된 것은 1960년에서 1970년대라 할 수 있다. 그중에서도 학문적인 논의에서 '역량' 개념을 사용한 학자는 화이트(White)다. 화이트는 역량 개념을 높은 동기와 관련이 있는 개인적 특성을 설명하는 개념으로 보고 있다(허지원, 2021, 3). '역량'을 환경과 효과적으로 상호작용하는 개인의 능력으로 정의하고 있는데 그가 제시하고자 했던 역량 개념은 환경과의 지속적인 상호작용을 통해 학습된 것으로 성숙이나 욕망, 본능만으로 도달할 수 없는 유기체를 둘러싼 환경을 다루기 위한 선택적이고 지속적이며 유목적적인 동기적 특성을 가진다. 그리고 역량은 타고난 것이라기보다는 길러지고 학습 가능한 특징을 가지고 있으며 구체적 수행 상황에서 획득된 능력으로 보고 있다. 그 이후 역량 개념을 성취동기 이론의 입장에서 현대적인 개념으로 규정한 사람은 맥클레랜드(David McClelland)다. 그는 지능이나 적성검사가 학습자들의 성격을 예측하는 능력은 뛰어나지만 직무 성과나 인생의 성공 유무를 판단하기에는 예측력이 낮다고 주장하면서 이러한 검사 도구가 타당하기 위해서는 실제 수행 장면에서 문제를 도출하고 그 실행 능력을 측정할 수 있어야 한다고 주장하고 그 문제를 해결하는 방안이 곧 '역량'이라고 주장한다(허지원, 2021, 4). White와 McClelland는 공통으로 자신을 둘러싼 환경과의 효과적인 상호작용을 통해 형성된 능력, 즉 학습이 가능

1) 역량은 skill로 표현되기도 하고 OECD나 유럽 국가들은 'competence'로 표현하는 경우가 많고, 드물게는 'capacity'라는 표현을 쓰기도 한다. 여기서는 OECD의 용어 사용에 따라서 'competence'로 사용하고자 한다.

하며, 구체적인 상황에서 효과적인 수행이 가능하게 하는 능력을 역량이라는 개념으로 구분하여 바라보고, 기존의 동기나 능력 구인과는 다른 의미로 설명한다. 오늘날 역량 개념을 직업의 영역에서 교육의 영역으로 확장 이동시킨 계기는 1997년 경제협력개발기구(OECD)에서 성공적인 삶을 위한 핵심 역량을 도출하기 위한 목적으로 진행된 DeSeCo(Definition and Selection of Competencies) 프로젝트라 할 수 있다. DeSeCo에서의 역량 개념은 "단순한 지식과 기능 이상으로 특정 맥락에서 태도와 가치를 포함한 심리 사회적 자원들을 끌어내고 동원하여 여러 복잡한 요구를 충족시킬 수 있는 능력이다."

DeSeCo에서는 성공적인 개인의 삶의 질을 위해 필요한 필수 능력으로서의 '역량' 개념으로 발전하며 교육 현장에서 역량 개념이 적용되면서 역량 기반 교육으로 발전했다. 우리나라에서도 이러한 역량 개념을 교육 현장에 들인 이유가 교육을 통해 역량이 길러질 수 있다는 기대에서 비롯되었다고 할 수 있다. 특히 여기서 관심을 끌고 있는 것이 교육과정을 중심으로 이루어지고 있다는 것이다. 이는 학교 교육이 추구하는 인간상을 실현하는 가장 체계적이고도 구조적으로 조화된 통로가 학교 교육과정이기 때문이다. 우리나라에서는 2015 개정 교육과정에서 DeSeCo 프로젝트에 관한 연구를 바탕으로 '역량' 개념의 틀을 마련하고 이를 바탕으로 역량 기반 교육을 시행하게 되었다. 2022 개정 교육과정에서도 미래 새로운 교육환경 변화에 적합한 역량 교육의 필요성이 제기되는 상황이다.

그렇다면 OECD에서 제시한 역량 프로젝트가 구체적으로 교육과 어떻게 관련 있는가? 1997년부터 2003년까지 진행된 OECD(경제협력개발기구)의 역량 프로젝트인 DeSeCo(Definition and Selection of

Key Competencies)에서부터다. DeSeCo 프로젝트는 성공적인 삶과 제대로 기능하는 사회를 실현하기 위해서는 어떤 역량이 필요한가 하는 질문에서 출발하였고 이 프로젝트의 초점은 역량의 의미를 정의하고 현대사회를 살아가는 데 필요한 핵심 역량을 선정하여 그것의 의미와 중요성을 밝히는 것이었다. DeSeCo 프로젝트는 역량을 특정 지식과 기술뿐만 아니라 개인의 태도, 가치, 동기들과 관련된 개인의 일상적 삶의 상황과 관련된 능력으로 확장하고, 특히 미래 사회의 변화에 능동적으로 대응함으로써 건강한 자아와 삶의 통합성을 유지하기 위해 전 생애에 걸쳐 요구되는 근본적인 역량의 선별에 집중하게 되었다. 다시 말하면 역량은 인간의 심리 사회학적 특성을 이용하여 특정 맥락의 복잡한 요구에 대처하는 능력으로 정의하고 있다(이슬기 · 서은숙 · 김형렬, 2021, 121-122). 나아가 OECD는 삶에 필요한 수많은 역량 중 경제적 · 사회적 목적에 부합하는 혜택을 제공하며 삶의 다양한 맥락에 적용되며, 모든 사람에게 필요한 역량을 '핵심 역량(Key Competencies)'으로 규정하고 있다. DeSeCo는 핵심 역량이 현재뿐만 아니라 미래 사회의 변화와 도전을 맞이하는 측면에서 미래 사회에서 개인이 반드시 갖춰야 하는 3대 핵심 역량 범주를 가리키는 말이다.

DeSeCo의 3대 핵심 역량은 '도구를 상호작용적으로 사용하기(Use tools interactively)', '이질적 집단에서 상호작용하기(Interact in heterogeneous groups)', '자율적으로 행동하기(Act autonomously)' 등이 포함된다. 핵심 역량은 다시 각각 3가지의 하위역량으로 정리될 수 있다(이사영, 2019, 1). 첫째, '도구를 상호작용적으로 사용하기'는 언어, 상징, 텍스트를 상호작용적으로 사용하는 능력, 지식과 정보를 상호작용적으로 사용하는 능력, 기술을 상호작용적으로 사용하는 능력 등이다. 둘째, '이질적 집단에서 상호작용하기'는 타인과 원만한 관계 능력, 팀으로 일하며 협력하는 능력, 갈등을 관리 및 해결하는 능력 등이다. 셋째, '자율적으로 행동하기'는 전체적 조망 속에서 행동하는 능력, 생애계획을 수립하고 실천하는 능력, 권리, 이익, 한계, 요구를 주장하고 지키는 능력 등이다. 따라서 OECD가 주관하는 DeSeCo 프로젝트는 직업 분야뿐만 아니라 인간 삶 전체에 필요한 것, 개인과 사회의 성공을 위해 필요한 것으로 규정하게 되었고 역량의 중요성을 다시 한번 강조하게 되었다(이사영, 2019, 13).

이후 DeSeCo 프로젝트의 후속 작업으로 2015년부터 추진된 'OECD 교육 2030 미래교육과 역량(The Future of Education and Skills: The OECD Education 2030 Project)'은 불확실하고 복잡한 미래 사회를 살아가는 데 필요한 역량을 규정하고 역량교육에 초점을 맞추어 2030년 미래 사회를 살아갈 학생들에게 필요한 역량이 무엇이며 그것을 어떻게 가르칠 수 있는지에 대한 구체적인 방향을 제시하는 사업이라 할 수 있다. 다시 말하면, DeSeCo 프로젝트가 미래 사회 핵심 역량을 도출했다면, OECD Education 2030 프로젝트는 이 핵심 역량을 기르기 위한 교육과정, 교수 학습 방법, 평가시스템 등을 도출해 내는 것을 목표로 하고 있다. 이를 위해 OECD는 각 개인이 스스로 삶을 꾸려나가는 데 있어 나침반의 역할을 할 수 있는 학습 프레임 워크를 개발하고 또한 프로젝트 참여국가의 교육과정에 역량이 얼마나 어떻게 반영되어 있는지를 조사하여 최종적으로 역량 기반 교육과정을 설계하기 위한 공동의 틀을 만들고자 하는 계획을 하고 있다(이사영, 2019, 3). 이렇게 전통적인 학교 교육의 틀에서 벗어나 핵심 역량을 중점적으로 길러주고자 하는 교육이 곧 '역량 기반 교육'이다. 역량 기반 교육의 특징을 살펴보면 다음과 같다(이사영, 2019, 2). 첫째, 역량 기반 교육은 핵심 역량을 성공적인 삶을 살아갈 수 있도록 해주는 필수적인 능력으로 보고 학교 교육의 중심에 둔다. 둘째, 역량 기반 교육은 이론적 지식과 기술과 같은 인지적 범주의 역량뿐만 아니라 태도, 동기, 가치, 감정 등의 정서적·사회적 범주의 역량을 모두 강조한다. 셋째, 역량 기반 교육은 지식 그 자체보다 지식의 수행성, 유용성을 강조하며 지식의 생성과 창출에 관심을 둔다. 넷째, 역량 기반 교육은 다양한 방식으로 교육 요소와 학습 내용을 통합하여 핵심 역량을 길러준다. 이외에도 역량 기반 교육은 학생 중심·활동 중심 수업이 이루어지고 수행평가를 중시하며 평생학습의 관점에서 지역사회 및 다양한 교육기관과의 연계를 강조하고 있다(이사영, 2019, 2).

Education 2030에서의 역량에 관한 정의는 복잡한 요구를 충족시키기 위한 지식, 기능, 태도와 가치를 동원하는 능력이라고 말할 수 있다. Education 2030에서의 역량 정의는 역량 기반 교육과정의 설계 방향을 제시하기 위한 것이라 할 수 있다. 학습자 주도성(student agency)이 되는 미래지향적 교육과정 설계 시 학생들은 '지식', '기능', '태도 및 가치' 등의 구성요소를 폭넓게 함양할 필요가 있는데 이를 구체적으로 세분화하면 다음과 같다(OECD, 2018, 5).

먼저 지식과 관련해서는 학문적 지식, 간 학문적 지식, 인식론적 지식, 절차적 지식으로 세분화할 수 있다. 첫째, 학문적 지식은 새로운 지식을 개발하는 토대가 되는 것으로서 역량 기반 교육과정에서도 중요한 내용으로 다루어질 필요가 있다. 둘째, 간 학문적 지식은 실생활의 문제, 현상, 이슈들을 중심으로 서로 다른 학문을 넘나들며 사고

할 수 있는 능력을 의미한다. 셋째, 인식론적 지식은 각 학문 분야의 전문가가 사고하는 방식에 대한 이해와 관련되는데 이는 학생들이 학습의 목적을 찾고 학습 내용을 적용하며, 학문적 지식으로 확장해 가도록 돕는 역할을 한다. 마지막으로, 절차적 지식은 목표를 달성하기 위해 일련의 단계 혹은 행위들이 어떻게 진행되는지 그 과정에 대한 이해에 해당하는 것으로서 학생들이 다양한 맥락에서 문제 해결 방안을 찾기 위해 활용할 수 있는 전이 가능한 지식을 강조하고 있다(이상은, 2019, 133 재인용).

다음으로 Education 2030에서는 '기능'을 3가지 유형으로 구분하고 있다. 구체적으로 살펴보면 다음과 같다(이상은, 2019, 133 재인용). 첫째, 인지적 · 메타 인지적(cognitive & meta-cognitive) 기능은 언어, 수, 추론, 획득한 지식 등을 사용할 수 있게 하는 일련의 사고 전략으로서 비판적 사고력, 창의적 사고력, 학습에 대한 학습, 자기 규제 등이 있다. 둘째, 사회적 · 정서적 기능은 지속적 사고, 느낌, 행위 패턴 속에서 명백히 보여줄 수 있는 개인적 능력으로서 공감, 자기 효능감, 책임감, 협력 등이 여기에 속한다. 셋째, 신체적 · 실천적 기능은 신체적 도구, 조작, 기능 등을 사용할 수 있는 일련의 능력을 의미하며, 여기에는 새로운 정보 및 의사소통 기술 활용하기가 속한다.

마지막으로, Education 2030에는 '태도 및 가치'가 있다(이상은, 2019, 133 재인용). 특히 '태도 및 가치'는 각국의 교육과정의 틀을 만드는 데 중요한 역할을 하고 있다. 태도 및 가치는 개인적, 사회적, 환경적 웰빙을 지향하기 위한 개인의 선택, 판단, 행위에 영향을 미치는 믿음과 원칙이라 할 수 있다. '태도 및 가치' 용어는 문화권에 따라서는 '적성', '믿음', '도덕성', '윤리' 등 다양한 용어로 사용되기도 한다.

이 프로젝트에서는 가치를 사람들이 공적, 개인적 삶의 영역에서 결정할 때 중요하다고 믿는 주된 원칙이라 할 수 있고, 태도는 가치와 믿음에 의해 뒷받침되며 영향을 미치는 것으로 사물 혹은 사건에 긍정적으로 혹은 부분적으로 반응하는 경향성을 가리킨다. '태도 및 가치'는 다음의 네 가지로 범주화할 수 있다. 첫째, 개인적 가치는 한 개인이 의미 있는 삶을 이끌어가고 자신의 목표를 충족시키는 것과 관련이 있다. 둘째, 사회적 가치는 개인 간 관계의 질에 영향을 미치는 원칙과 믿음이다. 개인이 타인에게 어떻게 행동하는지, 갈등 같은 상호작용을 어떻게 조정하는지 등이 여기에 속한다. 셋째, 사회 제도적 가치는 사회질서와 제도화된 삶을 틀 짓는 공유된 원칙과 가이드라인이며 문화적 우선순위로 정의된다. 마지막으로, 인류적 가치는 사회 제도적 가치와 공통되는 부분이 많지만, 이는 국가와 문화의 경계를 넘어서서 인류의 웰빙에 적용되는 것으로서 민족적 전통을 넘어서서 전 세계적으로 공인된 세계 인권 선언이나 UN의 지속 가능 개발과 같은 것이 여기에 속한다.

III. 역량 기반 교육과 우리나라 교육과정

우리나라 2015 개정 교육과정에서의 역량을 강조하게 되는 배경은 DeSeCo 프로젝트이다. 2015 개정 교육과정에서의 역량은 "추구하는 인간상을 구현하기 위해 교과교육을 포함한 학교 교육 전 과정을 통해 중점적으로 기르고자 하는 능력"(교육부, 2015, 29)으로 정의하고 있다. DeSeCo 프로젝트에서 제시한 핵심 역량을 2015 개정 교육과정의 총론에서 그대로 사용하고 있고 우리나라 초・중등 학생들이 보편적으로 함양해야 할 공통적인 역량을 선정하여 제공하고 있다.

OECD DeSeCo의 핵심 역량과 OECD 2030 프로젝트와 관련해서 우리나라 2015 개정 교육과정에서도 역량 기반 교육으로서의 교육의 핵심 역량을 강조하고 있다. 이러한 핵심 역량이 도입된 2015 개정 교육과정은 본격적으로 미래 사회의 도전과 변화를 대비하는 측면에서 기획되었다고 할 수 있다. 기존의 교육적 흐름으로는 미래 사회를 이끌어 갈 학생들의 능력이 제한되고 갈수록 국제화되어 가는 시대에 그 생존조차 담보할 수 없기에 이에 따라 미래 사회 특징에 관한 다양한 연구가 이루어졌고 이를 기초로 해서 창의 융합형 인재 양성의 중요성이 강조된 2015 개정 교육과정이 만들어지게 된 것이다(신호재, 2020, 62). 2015 개정 교육과정은 이와 같은 연구 및 시대적 요구의 연장선과 맥락에서 '역량 중심 교육과정'으로서 미래 사회 대비를 위한 교육 체계 개편의 일환으로 고시되었고, 인재상 역시 '창의 융합형 인재'를 표방하고 있다(교육부, 2016, 25). 여기서 중요한 것은 2015 개정 교육과정 총론 해설서에 명시되어 있듯이 미래 사회가 요구하는 창의 융합형 인재 양성에 교육과정의 방향 설정과 목표를 두고 있다는 점이다. 이를 위해 2015 개정 교육과정은 그 주안점을 '인문・사회・과학기술 기초소양을 균형 있게 함양하기 위한 교육과정' 개발에 두며, 여러 교과 영역의 균형 학습을 가능하게 하는 교과목 편제 개발, 융합적 성격의 공통 과목 개발, 문・이과 칸막이의 제거를 통한 교육과정 편제 개발 등을 추진하였다(교육부, 2016, 26). 그리고 이와 같은 맥락에서 미래 사회가 요구하는 핵심 역량 함양이 가능한 교육과정을 개발하기에 이르렀다. 한편 여기서 말하는 창의 융합형 인재 역시 “바른 인성을 가지고 인문학적 상상력과 과학기술 창조력으로 새로운 지식을 창조하고 다양한 지식을 융합하여 새로운 가치를 창출할 수 있는 사람”으로 정의하며, 융합적 사고, 즉 다양한 지식과 아이디어를 연결하는 능력을 적극적으로 강조하고 있다(교육부, 2016, 42). 결국 우리나라 2015 교육과정은 역량 중심 교육과정이다. 미래 사회와 교육과정 그리고 그 안에서 핵심 역량을 담당하는 역량은 창의 융합형 인재 양성을 위한 목표 아래 유기적으로 연결된 상태이며, 이러한 철학과 기조가 2015 개정 교육과정을 개발하는 데 중요한 역할을 하였고 2022 개정 교육과정에서도 중요한 이론적 근거를 제시하고 있다고 할 수 있다.

Education 2030 프로젝트는 우리나라 교육과정에 제시된 역량 개념과 밀접한 연관이 있다. 즉 Education 2030은 우리나라 역량 기반 교육과정을 만드는 데 그 이론적 근거를 제시하고 있다. 2015 개정 교육과정에서 처음으로 역량을 제시하게 되었는데 교과와 창의적 체험 활동, 그리고 학교생활 전반에 걸쳐 학생의 실제적 삶 속에서 무언가를 할 줄 아는 실질적인 능력을 기를 수 있는 핵심 역량 6가지를 제시하였다. 총론에서 제시한 핵심 역량은 ‘자기관리 역량’, ‘지식정보처리 역량’, ‘창의적 사고 역량’, ‘심미적 감성 역량’, ‘의사소통 역량’, ‘공동체 역량’(교육부, 2015, 2) 등이다. 첫째, 자기관리 역량은 자아정체성과 자신감을 가지고 자신의 삶과 진로에 필요한 기초 능력과 자질을 갖추어 자기 주도적으로 살아갈 수 있는 능력이다. 둘째, 지식정보처리 역량은 문제를 합리적으로 해결하기 위하여 다양한 영역의 지식과 정보를 처리할 수 있는 능력이다. 셋째, 창의적 사고 역량은 폭넓은 기초 지식을 바탕으로 다양한 전문 분야의 지식, 기술, 경험을 융합적으로 활용하여 새로운 것을 창출하려는 능력이다. 넷째, 심미적 감성 역량은 다양한 가치에 대한 개방적 태도와 반성적 성찰을 통해서 자신과 타인과 사회현상들을 공감하고, 문화적 소양과 감수성을 통해 삶의 의미와 사물들의 아름다움과 가치를 발견하고 향유하며, 이를 바탕으로 질 높은 삶과 행복을 누릴 수 있는 능력이다. 다섯째, 의사소통 역량은 다양한 상황에서 자신의 생각과 감정을 효과적으로 표현하고 다른 사람의 의견을 경청하며 존중하는 능력이다. 마지막으로, 공동체 역량은 지역·국가·세계 공동체의 구성원에게 요구되는 가치와 태도를 가지고 공동체 발전에 적극적으로 참여하는 능력이다. 그리고 각 교과에서는 총론에서 제시한 6가지 핵심 역량과 연계해서 교과의 특성에 맞는 교육과정을 운영하도록 하고 있다.

또한 2022 개정 교육과정에서는 미래 사회가 요구한 그리고 미래 사회 변화에 대응할 수 있는 기초소양과 역량 함양을 위한 교육과정으로 개선할 것을 강조하고 있다. 미래 사회의 불확실성에 대응할 수 있는 기본 역량 및 변화대응력을 키워주는 교육 체제를 구현하고 미래 사회 역량 함양이 가능한 교육과정을 개발하고 학습자 주도성(student agency)을 강화하여 모든 학생의 개별 성장 맞춤형 교육과정을 구현하는 동시에 교육 주체 및 국민과 함께하는 현장 적응성 높은 교육과정 개발 체제를 구축하고자 하는 교육과정 개정 방향을 제시하고 있다. 2022 개정 교육과정에서는 OECD Education 2030에서 강조하고 있는 학생 주도성(student agency) 및 변혁적 역량(transformative competencies)[2]을 바탕으로 창의성과 문제 해결력의 새로운 가치를

2) DeSeCo 프로젝트에서는 핵심 역량이라는 용어를, Education 2030 프로젝트에서는 변혁적 역량이라는 용어로 사용하고 있다.

창조하고, 협동, 공감, 갈등 관리의 긴장과 딜레마를 해소하며, 책임성과 시민성을 가질 수 있는 능력을 함양하고자 한다(교육부, 2021, 2-13). 변혁적 역량의 하위 범주를 다음과 같이 구체화할 수 있다(이상은, 2019, 137-138). 첫째, '새로운 가치 창출하기'는 잘 알고 책임감 있게 행동함으로써 혁신할 수 있는 능력이자 진취적으로 이끌고 갈 수 있는 능력을 가리키는 것으로 이는 혁신이 매우 중요한 요소로서 포용적 성장과 지속 가능한 발전을 가능하게 하는 토대가 된다. 둘째, '긴장과 딜레마 조정하기'는 상호의존성이 더욱 커질 것으로 예상하는 미래 사회에서 학생들이 경합하거나 모순적이거나 혹은 양립 불가능한 요구에 직면했을 때 균형을 잡을 수 있는 능력과 관련된다. 즉 긴장, 딜레마, 갈등 상황에 대처할 수 있는 능력을 가리킨다. 셋째, '책임감 갖기'(taking responsibility)는 행위의 윤리적 측면을 강조하고 있다. 이것을 강조하는 배경에는 새로운 변화, 다양성, 모호함, 불확실성 등의 특징을 보이는 미래 사회에 대응하고 새로운 도전과제를 책임감 있게 처리하기 위해서 학생들이 자신에 대해 생각할 뿐만 아니라 타인과 함께 협력할 수 있어야 한다는 문제의식이 깔려있다. 특히 Education 2030에서 강조하고 있는 학생 주체성과 관련이 있다. 이는 무엇보다 학생 스스로 목적의식을 가지고 자신이 세운 학습 목표에 도달하기 위해 적극적으로 시간과 노력을 투자하며, 여러 선택 사항을 반성적 사고를 통해 스스로 결정하고 최종적으로 자신의 선택에 스스로 책임을 지는 태도를 의미한다.

결국 2015 개정 교육과정에서의 역량과는 달리 2022 개정 교육과정에서의 역량, 즉 학습자 중심 교육에서 강조하고 있는 역량은 학습을 통해 학습자의 삶과 통합되어 일어나는 총체적인 변화로 역량 개념을 새롭게 설계할 필요를 제시함으로써 역량을 강조하는 교육은 '학생이 무엇을 아는가'보다는 알고 있는 것을 기초로 '무엇을 실제로 할 수 있는가'에 초점을 맞춤으로써 학습 경험의 질을 제고하는 데 있다. 2022 개정 교육과정은 자기 주도성, 창의와 혁신, 그리고 포용성과 시민성을 추구하는 인간상, 즉 포용성과 창의성을 갖춘 주도적인 사람을 바탕으로 핵심 역량과 교육 목표를 개선하고자 한다. 즉 우리 교육이 지향해야 할 가치와 교과교육 방향과 성격에 대한 개념적 틀에 기초하여 핵심 역량(교육부, 2021, 13)을 체계화하고자 한다. 우리나라 2015 개정 교육과정과 2022 개정 교육과정에 영향을 미친 DeSeCo 프로젝트와 Education 2030 프로젝트에서의 역량을 비교하면 다음의 〈표 1〉로 정리할 수 있다(교육부, 2021, 13).

〈표 1〉 OECD 역량의 비교

기준	DeSeCo 프로젝트	Education 2030 프로젝트
비전	개인의 성공	개인과 사회의 웰빙(well-being)
용어	핵심 역량	변혁적 역량
역량 개념	지식과 기능뿐만 아니라 태도, 감정, 가치, 동기와 같은 요소들을 동원하여 특정 맥락의 복잡한 요구를 성공적으로 충족시킬 수 있는 능력	복잡한 요구를 충족시키기 위해 지식, 기능, 태도와 가치를 동원하는 능력으로 이러한 요소들을 포괄하는 총체적 개념
목표	성찰	학생 행위 주체성

Ⅳ. 도덕과와 역량 기반 교육

우리나라에서는 역량 기반 교육이 역량 중심 교육과정에 도입됨으로써 교육과정의 총론뿐 아니라 각 교과 역시 역량을 설정하게 되었다.

도덕과의 핵심 역량은 자기 존중 및 관리 능력, 도덕적 사고 능력, 도덕적 대인 관계 능력, 도덕적 정서 능력, 도덕적 공동체 의식, 윤리적 성찰 및 실천 성향 등이다. 첫째, 자기 존중 및 관리 능력은 자신을 존중하고 사랑하는 토대 위에서 자주적인 삶을 살고 자신의 욕구나 감정을 조절하며 이겨낼 수 있는 역량이다. 둘째, 도덕적 사고 능력은 일상의 문제를 도덕적으로 인식하고 도덕적 판단 및 추론의 탐구과정을 거쳐 타당한 근거를 가지고 옳고 그름을 분별할 수 있는 역량이다. 셋째, 도덕적 대인 관계 능력은 의사소통 과정에서 타인의 도덕적 요구 인식 및 수용과 이상적인 의사소통 공동체를 지향하면서 타인과 더불어 살아갈 수 있는 역량이다. 넷째, 도덕적 정서 능력은 도덕성을 전제로 자신 및 타인의 감정을 인식하고 배려할 수 있는 역량이다. 다섯째, 도덕적 공동체 의식은 도덕규범과 정서 및 유대감을 근간으로 자신이 속한 다양한 공동체의 구성원으로서의 소속감을 갖고 살아갈 수 있는 역량이다. 여섯째, 윤리적 성찰 및 실천 성향은 일상 세계에서 자신의 삶을 윤리적으로 성찰하는 토대 위에서 도덕적 가치와 규범을 지속으로 실천할 수 있는 역량이다. 도덕과에서 제시한 6가지 교과 역량은 2015 개정 교육과정의 방향을 반영하면서도 총론 수준에서 설정한 인재상을 도덕과의 측면에서 접근해서 도출한 것으로 볼 수 있고 도덕적인 수준에서 창의 융합형 인재를 양성하기 위하여 도덕적 사고와 정서 그리고 행동을 위한 지식과 가치 및 태도, 기능이 통합적으로 제시되어 있음을 알 수 있다. 따라서 교육과정 총론에서의 핵심 역량과 교과에서의 역량은 결과적으로 교육과정과 각 교과에서 미래 사회를 대비해서 학생들이 갖추어야 할 중핵적인 자질 혹은 능력이라 할 수 있다. 역량을 반영하고 있는 2015 개정 교육과정이 교육 현장에 적용되면서 더 명료하고 체계적인 역량 기반 교육과정에 대한 요구가 제기되고 있다.

도덕과 교과 역량을 함양하기 위해서 어떤 교육적 방안이 마련되어야 하는가? 다음의 두 가지 조건(신호재, 2020, 70)을 만족시킬 필요가 있다. 첫째, 학생들이 도덕적 지식 혹은 내용의 단편적 측면이 아닌 다양한 측면을 다양한 차원과 수준에서 학습하는 것이 가능하도록 도덕과 이외의 교과들과 적극적으로 의사소통해야 한다. 이는 도덕과의 입장에서 창의 융합형 인재를 양성하는 것과 관련이 있다. 둘째, 학생들이 도덕적 지식 혹은 내용을 학습할 때 삶과의 밀접성을 높일 수 있도록, 즉 관련성을 강조하는 맥락화된 도덕과 교육이 이루어질 수 있도록 해야 한다. 이는 도덕과의 교과 역량이 그 목표에 따라 적용되어야 하는 방향과 관련이 있다. 따라서 어느 특정 방안이 이 둘을 동시에 만족시킨다면 그것은 도덕과 교과 역량 함양에 기여하는 것이라고 할 수 있다.

2022 개정 도덕과 교육과정의 성격(박병기, 2022, 19)은 도덕 교과는 학생들의 도덕성을 함양하여 보다 나은 삶과 사회를 지향하게 하는 데 도움 주기 위한 교과로서 특히 인성교육과 시민교육을 중심축으로 형성해야 한다는 요청을 받고 있다. 따라서 도덕 교과는 바람직한 인성을 함양하기 위한 핵심 교과임과 동시에 시민의 도덕성과 역

량을 길러주기 위한 시민교육이 중핵 교과라는 위상과 역할을 부여받고 있다. 2022 개정 도덕과 교육과정의 성격에서 규정하고 있는 바와 같이 시민의 도덕성과 역량을 길러주기 위한 시민교육의 중핵 교과라는 점을 분명히 밝히고 있다. 그리고 도덕과의 목표(박병기, 2022, 20)를 살펴보면 다음과 같다. 도덕 교과의 목표는 도덕성 함양을 통한 도덕적 인간의 지향이다. 이 목표는 동시에 그 도덕적 인간이 함께 살아가야 하는 사회를 보다 정의로운 시민사회로 만들고자 하는 지향을 포함하고 있다. 따라서 도덕과는 교사와 학생이 도덕 수업이라는 시·공간을 통해 사회적 차원의 도덕 현상에 관한 탐구와 자기 내면의 도덕성에 관한 성찰, 일상의 성찰이라는 세 요소로 구성되는 도덕함의 과정을 공유함으로써 일상 속 실천과 성찰의 연속성을 확보하는 것을 목표로 한다. 이는 도덕적 지식의 비판적 이해와 수용, 도덕 판단 역량의 습득, 도덕적 가치·태도의 함양 등과 같은 구체적이고 연속적인 과정의 공유를 통해서 가능하다. 이를 위해 다음의 역량을 기르는 것을 네 가지 영역[3]과 관련해서 도덕과의 구체적인 목표로 두고 있다(박병기, 2022, 20). 첫째, 자신과의 관계에서 스스로에 대한 정당한 인식을 토대로 도덕적 감성을 갖춤으로써 일상의 도덕 생활에 관한 성찰과 이를 기반으로 하는 실천 역량을 기른다. 둘째, 타인과의 관계에서 사회적 규범으로 존재하는 도덕을 탐구함과 동시에 그 도덕과 내면의 도덕성 사이의 관계를 성찰하여 일상의 실천으로 연결하는 역량을 함양한다. 셋째, 사회 및 공동체와의 관계에서 민주시민으로

3) 2022 개정 도덕과 교육과정에서는 내용 체계의 영역을 자신과의 관계 영역, 타인과의 관계 영역, 사회·공동체와의 관계 영역, 자연과의 관계 영역으로 나누고 있고 영역별로 그에 따른 실천 역량을 각각 강조하고 있다.

서 필요한 비판적 사고와 배려를 토대로 민주적 가치·덕목과 규범을 함양하여 실천할 수 있는 도덕적 역량을 함양한다. 넷째, 자연과의 관계에서 기후 위기로 상징되는 현재의 관계 맺기 방식에 관한 비판적 성찰을 토대로 바람직한 자연관 모색 등을 통해 새로운 관계 설정이 가능할 수 있는 태도와 실천 역량을 기른다. 2022 개정 도덕과 교육과정의 성격과 목표에 따른 내용 체계를 살펴보면 〈표 2〉로 정리할 수 있다.[4)]

〈표 2〉 자신과의 관계

<table>
<tr><th>핵심 아이디어</th><td colspan="3">• 자기 존중은 성실한 태도를 길러 바른생활을 이끈다.
• 성실은 자주적 태도를 강화하여 도덕적 성장을 촉진한다.
• 인간은 자신에 대한 이해와 도덕 정체성을 바탕으로 의미 있는 삶을 지향하는 성실의 태도를 갖추어야 한다.</td></tr>
<tr><th rowspan="2">범주</th><th colspan="3">학 년 군</th></tr>
<tr><th>3~4학년군</th><th>5~6학년군</th><th>중학교</th></tr>
<tr><th>지식·이해</th><td>• 나는 왜 소중한 사람인가?
• 왜 착한 행동을 해야 하는가?
• 왜 성실하게 생활해야 하는가?
• 정직은 왜 중요한가?</td><td>• 자주적 삶은 무엇인가?
• 자기반성은 왜 중요한가?</td><td rowspan="2">생략</td></tr>
<tr><th>과정·기능</th><td>• 자신을 탐구하여 자기 인식하기
• 바르고 착한 행동 계획하기
• 자신의 생활 점검하여 개선하기</td><td>• 자신의 생활계획 세우기
• 자신의 삶 설계하기
• 자신의 생활 점검하여 성찰하기</td></tr>
</table>

4) 2022 도덕과 교육과정의 내용 영역은 자신과의 관계, 타인과의 관계, 사회·공동체와의 관계, 자연과의 관계 등 4가지 영역인데 이 중 자신과의 관계를 중심으로 정리하였다(이경원, 2022, '2022 개정 교육과정 초등학교 도덕 시안 개발 연구 관련' 소고, 2022 개정 도덕과 교육과정 시안 개발 연구 토론회 발표문, 24쪽). 시안이기 때문에 추후 수정 보완될 가능성이 있음.

범주	학 년 군		
	3~4학년군	5~6학년군	중학교
가치 · 태도	• 자신을 소중히 하는 태도 • 바르게 행동하려는 자세 • 성실한 태도	• 주체적인 삶의 태도 • 반성하는 태도	

〈표 2〉에서 보는 바와 같이 2022 개정 도덕과 교육과정은 앞에서 언급한 DeSeCo 프로젝트와 Education 2030 프로젝트, 특히 Education 2030과 관련된 역량 기반 교육과 매우 밀접한 관계가 있음을 알 수 있다. 그 구체적인 내용을 살펴보면 다음과 같다. 첫째, 핵심 아이디어라는 용어와 관련된 것이다. 핵심 아이디어라는 용어에 대해선 논란이 많기는 하지만 DeSeCo 프로젝트와 Education 2030 프로젝트에서 언급한 핵심 역량 그리고 변혁적 역량 개념과 밀접한 관련이 있다고 할 수 있다. 변혁적 역량이란 앞에서 복잡한 요구를 충족시키기 위해 지식, 기능, 태도와 가치를 동원하는 능력으로 이러한 요소들을 포괄하는 총체적 개념으로 설명할 수 있는 것처럼 자신과의 관계에서 학생들이 수행해야 할 가장 포괄적이고 핵심적인 개념이라 할 수 있다. 특히 Education 2030에서의 역량에 관해서 복잡한 요구를 충족시키기 위한 지식, 기능, 태도 및 가치를 동원하는 능력이라고 정의하고 변화의 주체(student agency)가 되는 미래지향적 교육과정 설계 시 학생들은 '지식', '기능', '태도 및 가치' 등의 구성요소를 폭넓게 함양할 필요가 있다고 주장한 것과 일맥상통한다. 즉 핵심 아이디어 하위에 2022 개정 도덕과 교육에서는 지식·이해, 과정·기능, 가치·태도로 범주화한 것을 통해서도 알 수 있다.

둘째, 학생 주체성(student agency)과 관련된 부분이다. 학생 주체성은 Education 2030 프로젝트의 주체이면서 목표라 할 수 있다. 학생 주체성은 학습자 주도성이라고도 할 수 있는데 이는 학습자가 자신의 삶과 학습을 주도적으로 설계하고 구성하는 능력으로 미래 사회에 변화의 주체가 될 수 있도록 하는 것을 강조하고 있다. 특히 2022 개정 도덕과 교육과정의 내용 체계의 자신과의 관계 영역은 도덕 생활의 기초이자 출발점으로 학습 주체자인 학습자가 자기 자신과의 관계를 탐구하여 주체로서의 자기 자신에 관한 도덕 생활을 분명히 하는 것을 내용으로 하는 영역이다. 학습 주체자가 자신과의 관계 영역에서 가치 관계 확장법에 따라 타인과의 관계, 사회・공동체와의 관계, 자연과의 관계 영역까지 그 영역을 확대할 수 있다.

셋째, 민주 시민교육 역량 강화이다(이경원, 2022, 39). 도덕교육 자체가 민주 시민교육이라 할 수 있지만, 좀 더 직접적으로 내용을 선정하고 조직을 고려한 내용은 민주 시민교육 강화 차원에서 자신과의 관계 영역에서 자기 존중과 자주적인 삶을 강조하여 주체적인 시민으로 자라도록 하였다. 타인과의 관계 영역에서도 차이 존중, 공감, 배려 등의 내용을 선정하고 조직하여 타인 존중을 바탕으로 상호 존중을 실천하도록 하였다. 사회・공동체와의 관계 영역에서 인권 존중, 공정 사회, 민주 공동체 규칙 등을 강조하여 민주 시민교육을 이끄는 교과로서의 위상을 강화하려고 하였고 가치・태도와 당위성 탐구를 통하여 학습자가 스스로 터득하고 실천하여 민주시민 역량을 기르도록 하였다.

마지막으로, '지식・이해', '과정・기능', '태도 및 가치' 등의 내용 체계이다. 이는 Education 2030에서의 역량과 관련해서 지식, 기능,

태도 및 가치를 동원하는 능력과 밀접한 관련이 있다. 이러한 세 가지 범주는 도덕과에서 강조하고 있는 통합적인 접근인 인지, 정의, 행동 기능 요소들과도 유사하다. 즉 이해는 인지 수행, 공감과 같은 정의적 수행, 실천 행동 차원이 모두 포함되어 있다고 할 수 있다.

V. 결론

역량 개념과 역량 기반 교육의 이론적 근거를 OECD 역량 프로젝트와 연관해서 살펴보았다. DeSeCo(Definition and Selection of Competencies) 프로젝트와 The Future of Education and Skills: The OECD Education 2030 프로젝트는 역량 기반 교육의 실질적인 토대를 제공해 주고 있다. 이러한 프로젝트들은 미래를 대비하는 우리나라 교육과정에서의 역량 강화를 위한 학습 경험의 질을 개선하는 데 많은 도움을 주었다는 것은 부정할 수 없는 사실이다. 그리고 도덕과 교육과정에서 학생들이 실질적인 학습을 수행하는 데도 많은 영향을 주고 있다.

역량 기반 교육이 교육과정과 도덕과 수업에 실질적인 도움을 제공했음에도 불구하고 다음과 같은 비판적 관점도 함께 고찰할 필요가 있을 것이다. 첫째, 우리나라 교육과정의 자주성의 문제이다. OECD 역량 프로젝트가 우리나라뿐 아니라 세계 각국의 교육 현장에 상당한 영향력을 미친 것은 사실이지만 각국의 교육 현상 및 상황이 다르기 때문에 이런 프로젝트를 일방적으로 적용한 것은 그 선의에도 불구하고 교육의 자주성을 침해할 수 있지 않을까 하는 우려가 되는 것도 사실이다. 둘째, 역량 기반 교육이 결과를 목표로 한다는 점이다. 역량 기반 교육이라는 용어 사용 자체가 역량 함양이라는 결과를 목표로 내세우고 그것을 실현하는 과정에 초점을 맞추고 있다는 점에서 결과 위주의 교육관이란 관점에서 벗어나기 어렵지 않는가 하는 비판에도 관심을 기울여야 할 것이다. 마지막으로, 도덕과 2015 교육과정의 교과 역량과 2022 교육과정에서의 핵심 아이디어와 하위 범주인 '지식 · 이해', '과정 · 기능', '태도 · 가치' 등의 내용 체계에 관한 충분한 이해가 전제되지 못한 채 교육과정에 적용되었을 경우 현장의 혼란도 염두에 둘 필요가 있다.

참고문헌

교육부(2015), 『2015 개정 교육과정 총론』, 교육부.

교육부(2016), 『2015 개정 교육과정 총론 해설』, 발간등록번호 1111-1342000-000188-01.

교육부(2021), 『국민과 함께하는 미래형 교육과정 추진 계획(안)』, 교육부.

교육부(2021), 『더 나은 미래, 모두를 위한 교육 2022 개정 교육과정 총론 주요 사항(시안)』. 교육부.

박병기(2022), 『2022 개정 도덕과 교육과정 시안 개발 연구 토론회 발표문』.

신호재(2020), 도덕과 교과 역량 함양을 위한 융합 교육 연구 방안 연구 – 프로젝트 접근을 중심으로 –, 『초등도덕교육』 제68집, 한국초등도덕교육학회.

이경원(2022), '2022 개정 교육과정 초등학교 도덕 시안 개발 연구 관련' 소고, 2022 개정 도덕과 교육과정 시안 개발 연구 토론회 발표문.

이사영(2019), "OECD DeSeCo 및 Education 2030 프로젝트 일 고찰: 학교교육에 주는 시사", 『서울교육대학교 교육전문대학원 석사학위논문』.

이상은(2019), OECD Education 2030에 나타난 역량교육의 주요 특징 및 시사점: 2015개정 교육과정과의 비교를 중심으로, 『비교 교육 연구』 제29권 제4호, 한국비교교육학회.

이슬기, 서은숙, 김형렬(2021), 다문화 역량 개념 도출을 위한 델파이 조사 연구, 『도덕윤리과교육연구』 72, 한국도덕윤리과교육학회.

허지원(2021), '역량기반 교육'개념 체제의 이해와 조건 탐색을 통한 과제 제시, 『핵심 역량교육』 제6권 제1호, 한국핵심역량교육학회.

제12장 인성 함양을 위한 도덕 일기 쓰기*

Ⅰ. 서론

2015 개정 도덕과 교육과정에서는 도덕 교과가 인성교육의 핵심 교과이며 주관 교과임을 밝히고 있다. 2022 개정 도덕과 교육과정에서도 도덕 교과는 특히 인성교육과 시민교육을 중심축으로 형성해내야 한다는 요청을 받고 있고, 따라서 도덕 교과가 바람직한 인성을 함양하기 위한 핵심 교과임과 동시에 시민의 도덕성과 역량을 길러주기 위한 중핵 교과라는 위상과 역할도 함께 부여받고 있다. 이것은 시민사회에서 개인의 바람직한 인성이 시민으로서 갖추고 있어야 할 도덕성과 기본 역량의 토대이고, 시민의 역량 또한 인성을 기반으로 삼아 정치·경제적 역량 등으로 확장될 수 있기에 도덕 교과는 모든 교과와의 긴밀한 연계를 전제로 인성교육의 핵심 교과임과 동시에 시민교육의 중핵 교과로서 역할을 다할 수 있어야 한다고 강조한다. 그러나 이러한 인성교육의 핵심적인 역할을 감당해야 할 도덕 교과의 교육 현실은 어떠한가.

---

* 이 글은 현장중심초등교육연구 4권 2호(대구교육대학교 초등교육연구소, 2022)에 실린 논문을 수정·보완한 것임.

현재 초등학교의 도덕과 수업은 주당 1시간에 불과하다. 주당 1시간의 수업으로는 완벽한 도덕 수업을 할 수 없다. 더구나 인성교육까지 감당하기에는 역부족이다. 도덕 수업뿐 아니라 인성교육까지 감당해야 하는 것은 도덕 이론을 연구하는 도덕교육 전문가든지 그 이론을 수업에 적용하는 현장 교사이든지 간에 뾰족한 대안을 제시할 수 없는 상황이다. 아무리 좋은 수업방식을 가지고 있고 이론적인 근거를 제시하더라도 주당 1시간의 수업으로는 도덕과 수업의 완전한 모습을 담아내기는 역부족이다. 도덕과 교육과정에서도 이 점을 고려하여 타 교과와의 통합 수업을 할 것을 권고하기도 하고, 정규 수업 이외의 창의적 체험 활동이나 재량 시간, 혹은 아침과 오후의 자투리 시간 등을 활용하기도 하지만 이것 역시 활용도가 그리 높지 않을 것이라는 짐작이다. 도덕과 수업은 이러한 내·외적 어려움 등으로 인해 실질적이고 충실한 수업을 하기 어려운 구조이다. 정규적인 도덕과 수업의 어려움이 존재하고 있고 주당 1시간의 수업조차도 알차게 운영하기 어려운 상황에서 인성교육까지 감당하기가 쉽지 않다.

학교 교육과정 전반에 걸쳐 인성교육을 강화해야 한다는 교육 현장의 요구에 따라 모든 교과에서뿐 아니라 창의적 체험활동 영역에서도 일정 시간을 확보하여 필수적으로 인성교육을 실시하고 있다. 이러한 영향으로 모든 교과의 교육 활동에 인성의 핵심 가치·덕목과 역량이 구체적으로 반영되고 있다(양정실 외, 2014, 28-58). 예를 들면, 국어과의 경우는 존중, 배려, 책임, 참여와 협동, 공감, 대화와 소통 능력, 갈등 해결 능력, 정의, 성찰 등을 가치·덕목과 인성 역량으로 선정하고 있으며, 사회과의 경우에는 인권, 정의, 참여, 공감, 관용, 갈등 해결력, 문제 해결력 등을 가치·덕목과 인성 역량으로 선정하고 있고,

음악과의 경우는 음악적 감수성, 존중, 배려, 자율과 책임, 참여와 협동, 소통 능력, 정의 등을 가치·덕목과 인성 역량으로 선정하고 있다. 그 외 교과들도 그 교과의 특성에 맞게 가치·덕목과 인성 역량으로 선정하고 있다. 이렇듯 모든 교과에서 가치·덕목과 인성 역량으로 선정하고 있다는 점에서는 인성교육의 활성화 및 강화에 도움이 되겠지만 인성교육을 배우고 가르치는 교사에게는 혼란만 가중하고 있다는 점도 유의해야 할 것이다. 특히 모든 교과를 가르치고 있는 초등학교 교사의 경우에는 모든 교과에서 인성교육의 방향과 방법이 다르기에 어려움이 가중될 수밖에 없다.

이러한 학교 현장, 특히 초등학교 현장에서 인성교육의 어려움은 그 강조에도 불구하고 실제로는 어려움이 산재해 있다. 그렇다면 이러한 학교 현장에서의 어려움을 해소하는 방법을 찾는 것이 앞으로의 과제다. 이러한 어려움은 인성교육의 핵심 교과와 주관 교과인 도덕과를 통해서 그 해소방안을 찾아야 할 것이다. 특히 예비교사는 이러한 학교 현장의 어려운 상황과 도덕과와 타 교과에서 인성교육을 실시해야 한다는 부담을 가질 수밖에 없다. 물론 도덕과는 도덕수업과 인성교육을 동시에 만족시키는 방안을 마련하기 위한 노력 역시 계속 이어져 왔다. 이러한 대안 마련의 구체적인 노력이 도덕과 교육과정을 통해서 제시되어왔다. 그렇다면 도덕과 교육과정에서 도덕과 인성교육의 의미와 그 이론적 배경에 대해서 살펴보고 도덕과 수업뿐 아니라 학교 활동 속에서 인성교육, 특히 학생들의 인성 함양을 위한 방안을 제시하고자 한다. 따라서 도덕 일기 쓰기를 통해 예비교사와 교사는 학생들의 인성 함양을 위한 방향 및 방법에 대한 시사점을 제공받을 수 있을 것이다.

Ⅱ. 도덕과 교육과정에서의 인성교육

1. 7차 도덕과 교육과 인성교육

도덕과 교육과정에서 처음으로 7차 개정 교육과정에서 인성교육에 관해서 언급하고 있다. 7차 개정 도덕과 교육과정 구성의 기본 방향에서 도덕과 교육은 "일상생활에 필요한 기본 습관과 생활 예절 및 기본적인 도덕규범을 가르쳐, 바른 인성을 지닌 민주시민으로서의 건전한 도덕성, 유덕한 인성의 토대를 튼튼히 하는 데 주력"(교육부, 2001, 15)하는 교과임을 밝히고 있다. 7차 교육과정은 1995년 교육개혁위원회의 신교육 체제 수립을 위한 교육 개혁의 일환으로 학교급별에 따라 체계적인 인성교육을 실시할 것을 최초로 제시하고 있다. 특히 초등학교 단계에서는 건전하고 바른 인성의 함양을 위해서 기본적인 예절과 공중도덕, 기본 생활 습관 교육의 필요성을 강조함으로써 우리 사회의 기본적인 도덕적 가치, 규범을 가르쳐 바람직한 인성을 지닌 민주 시민으로서 도덕적 자질과 품성을 함양하는 방향으로 그 목표를 제시하고 있다. 이처럼 바람직한 인성의 기초를 함양하기 위해서 도덕교육은 종래의 인지적 접근을 포괄하면서 정의적이고 행동적인 영역을 함께 함양하는 통합적인 인격 교육적 접근 혹은 덕 중심의 교육적 접근을 시도했다. 종래의 초등 도덕교육이 행동을 출발점으로 삼았음에도 불구하고 학년이 올라갈수록 인지적 접근을 강조하는 폐단을 지양하려고 하였다. 따라서 정의적 영역과 행동적 영역이 인지적 영역 못지않게 중요하다는 것을 강조하기 위해서 인지적 접근을 한 후에 그것이 자율적으로 정의적 측면에서 수용되고, 나아가 자율적으로 행동적 측면에서 실천될 수 있는 방향으로 도덕 교과를 개발하려고 노력하였다. 그러나 여기서 강조되는 정의적이고 행동적인 영역이 인지적 영역을 무시한다는 것을 의미하지는 않는다. 오히려 그보다는 종래에 경시되는 경향이 있었던 정의적이고 행동적인 측면을 인지적 측면과 대등하거나 그 이상으로 강조하려는 것이다. 다시 말하면 도덕교육은 인지적, 정의적, 행동적 세 영역이 균형을 이루어 유기적으로 작용하여 조화로운 상태를 이루도록 하는 것이 주목적(교육부, 2001, 17)이라 할 수 있다.

7차 개정 도덕과 교육과정에서 인성교육에 관해서 강조하고 있는 것은 도덕교육 이론 중 인격교육 이론의 영향이 매우 크다. 7차 도덕과 교육과정의 이론적 근거가 곧 인격교육 이론이다. 그렇다면 인격교육 이론에서는 인성교육에 관해서 구체적으로 어떻게 설명하는지 인격교육 이론의 대표적 학자인 리코나의 입장을 중심으로 살펴보면 다음과 같다.

리코나는 학교가 인성교육[1]을 추진하기 위해서는 인성 혹은 인격, 도덕성의 통합적인 접근의 관점에서 의거해야 할 원리들을 열 한 가지로 정리하여 제안하고 있다(추병완, 1999, 538-546, 이택휘 · 유병열, 2000, 225-227). 첫째, 인성교육은 훌륭한 인성의 기초가 되는 핵심적인 가치들, 예를 들자면 배려, 정직, 공정, 책임, 자기와 타인에 대한 존중 등과 같은 가치들을 증진하는 것을 목적으로 한다. 둘째, 인성은 도덕 생활을 할 수 있는 인간 능력의 인지적, 정서적, 행동적 측면들을 포괄하도록, 그리하여 도덕적 사고와 감정과 행동이 종합적으로 길러

1) 여기서 Character Education은 인격교육으로 번역하기도 하지만 이 글의 성격에 맞게 인성교육으로 번역하기로 한다.

질 수 있도록 통합적 관점에서 정의되어야 한다. 셋째, 인성교육을 효과적으로 수행하기 위해서는 학교생활의 모든 측면에서 핵심 가치·덕목들을 증진하도록 의도적이고 적극적으로 교육에 임해야 하며, 교과 교육과 여타의 학교 교육 프로그램, 수업과 평가, 교직원들의 모범, 학교 내 규율 정책, 학교 환경의 조성, 학부모와의 관계 등을 종합적으로 고려하여 포괄적인 접근을 취해야 한다. 넷째, 바람직한 인성교육을 실행하기 위해서는 학교 자체가 훌륭한 인격을 구비해야 한다. 이를 위해 학교는 품위 있고 온정적이며 정의롭고 서로 돌보는 따뜻한 배려의 공동체가 되어야 한다. 다섯째, 학생들의 바람직한 인성을 함양하기 위해서는 도덕적 행동을 실천하면서 배우는 기회를 제공해야 한다. 이를 위해 학교는 학생들이 일상생활 속에서 구체적인 문제들과 관련지어 책임, 공정 등과 같은 가치들을 서로 논의하고 적용해 보도록 하는 한편, 협동 학습, 봉사 활동 등과 같은 활동을 통해 가치들을 구체적으로 터득하면서 실천 성향과 행동 습관들을 기르도록 돕는다. 여섯째, 효과적인 인성교육을 수행하기 위해서는 모든 학생을 존중하고, 그들이 학업과 관련하여 성공을 성취할 수 있도록 교육과정이 의미 있고 적극적인 방식으로 운영되어야 한다. 학교에서의 학습과 인성교육은 항상 상호 연결되어 있어야 하고 따라서 최선의 교육 내용과 방법 등을 충분히 연구, 개발, 적용하여 학생들의 학업 성취를 높일 수 있도록 노력해야 한다. 일곱째, 학교는 인성교육을 수행하면서 외적 보상이나 처벌 등과 같은 방식에 의존하는 것을 최소화하고 그들의 내적 동기를 유발하는 일에 최선을 다해야 한다. 학교는 학생들이 스스로 도덕 판단을 내리고 행동의 규율을 지키고 도덕 생활을 실천해감에 있어 스스로 내적 확신과 동기에 의해 이를 실행하고 경험해 갈 수 있도록 도와야 한다. 여덟째, 학교의 모든 교직원은 인성교육에 대해 책임을 공유해야 한다. 학생들의 훌륭한 인성을 기르기 위해 노력하는 교사라는 점에서는 모든 교직원이 동일하다는 인식과 자각을 갖고 생활해야 하며, 인성교육을 위해 학교에서 설정한 핵심 가치들과 규칙들을 학생들과 마찬가지로 따르고 지키면서 학교를 학습 공동체와 도덕 공동체로 만들어 가는 책임 있는 일원이 되어야 한다. 아홉째, 바람직한 인성교육을 위해 학교에 도덕적 리더십을 확립하고 실천해가지 않으면 안 된다. 학교장, 교감과 같은 학교 경영자와 주요 핵심 교사들과 여타 교사들이 인성교육의 지도자로서 적절히 기능해야 하며, 인성교육에 관한 계획을 수립하고 프로그램을 실천해 감에 있어 필요한 후원 집단들도 리더십을 발휘해야 한다. 열째, 학교는 학생들의 인성 계발을 위한 교육 활동을 전개해 나감에 있어 가정과 지역사회의 성원들을 충실한 협조자로 활용해야 한다. 이를 위해서 학교는 학부모들에게 학교 인성교육의 방향과 내용, 교육 프로그램이나 지도 방법 등을 알리고 그들의 참여와 협조를 이끄는 동시에 기업, 종교 단체 등과도 유기적이고도 협력적인 관계 속에서 통합적인 인성교육을 수행할 수 있도록 노력해야 한다. 열한 번째, 학교는 이러한 인성교육을 실행하면서 또한 그것이 제대로 이루어지고 있는지를 늘 평가하면서 교육에 임하지 않으면 안 된다. 이때 학교의 인성교육에 대한 평가는 대체로 학교 그 자체가 따뜻한 도덕 공동체로서의 인성을 지니고 있는지, 학교 교직원들이 인성 교육자로서 성숙하고 또 제대로 기능하고 있는지, 학생들의 인성이 바람직하게 성장하고 있는지 등을 대상으로 하여 이루어질 필요가 있다. 그리고 학교는 이러한 평가를 바탕으로 인성교육의 개선과 발전을 지속으로 도모해가야 한다.

이상의 인격교육 이론은 바람직한 인성교육의 방향과 학생들의 인성 함양을 위한 구체적인 방안을 제시해 주고 있고 따라서 도덕과는 인성교육의 목표 설정과 그 구체적인 실행방안 마련과 실행에 상당한 시사점을 제공하고 있다.

2. 2007 개정 도덕과 교육과정과 인성교육

2007 개정 도덕과 교육과정의 성격에서 도덕과가 다른 교과에 비해서 인성교육, 민주 시민 교육, 통일 교육, 국가 안보 교육을 강조하면서 체계적으로 실시한다(교육과학기술부, 2011, 19)고 언급하고 있다. 이와 관련해서 초등학교 도덕과는 초등학교 학생이 바람직한 인성을 지닌 민주 시민으로 자라나도록 그에 필요한 건전한 도덕성 내지 유덕한 인격의 기초를 다지는 데 진력하는 교과로서의 성격(교육과학기술부, 2011, 20)을 규정하고 있다. 이를 구체적으로 언급하면, 초등 도덕과는 인성교육과 민주 시민교육의 핵심 교과로서 학생들의 도덕적 자질과 품성의 육성에 진력하는 교과로서의 특성을 가진다. 도덕과는 자라나는 학생들이 필요한 덕들을 조화롭게 길러 유덕한 인성의 기초를 형성하는 것을 과제로 하며 이를 위해 도덕적 지혜로서의 실천지와 여러 가지 필요한 도덕적 덕들의 육성을 지향하여 덕들과 인성의 지·정·행, 세 측면에 대한 통합적 접근을 추구하고 있다. 이는 도덕과에서 다루는 가치·덕목, 도덕성과 인성 등의 개념이 지·정·행, 세 측면에 대해 통합적으로 접근할 수 있다는 점에서 궁극적으로는 동일한 의미를 가진다.

그리고 도덕과 총괄 교과 목표를 살펴보면 "자신과 타인·사회, 국가·민족 및 자연과의 관계에 대한 올바른 이해를 바탕으로, 인간의 삶에 필요한 도덕규범과 예절을 익히며, 생활 속에서 제기되는 여러 가지 도덕 문제를 합리적으로 해결해 나갈 수 있는 도덕적 사고력과 판단력, 실천 동기 및 능력을 함양하여 자율적이고 통합적인 인성을 형성한다"(교육과학기술부, 2011, 21)라고 밝히고 있다. 그리고 초등학교 도덕과 목표는 도덕성 혹은 인성을 구성하는 제 측면에 따라 배우며 익혀야 할 도덕적 요소들을 제시하고 이러한 것들을 추구함으로써 궁극적으로는 도덕과 교육을 통해 최종적으로 기르고자 하는 자율적이고 통합적인 인성의 기초를 놓고 토대를 마련하고자 한다.

2007 개정 도덕과 교육과정에서도 인성의 통합적 측면을 강조하는 동시에 궁극적으로는 통합적인 인성을 함양하는 것을 목표로 하고 있다. 이를 좀 더 구체적으로 살펴보면, 우선 인지적 측면에서는 일상생활에 필요한 도덕규범과 기본 생활 예절을 배우고 익히는 일 그리고 기본적인 도덕적 판단력을 기르는 일을 적시하고 있다. 그리고 정의적 측면에서는 공동체 속에서 다른 사람과 더불어 조화롭게 살아갈 수 있는 태도의 육성을 강조하고 있다. 여기서는 도덕적 선과 의무를 존중하고 사랑하는 도덕적 감정·정서와 이를 적극 추구하고 실현하고자 노력하는 열정·의지·태도가 포함된다. 마지막으로 행동적 측면과 관련해서는 실천 능력의 함양을 설정하고 있다. 여기서 실천 능력이라 함은 일상생활에 필요한 도덕규범과 기본 생활 예절을 실천하는 것과 도덕적 삶에 필요한 여러 가지 행위 기능과 능력을 익히고 실천하면서 습관을 형성해 가는 것, 그리고 공동체 속에서 다른 사람들과 조화롭게 살아가는 삶을 사는 것 등이 그 구체적인 예가 된다.

7차 개정 도덕과 교육과정에서는 도덕과가 인성교육의 핵심 교과로 언급되고 있지만 2007 개정 도덕과 교육과정에서는 도덕과와 연계되는 교육 활동으로만 언급될 뿐이다. 이는 2007 개정 시기의 중점 방향이 도덕과와 인접 교과와의 차별성을 갖는 교과로서의 독자성을 확보하기 위함이기에 특히 도덕과 교육과 인성교육을 구분하고자 하였다. 이 때문에 2007 개정 도덕과 교육과정에서는 인성교육이 표면적으로 드러나지 않았고 이 점이 도덕과가 인성교육을 강조할 수 없었던 한계점으로 지적될 수 있는 부분이다.

3. 2009 개정 도덕과 교육과정과 인성교육

2009 개정 도덕과 교육과정 개정의 기본 방향과 중점 사항에서 도덕과가 학교 인성교육의 중핵 교과로서 위상과 역할을 다시 한번 강조하고 있다. 2009 교육과정을 개정할 시에는 여러 가지 사회적 문제가 발생하여 학교 인성교육의 위기가 발생했던 시기였다. 이러한 사회적 요구에 부응하기 위해 인성교육의 강화가 교육의 핵심 이슈가 되었고 따라서 이러한 문제를 극복할 수 있는 교과로서 도덕과가 인성교육의 주관 교과로서 역할을 담당하게 되었다. '사람으로서 사람답게 살아가기 위해' 꼭 배워야 할 내용이 있다면 그것은 반드시 학교라는 특별한 기관에서 체계적으로 가르치지 않으면 안 된다는 요구가 제기되었다. 여기서 '사람답다'는 말의 일차적 의미는 도덕적 인간으로 살아가는 데 있다면, 도덕과라는 전문 교과를 통해 일상생활에서 인간으로서의 기본적인 도리를 실천할 수 있고, 자기 자신, 인간과 사회, 그리고 자연에 대해 도덕적인 관심을 유지하면서 반성적으로 사고할 수 있는 능력을 향상할 필요가 있다. 이런 인성교육에 대한

시대적, 사회적 요구에 따라 도덕과에서 인성교육은 공동체 구성원이 공유해야 할 '행위의 표준' 또는 '도덕적 가치의 공통 기반'을 제공하는 역할을 할 뿐만 아니라, 어느 특정 사회의 가치 체계를 초월하는 보편적 기준의 토대 위에서 도덕적 탐구와 성찰의 기회를 제공하는 역할을 한다는 점에서 인성교육의 중핵 교과로서 역할을 담당한다(교육부, 2014, 21)는 요구에 직면하게 된다. 이러한 요구에 따라 도덕과가 인성교육의 주관 교과와 핵심 교과로서 역할을 다하기 위해서 지식 중심의 교육 방법보다는 '체험·실천' 중심의 '프로젝트형 인성교육'의 교수·학습 방안을 제시하고 있다.

이상의 교육과정 개정의 기본 방향과 중점 사항을 바탕으로 2009 개정 도덕과 교육과정의 성격을 다음과 같이 규정하고 있다(교육부, 2014, 23). 도덕과의 의의와 목적, 과제 등과 관련하여 도덕 교과는 인간의 삶에 필요한 도덕규범과 예절을 익히고, 인간과 사회, 자연·초월적 존재와의 관계 속에서 올바른 도덕적 책임과 의무를 이해하며, 다양한 도덕 문제에 대한 민감성과 사고력 및 판단력을 향상하고 도덕적 앎을 실천으로 연결할 수 있는 실천 동기 및 능력을 함양하여, 개인의 바람직한 가치관 확립과 나아가 우리 사회와 세계의 발전에 기여하는 교과이다. 이를 위해 도덕과는 학생들이 다양한 도덕 문제에 대한 성찰과 탐구를 통해 올바른 판단 능력과 도덕적 덕성 및 바람직한 가치관을 확립하여 각자 자율적이고 통합적인 인성을 확립하도록 교육하는 데 역점을 둔다.

2009 개정 도덕과 교육과정에서의 도덕과는 이미 총론에서 강조하고 있는 창의·인성교육을 도덕과 교육과정에 반영하고, 이를 위해 인성 핵심 역량 강화를 위한 학습 내용을 성취 기준에 도입하고, 프로

젝트형 인성교육의 다양한 접근법을 활용하여 인성 핵심 역량을 효과적으로 함양하는 데 중점을 두고 있다. 특히 초등 도덕과는 인성교육과 민주 시민교육의 핵심 교과로서 학생들이 도덕적 자질과 품성의 육성에 진력하는 교과로서의 특징을 가지고 있다. 다시 말하면 초등 도덕과는 학생들이 필요한 덕들을 조화롭게 길러 유덕한 인성의 기초를 형성하도록 돕는 것을 과제로 하며, 이를 위해 도덕적 지혜로서의 실천지와 여러 가지 필요한 도덕적 덕들의 육성을 지향하는 가운데 덕과 인성의 지·정·행, 세 측면에 대한 통합적인 접근을 추구한다. 그렇게 함으로써 도덕과는 도덕적 주체로서 더불어 살아가는 바른 인성과 그 핵심 역량을 효과적으로 함양할 수 있는 인성교육의 주관 교과이며 핵심 교과의 성격을 수행하게 되는 것이다. 2009 개정 도덕과 교육과정의 성격뿐만 아니라 목표에서도 종국적으로 학생들의 자율적이며 통합적인 인성 형성, 특히 초등 도덕과는 인성의 기초를 놓고 토대를 마련하는 것을 목표로 하고 있다.

2009 개정 도덕과 교육과정에서는 이전의 교육과정보다 체계적이고 구체적으로 주관 교과와 핵심 교과로서의 도덕과를 규정하고 있다. 이런 배경에는 당시에 학교 폭력·왕따 등의 문제로 인해 여러 가지 걱정스러운 현상들이 많이 일어나면서 학교에서 발생하는 폭력 사건을 심각한 문제로 인식하고 이에 대한 근본적인 대책 마련이 필요하다는 사회적 공감대가 형성되었다. 이러한 심각한 상황에 근본적으로 대처하는 방안으로 도덕과 교육과정에서 학생들의 바른 인성 함양을 통해 학교 폭력을 미연에 방지하자는 차원에서 2009 교육과정에서 창의·인성교육을 강화하게 되었고 특히 도덕과가 이를 적극 반영하게 되었다.

그러나 인성교육의 중요성과 필요성이야 아무리 강조해도 지나치지 않지만 2009 개정 도덕과 교육과정에서 인성교육을 강조하는 이유가 석연치 않다. 학교 현장에서 여러 가지 문제들이 발생한 후에 인성교육의 필요성이 제기되는 것은 인성교육에 있어 선후 관계가 바뀐 느낌이 없지 않다. 이미 도덕과는 7차 교육과정에서부터 인성교육을 강조하고 있었고 인성교육을 위한 나름의 방안들을 제시하고 있음에도 불구하고 2009 개정 도덕과 교육과정에서 비로소 인성교육을 강조하는 것이 시류에 편승하고 있다는 어쩐지 어색한 면이 없지 않다. 한편 2009 교육과정의 총론에서 창의·인성교육을 강화하려는 방안이 오히려 인성교육을 소홀히 하는 결과를 가져올 수 있다는 점도 고려할 만하다. 창의성과 인성을 함께 강화하겠다는 취지는 충분히 공감이 가지만 정책의 초점이 창의성 교육에 무게 중심을 두고 있음을 부인할 수 없다. 도덕과는 인성교육을 바탕으로 창의적인 인간을 교육하는 것, 즉 창의성은 올바른 인성과 도덕성의 바탕 위에서 길러져야 한다는 점에서 본다면, 창의성과 인성의 동반 상승효과를 기대하는 것은 어떤 근거에서 주장된 것인지 알 수 없고 오히려 인성교육을 소홀히 하는 결과를 가져올 수도 있다는 문제점도 고려할 여지가 있다(조난심, 2010, 11).

4. 2015 개정 도덕과 교육과정과 인성교육

2015 개정 도덕과 교육과정은 '인성을 갖춘 창의 융합형 인재 양성'이라는 목표를 지닌 2015 교육과정의 기본 정신에 부응하여 2015 개정 도덕과 교육과정에서는 특히 학교 현장의 실효성 있는 인성교육을

추구하는 과제에 초점을 맞추고 있다. 이는 인성교육의 중심 교과로서의 위상을 유지해 온 도덕과가 좀 더 적극적이고 체계적으로 학교 인성교육을 이끌어 갈 중심축이 될 수 있도록 하는 것이 교육과정 개정의 기본 방향 중 하나라 할 수 있다(교육부, 2019, 36). 이러한 도덕과 교육과정의 기본 방향을 뒷받침해 줄 수 있는 근거를 2015 개정 도덕과 교육과정의 성격과 목표에서 다음과 같이 분명하게 규정하고 있다. "도덕 교과는 학교 인성교육의 핵심 교과이다. 도덕과는 도덕적인 인간과 정의로운 시민이라는 인간상을 지향하며 21세기 한국인으로서 갖추고 있어야 할 인성의 기본 요소인 핵심 가치를 확고하게 내면화하고, 학생의 경험 세계에서 출발하여 자신을 둘러싼 도덕 현상을 탐구하고 내면의 도덕성을 성찰함과 동시에 자신의 삶 속에서 실천하는 과정을 추구하는 '도덕함'의 시간과 공간을 제공하는 교과이다."(교육부, 2019, 38)

2015 개정 도덕과 교육과정의 성격에서 밝히고 있는 바와 같이, 도덕과는 학교 인성교육의 핵심 교과임을 밝히고 있고, 인성의 기본 요소인 핵심 가치, 즉 성실, 배려, 정의, 책임을 분명히 하고 있다. 여기서 핵심 가치라고 하는 것은 학교 도덕과 교육을 통해 학생들에게 길러주려는 바람직한 자질, 성향, 품성 등의 중핵을 표상하는 것이다(교육부, 2019, 43 참조). 도덕과는 성실, 배려, 정의, 책임이라는 네 개의 핵심 가치를 내면화함으로써 인성의 기본 요소를 갖추게 함과 동시에 도덕적인 삶을 자율적으로 이끌어 갈 수 있는 자율성과 책임성을 길러주고자 하는 실천적 성격의 교과로서의 특성을 보여주고 있다. 도덕과는 인성의 기본 요소를 네 개의 내용 영역과 관련해서 구체적으로 활용할 수 있는 방안을 다음과 같이 제시하고 있다(교육

부, 2019, 38). 자신과의 관계에서는 자신에 대한 존중을 바탕으로 진정성을 추구하는 성실을 내면화하고, 타인과의 관계에서는 타자에 대한 존중을 토대로 바람직한 관계 설정을 지향하는 배려를 중심에 두며, 사회 및 공동체와의 관계에서는 공정성을 바탕으로 바람직한 사회를 추구하는 정의를 중심에 두며, 자연 및 초월과의 관계에서는 자신의 행위에 대한 인과적 책임과 삶의 의미에 대한 물음에 존재적 책임을 포용하는 포괄적인 의미의 책임을 지향한다.

이상에서 보는 바와 같이 2015 개정 도덕과 교육과정에서는 인성교육이 도덕과와 밀접하게 연관되어 있음을 알 수 있고 보다 구체적인 실천 방향까지 제시하고 있다. 이런 관점에서 도덕과가 학교 인성교육의 중심축 역할을 해야 한다는 시대적 요청을 적극적으로 수용하여 바람직한 인성의 핵심인 도덕성 발달뿐만 아니라, 학생들의 정서적 · 사회적 건강을 높임으로써 인성교육의 핵심 교과임을 분명히 밝히고 있다. 동시에 인성교육이 도덕과만 국한되는 것이 아니라 인문학적 사유와 성찰을 바탕으로 삶의 의미를 탐색하도록 하고 타 교과 및 학교생활 전반을 통한 인성교육을 통합하는 역할을 하는 인성교육의 주관 교과로서의 성격을 규정하고 있다.

2015 개정 도덕과 교육과정의 성격뿐만 아니라 교과 목표와 초등학교 목표에서도 인성교육의 핵심 교과로서 역할과 실천 교과로서 역할을 강조하고 있다. 교과 총괄 목표와 하위 목표를 제시하면 다음과 같다. "도덕과는 기본적으로 성실, 배려, 정의, 책임 등 21세기 한국인으로서 갖추고 있어야 하는 인성의 기본 요소를 핵심 가치로 설정하여 내면화하는 것을 일차적 목표로 삼는다. 이를 토대로 자기 삶의 의미를 자율적으로 찾아갈 수 있는 도덕적 탐구 및 윤리적 성찰, 실천 과정

으로 이어지는 도덕함의 능력을 길러 도덕적인 인간과 정의로운 시민으로 살아갈 수 있도록 돕는 것을 목표로 한다." 그리고 "21세기 한국인으로서 보편적으로 성실, 배려, 정의, 책임을 내면화하는 것을 목표로 삼는다. 가치 관계 확장을 전제로 자신에서 타자, 사회·공동체, 자연과 초월로 이어지는 각 영역의 핵심 가치를 내면화하고 인성의 기본 요소를 실천적으로 확립하는 것을 목표로 한다."(교육부, 2019, 39)

5. 2022 개정 도덕과 교육과정과 인성교육

2022 개정 도덕과 교육과정에서도 도덕과가 이전의 교육과정에서와 같이 인성교육의 핵심 교과임을 부각하고 있다. 도덕 교과는 특히 인성교육과 시민교육을 중심축으로 형성해내야 한다는 요청을 받고 있다. 즉 도덕 교과는 바람직한 인성을 함양하기 위한 핵심 교과임과 동시에 시민의 도덕성과 역량을 길러주기 위한 시민교육의 중핵 교과라는 위상과 역할을 부여받고 있다(박병기, 2022, 19). 2022 개정 도덕과 교육과정에서는 도덕 교과의 독립성을 중심으로 모든 교과에서 이루어지는 인성교육과 시민교육의 성과들을 통합해내는 교과 통합적이고 가치 통합적인 역할과 기능을 수행하는 동시에 가정과 지역사회와의 긴밀한 연계를 통해서 통합적이고 실천적인 성격을 보다 강조하고 있다.

그리고 2022 개정 도덕과 교육과정의 목표 역시 도덕성 혹은 인성 함양을 통한 도덕적 인간을 지향하고 있다(박병기, 2022, 20). 인성 혹은 도덕성은 각각 개인적 도덕성과 사회 구조적 도덕성으로 나뉠 수 있고, 이 두 유형의 도덕성은 서로 긴밀한 영향을 주고받으면서

한 개인과 사회적 삶의 양상에 지대한 영향을 미친다. 따라서 도덕 교과의 목표는 이 두 도덕성 사이의 유기적 연관성을 토대로 삼아 성실과 배려, 정의, 책임 등과 같은 핵심 가치를 내면화함으로써 동시에 비판적으로 성찰하며, 정의로운 사회를 만들고자 하는 의지와 역량을 갖춘 시민을 육성하는 것이다.

이상에서 도덕과 교육과정과 인성교육의 연관성에 대해서 살펴보았다. 인성교육은 도덕 교과를 통해서 구체적으로 실현될 수 있다는 점을 부각하였으며 이를 통해서 궁극적으로는 도덕과가 인성교육의 핵심 교과와 주관 교과로서 역할을 충실하게 수행해 왔음을 확인할 수 있다. 그렇다면 도덕과 내에서 인성교육을 활성화하기 위해서는 구체적으로 어떤 방안이 필요한지에 관한 논의가 계속 이어져야 할 것이다. 다시 말하면 도덕과 교육이 궁극적인 목표와 인성교육의 활성화 그리고 이들 목표를 구체적으로 수행할 수 있는 모두를 만족시킬 수 있는 구체적인 방안이 필요할 것으로 보인다. 도덕과의 궁극적인 목표라 할 수 있는 학생들의 인성을 함양할 수 있는 구체적인 방안을 도덕 일기 쓰기라는 방법을 중심으로 살펴보고자 한다.

III. 인성교육과 도덕 일기 쓰기

1. 인성 함양과 도덕 일기 쓰기

본 연구는 도덕교육의 궁극적인 목적이 우리 아이들의 인성 함양에 있다고 할 수 있다. 그 구체적인 방안으로 도덕과에서 인성을 활성화하는 방안을 도덕 일기 쓰기라는 방법을 통해 구체적으로 활용하고자 한다. 이와 관련해서 도덕 일기 쓰기와 인성 함양은 어떤 연관성 혹은 공통점을 가지는지 살펴보면 다음과 같다. 첫째, 일기 쓰기는 우리 아이들이 가장 쉽게 접근하는 방법이다. 일기는 현재 초등학교 현장에서 오랫동안 활용하고 있는 것으로 대부분 학생이 한 번쯤 접하고 있는 활동이라 할 수 있다. 물론, 일기 쓰기가 학생들 스스로 자발적으로 쓰는 것이라기보다는 일기 검사를 맡기 위해 교사에 의해 타율적으로 쓰고 있는 것이 대체적인 경향임을 부인할 수 없다. 또한 인성 함양과 인성교육 활성화라는 말은 오랜 기간 학교 교육에서는 일반화되고 익숙하기에 인성교육 활성화와 인성 함양의 필요성과 중요성이 강조되기보다는 오히려 퇴색되어버린 것은 아닌가 하는 아쉬움이 남아 있다. 그렇기에 크게 의미 없이 쓰는 일기 쓰기와 인성 함양을 동시에 활성화하는 방안을 제공함으로써 일기 쓰기도 활성화하고 학생들의 인성도 함양할 수 있는 의미 있는 활동으로 바꿀 수 있는 계기를 제공할 필요가 있다. 결국 도덕 일기 쓰기와 인성 함양은 따로 분리해서 생각할 수 없을 만큼 매우 밀접하게 연결되어 있기에 도덕 일기 쓰기를 통해서 학생들의 인성 함양을 도모하고자 하는 도덕과의 궁극적인 목표도 달성할 수 있을 것이다.

둘째, 일기 쓰기는 일회적으로 끝나는 것이 아니라 지속으로 실시해야 한다는 특징을 가지고 있다. 그리고 인성 함양 역시 일회적인 활동으로 끝나는 것보다 오랜 기간 지속으로 수행되어야 한다는 점에서 양자가 매우 밀접한 관련성을 가지고 있다. 지속적인 도덕 일기 쓰기를 통해서 학생 개개인의 인성의 장단점을 파악하고 이것을 근거로 해서 개인 인성의 발달을 도모한다는 목표를 달성할 수 있다.

셋째, 도덕 일기 쓰기를 통해서 학교와 가정의 연계를 도모할 수 있는 장점이 있다. 일기 쓰기는 학교생활뿐 아니라 가정 혹은 사회에서의 생활 전반에서 일어난 일 등을 써나갈 수 있기에 자연스럽게 학교와 가정 그리고 사회를 연결할 수 있다. 학생들의 인성 역시 학교와 가정 간의 연계를 통해서 그 효과가 극대화될 수 있고, 특히 학교에서는 교사가 가정에서는 학부모가 일기라는 매체를 통해 아이 인성의 성장을 보다 주도면밀히 살펴볼 수 있는 특징을 가지고 있다. 또한 가정과 학교의 연계를 통해 인성의 습관화라는 도덕교육의 성격과 목표도 달성할 수 있다.

넷째, 도덕 일기 쓰기를 통해서 도덕교육의 통합적인 성격을 규정할 수 있다는 장점을 가지고 있다. 도덕 일기 쓰기와 인성 함양이 가지고 있는 통합적인 성격은 도덕과의 성격에서 규정하고 있는 바와 같이 가치 통합적인 기능을 통해 교과로서의 내실화를 도모하는 것뿐 아니라 학생들의 유덕한 인성을 함양시키는 데에도 기여하는 것으로 볼 수 있다. 특히 도덕 일기 쓰기를 통해서 가치 · 덕목의 이해와 반성 그리고 생활 속의 실천 등 통합적으로 접근함으로써 학생들의 인성 발달과 성장을 도모하는 기회가 된다. 따라서 도덕 일기 쓰기와 인성 함양은 통합적인 성격을 가진다는 점에서 공통된 특징을 가지고 있다.

다섯째, 도덕 일기 쓰기와 인성 함양은 학습 혹은 학습 과정과 밀접한 관계가 있다. 도덕 일기를 쓰는 것은 도덕과 수업 혹은 도덕과 교육과정과 무관할 수 없다. 다시 말하면, 도덕 일기 쓰기와 인성 함양은 양자 모두 도덕수업과 밀접한 연관이 있어야 한다. 따라서 인성 함양이 도덕과의 궁극적인 목표와 연관되어 있다는 것은 구체적으로 도덕과 수업을 통해서 구현될 수 있는 것과 마찬가지로 도덕 일기 쓰기 역시 도덕과 수업과 무관하지 않을 수 없다. 도덕 수업 혹은 도덕과 수업의 단원과 관련된 가치·덕목 중 하나를 선택하여 도덕 일기 쓰기의 주제로 정할 수 있고, 그 일기 내용을 바탕으로 수업에 활용하기 때문에 도덕과 수업과 밀접하게 관련이 있다. 동시에 도덕과 수업은 궁극적으로 학생들의 인성을 함양하는 것과도 밀접하게 연관되어 있다. 따라서 도덕 일기 쓰기와 인성 함양은 결과적으로 도덕과 수업과 무관하지 않다는 점에서 공통된 특징을 가지고 있다.

여섯째, 도덕 일기 쓰기와 인성 함양은 평가와 관련해서도 공통된 특징을 가지고 있다. 도덕과 평가는 학생들의 인성 함양의 성장과 발달에 도움이 되는 것을 목적으로 한다. 도덕 일기 쓰기는 일회적으로 끝나는 활동이기보다는 지속으로, 즉 한 학기나 1년 동안 계속 실시하기 때문에 학생들의 도덕적인 성장을 한 눈에 파악할 수 있는 장점을 가지고 있고 따라서 도덕과 평가를 할 경우, 매우 유용하게 활용할 수 있다. 인성 함양 역시 지속으로 인성의 발달과 성장과 밀접한 관련이 있다면 도덕과 평가의 목적과 부합하는 측면이 있다. 도덕 일기 쓰기와 인성 함양이 지속으로 수행되어야 한다는 점을 고려한다면 학생들의 도덕적 성장과 인성 함양을 목표로 하는 도덕과 평가라는 측면에서도 상당한 일치를 보여주고 있다.

마지막으로, 도덕 일기 쓰기는 개인적인 생활을 기록하는 일기라기보다는 공동체 속에서 서로 간의 도덕적인 생각들을 공유하고 나아가 교실과 학교를 도덕 공동체로 만들고자 하는 의도에서 시작되었다. 학생들의 인성을 함양하는 것 역시 궁극적으로는 교실을 도덕 공동체로 만들고자 하는 의도에서 시작되었다. 이와 같은 이유로 해서 개별적인 도덕 일기 쓰기로 시작해서 결국은 공동체에 있어서 인성을 함양하고자 하는 목표에 도달하고자 하는 것이다.

2. 다양한 도덕 일기 쓰기 유형

도덕 일기 쓰기는 다양한 유형으로 연구되고 현장에서 활용되고 있음을 알 수 있다.[2] 도덕 일기를 성찰 일기로, 혹은 저널 쓰기 등으로 표현하고 있지만 본 연구에서는 가장 일반적인 용어인 도덕 일기 쓰기로 통칭하기로 한다. 그러나 도덕 일기의 다양한 유형이나 기법을 열거하기보다는 앞서 밝힌 바 있듯이 도덕 일기 쓰기를 통해 학생들의 인성을 함양하고자 하는 데 초점을 맞추고자 한다. 이와 관련해서 수업 현장에서 활용되는 다음의 다양한 일기 형태들(최신일 · 배근범, 2007, 53-54)은 학생의 입장에서 그리고 주위에서 쉽게 일어나는 혹은 접할 수 있는 내용으로 구성되어 있어 학생들이 주도적으로 일기를 써나가며 또한 수업에서도 적절하게 활용할 수 있다는 장점이 있다.

2) 길병휘, 김영숙(2006), 「성찰 일기 쓰기를 통한 도덕교육의 일신」, 『초등도덕교육』 제22집, 한국초등도덕교육학회. 김영숙(2006), 「자기성찰적 도덕일기 쓰기를 통한 도덕과 교육의 실효성 제고」, 『대구교육대학교 교육대학원 석사학위논문』. 박세원(2004), 「도덕적 삶과 성찰의 관계적 의미에 대한 담론적 탐구」, 『초등도덕교육』 제14집, 한국초등도덕교육학회. 박세원(2006), 「STS 저널 쓰기를 통한 초등학생의 도덕적 성찰 이야기」, 『초등도덕교육』 제21집, 한국초등도덕교육학회. 이연수(2015), 초등도덕교육방법으로서 대화 일기쓰기 사례 연구, 초등도덕교육 제50집, 한국초등도덕교육학회. 등에서 연구되고 현장에서 활용되고 있는 것으로 볼 수 있다.

1) 개념 일기

도덕과 수업과 관련이 있는 제재에 맞는 가치 덕목에 대하여 학생들이 생각하는 개념을 일기 형식으로 쓴다. 개념의 사전적 의미보다는 평소 생활 경험에서 체득한 의미이면 더욱 좋다. 인성의 인지적 측면과 관련이 있는 개념 일기 쓰기에서는 예를 들면 '정직'이라는 규범의 의미를 이해하고 탐구하는 것이 중요하지 '정직한 행동'을 하는 것과는 밀접한 관련이 없다. 수업 시간에 제재와 관련된 가치 · 덕목의 개념을 학생의 입장에서 어떻게 이해하는가 하는 점에 초점을 맞춘 일기 형태이다. 각 제재의 수업 도입 부분에서 가치 · 덕목의 개념을 학생들이 생각해 볼 기회를 제공하고 수업에 이용한다면 가치 · 덕목의 개념 정리가 쉬울 것이다. 따라서 개념 일기는 개념을 학습하는 것이라기보다는 개념에 대한 각자의 생각을 공유하는 기회를 제공하는 데 그 특징이 있다.

2) 생활 일기

인성의 정의적 영역 중심의 수업에 활용될 수 있는 일기 형태이다. 인성의 인지적 측면과 관련해서 학습한 가치 · 덕목에 해당하는 생활 경험을 일기 형식으로 작성하여 다른 학생들과 경험을 공유하도록 한다.

3) 실천 다짐 일기

행동적 영역 중심의 학습에서 실천 다짐을 강화하는 차원에서 학생들과 공유하기 위함이다.

4) 반성 일기

정의적 영역 중심의 과제로 활용한다. 실제로 실천하지 못한 경험을 바탕으로 반성하는 일기를 학생들과 공유한다.

5) 탄생 일기

생명을 존중해야 하는 이유를 학생 자신의 경우를 예로 들어 쓰는 일기다. 자신이 태어났을 때 부모님이나 주위 친척들이 얼마나 기뻐하고 좋아했는가를 알아보고 나라는 존재뿐만 아니라 다른 친구들의 생명도 똑같이 소중하다는 것을 알 수 있도록 과제를 이용한다.

6) 경험 일기

경험의 공유는 학생 자신뿐만 아니라 학급 내의 모든 학생과 관련된 일이 많으므로 학교생활 전반에 걸쳐 많은 영향을 준다. 도덕과 수업의 과제를 통해 직접 실천해보고 경험을 공유하는 기회를 가지도록 한다.

Ⅳ. 인성 함양을 위한 도덕 일기 쓰기 활용 방안

앞에서 언급된 여러 가지 일기 유형을 통해서 도덕과 수업에 활용해 볼 수 있는 계기를 살펴보았다. 학생들 스스로 써나가는 도덕 일기를 통해 학습 과정과 연관시켜볼 수 있고 도덕과 수업에 적용함으로써 도덕 수업의 활성화와 함께 인성 함양에 도움을 주는 기회를 제공할 수 있음을 알 수 있다. 이제 인성 함양의 의미를 살릴 수 있는 도덕 일기 쓰기의 구체적인 활용 방안과 활동을 통한 효과 그리고 유의해야 할 점(최신일, 2001, 18-19 참조) 등을 살펴보고자 한다.

1. 도덕 일기 쓰기의 활용 방안

첫째, 교사는 학기 초에 학생과 학부모에게 이번 학기 동안 도덕 수업에서 다루게 될 도덕 일기 쓰기를 통한 가치·덕목과 방법 그리고 유의점 등을 담은 사전 안내문을 보내고 동의를 구하는 절차(최신일·배근범, 2007, 68-69 참조)가 우선 필요하다. 도덕 일기 쓰기는 학교뿐 아니라 가정에서도 지속적이고 일관성 있게 실행되기 때문에 학부모들의 참여가 필수적이고 이러한 활동에 대한 동의를 얻어야 학부모의 적극적인 참여를 확보할 수 있을 것이다. 학기 초에 학부모에게 보내는 안내문을 소개하면 다음과 같다.[3]

> **학부모님께**
>
> 개울가에는 햇살이 흐르고, 기지개를 켜며 물에 비친 햇살에…(전략)
>
> 앎이 곧 삶이 되어야 한다고 생각합니다. 그래서 올 한 해 우리 아이들의 올바른 인성 성장을 위하여 【도덕 일기 쓰기】를 활용하고자 합니다. 아이들의 삶이 담긴 【도덕 일기 쓰기】를 통하여 자신을 이해하고, 일상생활에서 필요한 규범과 예절을 익히며, 사회의 일원으로서 역할과 책임을 파악하여 바람직한 삶을 살아가는 데 도움을 얻을 수 있을 것입니다.

3) 본 안내문은 교사가 학부모에게 동의를 구하기 위한 하나의 예시로서, 본 연구자가 대학원 수업 시(2006년 여름 계절학기) 대학원생인 최희정 교사가 작성한 것을 다시 재구성한 것이다.

교육은 교사, 학생, 학부모가 함께 호흡할 때 가능하겠지요. 【도덕 일기 쓰기】에 학부모님과 저의 사랑과 관심이 더해져야 그 효과가 높아질 것입니다. 바쁘시더라도 잠시 시간을 내셔서 아이들의 삶을 있는 그대로 인정해 주시고, 격려의 코멘트를 해주실 것을 부탁드립니다.

1학기에는…(중략)

친구들과 자신이 기록한 【도덕 일기 쓰기】를 함께 고민하고 대화를 나누는 과정에서 더불어 성장하고, 학기 말 【도덕 일기 쓰기】전시를 통하여 우리의 삶을 기록한 것을 돌아보는 뜻깊은 시간을 가질 수 있을 것입니다.

여러 가지 사회적인 문제로 자신의 삶을 성찰하고 반성하는 것과 관련해서 일기에 관한 관심도 함께 높아지고 있습니다. 이러한 도덕 일기 쓰기는 우리 아이 그리고 내 아이의 인성을 함양하는 데 실질적인 도움이 되리라 확신합니다. 그리고 【도덕 일기 쓰기】는 도덕과 수업과 실제로 밀접하게 연계되어 있음을 알립니다. 이에 대해 학부모님들의 적극적인 참여를 부탁드리며 몇 가지 당부의 말씀을 드립니다.

첫째, 틀린 글이나 문장에 대한 지적은 지양해주십시오.

둘째, 분량에 관한 강요는 하지 마십시오.

셋째, 솔직하게 삶을 담을 수 있도록 지켜봐 주십시오.

넷째, 긍정적인 코멘트를 기록해주십시오.

다섯째, 담임이나 부모님께서 보는 것을 꺼리는 경우는 포스트잇을 붙이고 이를 꼭 지켜주십시오.

인성 함양은 아이들의 바람직한 성장과 학습을 위하여 이루어져야 합니다. 【도덕 일기 쓰기】를 통하여 학생, 학부모, 교사가 함께 도덕적인 성장을 도모할 수 있기를 희망합니다.

------------------------------ 자르는 선 ------------------------------

동 의 서

우리 아이의 바람직한 인성 함양을 위하여 【도덕 일기 쓰기】에 적극 동참할 것을 동의합니다.

20 년 월 일

학년 반 의 학부모 (인)

둘째, 일주일에 한 번 혹은 두 번 정도의 도덕 일기를 쓰도록 한다. 학교에서 기존의 일기를 쓰고 있다면 일기 쓰는 날 중 하루를 택하든지 해서 가급적, 일기 쓰기가 또 다른 부담이 되지 않는 범위에서 실시하는 것이 바람직하다. 분량과 장르에 관해서도 부담이 되지 않도록 자유롭게 쓰도록 하는 것이 중요하다. 분량에 제한을 둘 필요가 없으며, 그림일기, 동화 일기, 만화 일기 등 학생들이 평소에 가장 편하게 쓸 수 있는 장르를 선택하면 된다. 도덕 일기 쓰기는 평소에 개인적으로 쓰는 일기라기보다는 학급의 구성원들이 공유한다는 의미를 담고 있기에 새로운 일기장 이름을 정하는 것도 학생에게 공모하거나 학생들과 합의해 정하는 것이 좋다. '청심록(淸心錄)', '청심이(聽心耳)', '나의 도덕 일기'[4] 등이 공모한 결과 나온 이름들이다. 그렇다면 도덕 일기 쓰기가 구체적으로 어떤 내용들을 담고 있는가. 이번 학기에 특별히 다루고자 하는 인성의 핵심 가치·덕목, 즉 성실, 배려, 정의, 책임 중에서 도덕과 수업 단원과 관련된 가치·덕목을 선택하면 되는데 만약 이번 수업 단원과 관련된 가치 덕목이 '성실'이라고 한다면 성실과 관련된 일기를 한 주에 하루 혹은 이틀 정도 쓰기만 하면 된다. 일기의 주제를 가치·덕목에서 정하는 것은 가치·덕목이 인성교육의 철학적 원리로서 훌륭한 인성의 기반을 형성하고 있으며, 모두가 공감하고 객관적으로 중요한 도덕적 가치들이 존재한다는 것을 인정하기 때문이다. 이것은 학교와 지역사회에서의 인간관계 형성의 기초로 활용하기도 하고 그것들을 실행하는 데 책임감을 갖게 해 준다(추병완, 1999, 538). 그리고 가치·덕목은 그 특성상 인성의 세 가지

4) 일기장 이름들은 실제 현장 교사가 학생들을 대상으로 공모한 결과 학생들이 제안한 것들이다.

측면, 즉 인지적, 정의적, 행동적인 측면이 통합적으로 들어가 있고 그 가치 · 덕목을 통해 학생들이 도덕성의 통합적인 의미를 자연스럽게 알게 된다. 다시 말하면 가치 · 덕목을 가지고 지속으로 일기를 쓰게 되면 자연스럽게 인성의 세 측면이 짜임새 있게 들어간 일기를 쓸 수 있게 만들어 주기 때문에 통합적인 인성을 형성하는 데 핵심적인 역할을 하게 된다. 따라서 학생들이 가치 · 덕목과 관련된 일기를 교과서의 단원에서 활용할 수 있다면 도덕과 수업에서도 적절하게 도덕 일기를 활용할 수 있을 것이다. 그리고 관련된 가치 · 덕목의 예를 주위에서 쉽게 접하게 되는 글이나 다양한 매체를 통해서 자연스럽게 그리고 부담스럽지 않게 써나가면 된다.

셋째, 교사와 학부모는 항상 유기적인 관계를 유지해야 한다. 앞서 살펴본 바와 같이 교사는 학부모에게 학기 초에 도덕과 수업과 관련해서 인성 함양에 도움이 되는 도덕 일기 쓰기 안내문을 보내고 협조를 부탁하며 적극적으로 참여할 수 있도록 유도하는 것이 필요하다. 그리고 학생들이 쓴 가치 · 덕목과 관련된 일기에 대해서 가정에서는 학부모가 그리고 학교에서는 교사가 간단한 코멘트를 해주는 과정을 거치게 된다. 코멘트를 통해서 학생들의 행동과 관련된 장단점을 살펴볼 수 있고 이것을 통해 인성의 발달에 적절하게 활용할 수 있다는 장점이 있다. 도덕 일기 쓰기를 통해서 학교와 가정, 교사와 학부모의 연계가 자연스럽게 이루어지며 학생들의 관련 가치 · 덕목에 대한 이해, 느낌, 태도의 변화, 실천 등을 교사와 학부모가 한눈에 볼 수 있는 계기가 되어 학생들의 인성 함양의 결과를 확인할 수 있게 된다.

넷째, 한 가지의 가치 · 덕목을 쓰는 기간은 상황에 따라 한 학기, 혹은 분기별, 단원별로 적절하게 조절해서 실시하는 것이 좋다. 단지 첫 학기에는 준비하는 시간과 시행착오 등을 고려해 한 학기에 걸쳐 한 가지 가치·덕목으로 일기 쓰기를 권장한다. 한 학기 동안 잘 실행된다면 그다음 학기에는 시기나 단원에 따라 가치 덕목을 변경해서 활용할 수 있다. 인성 함양이 일회적으로 끝나는 것이 아니라 지속적인 활동 가운데 이루어지는 것을 고려한다면 도덕 일기 쓰기의 주제와 시행 시기도 장기적인 관점에서 살펴볼 필요가 있다.

다섯째, 학생들은 자신의 일기에 관한 학부모와 교사의 코멘트를 바탕으로 인성에 대한 자신의 장단점을 발견하게 되고, 단점은 보완하고 장점은 살려 나간다면 보다 완전한 인성의 모습을 찾을 수 있을 것이다. 결국 이러한 과정을 통해서 계속 일기 쓰기가 이어지고 이러한 과정이 학생들 개인 인성의 성장과 발전에 도움을 줄 수 있다. 또한 이러한 지속적 일기 쓰기는 하나의 포트폴리오가 된다. 포트폴리오 일기장을 펼치게 되면 학생의 인성 발달의 전 과정이 한눈에 들어오게 되기 때문에 도덕 일기 쓰기는 도덕과 평가에서도 유용하게 활용될 수 있을 것이다.[5] 그리고 가능하면 학기 말 즈음에는 전시회, 품평회(learning fair) 등을 개최하여 자신의 인성 성장과 발전을 다른 사람에게 보여줄 수 있는 계기를 마련할 수 있을 뿐 아니라 주위 사람들에게 자연스럽게 인성 함양에 대한 주의를 환기할 수 있는 계기도 마련할 수 있다.

---

5) 도덕 일기 쓰기와 도덕과 평가에 관련해서는 다음의 논문을 참고하기 바람. 최신일(2013), 참 평가로서의 도덕과 평가, 초등도덕교육 제41집, 한국초등도덕교육학회.

2. 도덕 일기 쓰기 활동의 효과 및 유의점

첫째, 일기는 자신의 생활을 반성한다는 차원에서 그 본질을 가지고 있는 것과 마찬가지로 도덕 일기는 자신의 삶의 반성과 더불어 도덕적 행위에 관한 반성을 할 수 있으므로 도덕적 규범을 인식하고 이해하는 것뿐만 아니라 태도의 변화 및 행동의 습관화를 도모할 수 있는 계기를 제공해 줄 수 있기에 도덕교육의 궁극적인 목표와 동시에 인성 함양의 의미도 제대로 살릴 수 있다. 그러나 도덕 일기 쓰기가 한 학기 동안 계속되기 때문에 자칫 타성에 빠져 버릴 가능성도 있어 형식적으로 흐를 가능성도 배제하지 않을 수 없다. 그래서 교사나 학부모의 적극적인 관찰과 참여가 무엇보다 요구된다.

둘째, 도덕 일기 쓰기를 통해 한 가지의 가치 · 덕목을 이해하게 되는 것뿐만 아니라 유사한 도덕적 사태가 발생할 경우, 그 문제 사태를 정확하게 잘 파악할 수 있고, 이를 토대로 문제 해결에 이르는 사고 과정과 의사결정 등의 높은 수준의 도덕적 사고력과 판단력을 가질 수 있는 장점이 있다. 이러한 도덕적 이성의 발달과 아울러 다른 사람의 입장에 대해 공감하게 되면 동시에 도덕적 감정이 성숙하는 장점이 있다. 도덕적 이성과 감성 그리고 실천을 통합할 수 있는 활동으로 기대된다. 그러나 이러한 도덕 일기가 또 하나의 검사를 맡기 위한 것이 되어 버린다면, 그리고 타의에 의해 강압적으로 쓴다면 자신의 본래 심정을 속이는 것이 될 수 있고 따라서 인성 함양이라는 본래 목적을 퇴색시키는 결과를 가져올 수 있기에 교사나 학부모가 자율적인 분위기를 만들어 학생들이 자발적으로 참여하도록 하는 것도 중요한 역할이라 할 수 있다.

셋째, 도덕 일기 쓰기가 포트폴리오의 형식으로 기록되기 때문에 학기 말에 자신이 활동한 행동에 대해서 반성하는 기회가 된다. 나아가 친구나 학부모에게 공개하는 기회가 있다면 한 학기 동안 경험해 온 가치·덕목에 대한 자신의 입장을 자신 있게 공개할 수 있을 뿐 아니라 자신의 도덕성 발달과정을 공개할 수 있다. 그러나 공개될 경우 학생 개개인의 프라이버시를 침해할 수 있다는 문제점도 항상 유의해야 할 부분이다.

V. 결론

우리는 도덕 일기 쓰기를 통해서 도덕교육의 궁극적인 목표라 할 수 있는 학생들의 도덕성 함양을 도모하는 방안을 모색했다. 특히 도덕 일기 쓰기를 통해 참 평가의 의미를 살리는 방안도 모색했다. 인성 함양이라는 도덕교육의 목표를 살리는 방안을 도덕 일기 쓰기를 통해서 살펴보았지만, 이론적으로 제시한 것과 현장에서의 적용은 상당한 차이가 있을 수 있다는 점을 인정하지 않을 수 없다.[6] 우선, 대학에서 이론을 연구하는 입장과 그 이론을 현장에 적용하는 현장 교사 간의 의사소통이 원활하지 못했다는 점들이 연구 과정에서 드러나게 되었다. 대학에서의 연구는 도덕 일기 쓰기를 통한 인성 함양을 목표로 두었지만, 현장에서는 다양한 일기 유형만을 소개함으로써 본래 의도와는 다른 방향으로 연구가 진행되었음을 발견할 수 있었다.

6) 이러한 한계는 도덕 일기 쓰기를 실제로 학교 현장에서 수업에 활용한 대학원생들과의 면담을 통해 확인하고 정리한 내용이다.

이와 같은 이유로 이론과 실천, 대학과 초등현장의 간격을 좁힐 수 있는 노력이 뒤따라야 한다는 숙제를 안게 되었다.

둘째, 아무리 좋은 이론이라 할지라도 그 이론이 현장에서 제대로 뿌리 내리기가 쉽지 않다는 것이다. 이것은 대학에서의 이론 연구가가 가지고 있는 현장 경험의 부재가 곧 현장 적용에서의 문제점으로 드러난다는 것이다. 현장 교사는 반성적 실천가(reflective practitioner)로서 현장 연구를 통해 수업의 극대화를 추구해야 하는데 교사 스스로는 이 문제를 해결하기 힘들다. 따라서 전문가의 도움이 필요하고 이러한 전문가의 도움을 바탕으로 한 현장 연구는 극대화된 수업 개선을 가져올 것으로 확신할 수 있었다. 물론 수업 개선의 측면은 현장 연구를 통해 곳곳에서 나타났음을 확인할 수 있었다. 그러나 이 부분에 대해서는 만족할 만한 결과에 도달하지 못했지만 이러한 시도를 통해 현장 수업 개선의 필요성에 대해서 현장 교사의 인식을 제고하는 기회를 제공했다고 할 수 있다.

셋째, 본 연구를 통해서 이상에서 제기된 문제점들에도 불구하고 대학과 현장의 협동 연구라는 과제를 수행함에 있어서 필요한 여러 가지 점들을 파악할 수 있는 계기가 되었으며 대학에서의 연구가 현장에 바탕을 두지 않고서는 해결할 수 없는 것들이 있음을 인식하게 된 계기가 되었다. 이것은 도덕교육의 현장 연구에 대한 새로운 시사점을 제공해 주는 것이라 할 수 있다.

이상의 문제의식은 향후 도덕과에서 인성교육과 인성 함양을 위한 여러 가지 시사점을 제공하고 있다. 도덕 교과에서의 인성교육은 교사의 역할이 무엇보다 중요하다. 따라서 학생들의 인성 함양을 위해서 교육 현장의 최일선에 있는 교사와 도덕 교과를 통해 인성교육을 배우고 활용할 예비교사들이 갖추어야 할 역할을 인격교육 이론(토마스 리코나, 2002, 90-91 참조)을 통해서 살펴보면 다음과 같다. 첫째, 교사는 배려의 제공자, 역할 모델, 도덕적 스승으로 활동한다. 둘째, 교사는 교실과 학교를 도덕적 공동체로 만들고, 민주적인 교실 공동체로 만들고 긍정적인 도덕 문화를 창출하는 데 일익을 담당해야 한다. 셋째, 교사는 도덕적인 규율을 제정하고 시행하고, 교육과정을 통해서 도덕적 가치를 가르치며, 학생들이 서로 협력하는 성향과 기능을 가르쳐 주기 위해 협동 학습을 적절하게 활용하며, 갈등 상황에서 공정하고 비폭력적인 방식으로 해결해야 한다. 마지막으로, 학생들의 인성 함양을 위해 학부모와 지역사회를 중요한 협력자로 끌어들여야 한다.

참고문헌

교육과학기술부(2011), 『초등학교 교사용 지도서 도덕 5』, 지학사.

교육부(2001), 『초등학교 교사용 지도서 3-1』, 대한교과서 주식회사.

교육부(2014), 『도덕 3 교사용 지도서』, (주)천재교육.

교육부(2019), 『도덕 5 교사용 지도서』, (주)지학사.

길병휘, 김영숙(2006), 「성찰 일기 쓰기를 통한 도덕교육의 일신」, 『초등도덕교육』 제22집, 한국초등도덕교육학회.

김영숙(2006), 「자기성찰적 도덕 일기 쓰기를 통한 도덕과 교육의 실효성 제고」, 『대구교육대학교 교육대학원 석사학위논문』.

박병기(2022), 2022 개정 도덕과 교육과정 시안 개발 연구 토론회 발표문.

박세원(2004), 「도덕적 삶과 성찰의 관계적 의미에 대한 담론적 탐구」, 『초등도덕교육』 제14집, 한국초등도덕교육학회.

박세원(2006), 「STS저널쓰기를 통한 초등학생의 도덕적 성찰이야기」, 『초등도덕교육』 제21집, 한국초등도덕교육학회.

양정실 외(2014), 『교과교육을 통한 인성교육 구현 방안』, 한국교육과정평가원.

이연수(2015), 「초등도덕교육방법으로서 대화일기쓰기 사례 연구」, 『초등도덕교육』 제50집, 한국초등도덕교육학회.

이택휘 · 유병열(2000), 『도덕교육론』, 양서원.

조난심(2010), 「창의 · 인성교육의 방향과 과제: 초등 도덕과 교육을 중심으로」, 2010년 한국초등도덕교육학회 하계 연차학술대회 주제 강연 발표문.

최신일(2001), 「도덕과 서술식 수행평가 문항 개발을 위한 이론 연구」, 『초등교육연구논총』 제17권 3호, 대구교육대학교 초등교육연구소.

최신일(2013), 참 평가로서의 도덕과 평가, 『초등도덕교육』 제41집, 한국초등도덕교육학회.

최신일(2016), 「도덕과 인성교육의 주요 가치 · 덕목 연구」, 『초등교육연구논총』 제32권 2호, 대구교육대학교 초등교육연구소.

최신일, 배근범(2007), 「도덕일기쓰기를 통한 도덕성 함양과 참 평가」, 『초등교육연구논총』 제23권 2호, 대구교육대학교 초등교육연구소.

추병완(1999), 『도덕교육의 이해』, 백의.

토머스 리코나 지음, 박장호 · 추병완 옮김(2002), 『인격 교육론』, 백의.

찾아보기

저자 약력

최신일

부산에서 태어나 부산대학교에서 「이해의 학으로서의 해석학」으로 철학 박사 학위를 받았다.

현재 대구교육대학교 윤리교육학과에 재직 중이며 철학과 도덕교육을 연구하고 가르치고 있다. 해석학과 도덕교육, 인문학과 도덕교육, 다문화 교육과 도덕교육 등의 연구에 관심이 있다. 구성주의 교육학(공저), 교육 연구의 질적 접근(공저), 협동 학습과 탐구(공저) 등의 저서가 있으며, 해석학, 인문학, 다문화 교육, 도덕교육에 관한 다수의 논문이 있다.

도덕교육의 이론과 실제

2023년 12월 25일 1판 1쇄 인쇄
2023년 12월 30일 1판 1쇄 발행

저 자: 최 신 일
발행인: 한 정 주
발행처: 교육과학사

저자와의 협의하에 인지생략

경기도 파주시 광인사길 71
전화 (031)955-6956~8 / 팩스 (031)955-6037
Home-page : www.kyoyookbook.co.kr
E-mail : kyoyookbook@daum.net, kyoyook@chol.com
등록 : 1970년 5월 18일 제2-73호

낙장 · 파본은 교환해 드립니다.
Printed in Korea.

정가 16,000원
ISBN 978-89-254-1864-3